2015年度北京语言大学青年学者文库出版基金资助

《文选》赋研究

冯莉／著

北京语言大学出版社
BEIJING LANGUAGE AND CULTURE UNIVERSITY PRESS

图书在版编目（CIP）数据

《文选》赋研究 / 冯莉著 . -- 北京 ：北京语言大学出版社，2016.6

ISBN 978-7-5619-4538-4

Ⅰ. ①文… Ⅱ. ①冯… Ⅲ. ①《文选》－赋－古典文学研究 Ⅳ. ① I206.2

中国版本图书馆 CIP 数据核字（2016）第 114556 号

《文选》赋研究

《WENXUAN》FU YANJIU

排版制作：北京创艺涵文化发展有限公司
责任印制：姜正周

出版发行：北京语言大学出版社
社　　址：北京市海淀区学院路 15 号，100083
网　　址：www.blcup.com
电子信箱：service@blcup.com
电　　话：编辑部　8610-82303647/3592/3395
国内发行　8610-82303650/3591/3648
海外发行　8610-82303365/3080/3668
北语书店　8610-82303653
网购咨询　8610-82303908
印　　刷：北京九州迅驰传媒文化有限公司

版　　次：2016 年 6 月第 1 版
印　　次：2016 年 6 月第 1 次印刷
开　　本：710 毫米 ×1000 毫米　1/16　　印　　张：19.75
字　　数：288 千字
定　　价：58.00 元

PRINTED IN CHINA

序

《文选》是一部以文体聚类区分的文学总集，涵盖赋、诗、文等三十九种文体，收录先秦至南朝梁文学佳作七百余篇。自隋唐曹宪、李善以降，始有“文选学”之专门学问，历经千载直至清代形成“选学”的鼎盛期。上世纪八十年代以来，《文选》研究逐渐恢复其显学地位，迄今为止，《文选》已然成为中国学术史上集部研究最有代表性的专书，研究成果极为丰硕。就《文选》赋体而言，学界对其在题材分类、探源、赋作的文学特征、文献价值等方面，各有侧重地开展了不少研究工作，然将《文选》赋作为一个整体进行系统深入的研究，目前尚不多见，冯莉博士的专著《〈文选〉赋研究》可谓这一方面研究的开拓性成果。

冯莉博士从我治先秦两汉魏晋南北朝文学与文献，其博士学位论文《〈文选〉赋研究》曾受到专家和答辩委员会的一致肯定。如今，她对论文进行了整理修订，并获得北京语言大学青年学者文库出版基金的资助，即将付梓，我感到非常欣慰。

这部著作共十七章，可视为两大部分，前两章从总的方面探讨了《文选》文体分类的价值影响以及《文选》赋体分类原则和设目编次情况，其中不乏理论新见。后十五章按照同一体例，逐一对

《文选》赋十五类目及其所录全部赋作进行系统深入的分析考述：首先，探讨每一类赋的类名及题材溯源；其次，细致剖析每一类赋选录作品的文本特色，包括思想内涵及其结构体式、表现手法、语言句式等方面的艺术成就，揭示《文选》所录每一类赋的意义和价值；复次，考察汉魏六朝未被《文选》收录的其他赋作，并将其与《文选》的同类赋作进行比较，一方面凸显《文选》选文的合理性，另一方面总结其在不同政治文化背景下表现的不同创作特征，廓清其在汉魏六朝的嬗变轨迹，力图在宏阔的文学视域中寻绎《文选》赋的立目意旨；最后，以《文选》各类赋的立目意旨为中心，对该类赋在汉魏六朝的创作情况进行梳理总结。另外，书中还辑录了每一类赋在汉魏六朝的存目表，为研究者提供了可靠的文献依据。

该著作运用文本分析与类型学、计量学相结合的方法，将作品的微观解析与赋体的整体观照相结合，将横向比较与历史性的纵向发展相贯通，多视角、多维度对《文选》赋体进行研究考述，条分缕析，资料详备，论证有据，总体来看是对《文选》赋体的分类研究，分章节看则无异于某一类赋的发展嬗变史，不仅丰富了《文选》的研究内容，而且也使《文选》赋的研究得到全面的深化。这部著作无论是对《文选》研究者，还是对赋学抑或汉魏六朝文学研究者，都极具参考价值。

冯莉博士现在已留校任教，主要从事先秦两汉魏晋南北朝文学的教学与研究工作，相信以她的聪颖敏慧和对学术的执着坚守，假以时日，定能做出更大的成绩。任重而道远，我期待她在古代文学领域潜心钻研，勤奋进取，不断有新的论著问世。

方　铭

2016 年 5 月于北京

目　录

绪　论

《文选》，又称《昭明文选》，由南朝梁昭明太子萧统主持编纂，是我国现存最早的一部完整的诗文总集。《文选》所列文体共三十九类，几乎涵盖了先秦两汉至魏晋南北朝时期所有重要文体；所收各类诗赋文章，共七百余篇，亦几乎囊括了先秦两汉魏晋南北朝时期所有重要作品。因此，《文选》对中国文学的发展产生了极为深远的影响，其在中国古代文学研究中也占据了极为重要的位置。

在赓续不断的文学史长河中，赋，是中国文学万紫千红、丰富多彩的艺术园地里绽放的瑰丽绚烂的一朵奇葩，与诗、词、曲、小说一起，标志中国文学的突出艺术成就。《文选》全书共六十卷，赋篇凡十九卷，几占三分之一，列于各类文体之首，足见《文选》编纂者对赋体文学的重视，以及赋体文学在当时的重要地位和深远影响。

一、《文选》赋的特殊意义及其在《文选》中的地位

《文选》所录作品，上自东周，下迄梁代，数量逾七百篇，其中

英华荟萃，佳作众多，有“文章渊薮”[①]之美誉，深受世人推崇。唐代李善认为《文选》一书，“后进英髦，咸资准的”[②]；大诗人李白曾三次拟作《文选》中的诗文；至宋代，世人更有“《文选》烂，秀才半”之谚语。《文选》一书的价值和作用可见一斑。

在三十九种文体中，赋体为《文选》特重，《文选》列赋于首体现了赋的特殊意义：

一是赋体渊源。一方面，《文选》认为赋作为诗“六义”之一进而演变成一种独特文体，其与古诗讽喻教化作用有着密切的承继关系，并以此提高赋体在文坛的地位。《文选序》云：

《诗序》云：‘诗有六义，一曰风，二曰赋，三曰比，四曰兴，五曰雅，六曰颂。’至于今之作者，异乎古昔，古诗之体，今则全取赋名。[③]

作为诗之“六义”的赋，是一种铺陈的艺术表现手法。《尔雅·释名》云：“敷布其义谓之赋”[④]，正是其本意。另一方面，先秦之时流行“赋诗言志”的风气，大夫行人在外交时往往吟诵不和乐的《诗经》以喻其志，这从《左传》《国语》中的大量记载可证之。在这一历史文化背景中，文体之赋或许正在孕育而生。班固所言“周道浸坏，聘问歌咏不行于列国”之时，“贤人失志之赋作矣”，赋诗风气与赋体的兴起似断实连，赋不仅是诗的表现手法之一，具有铺陈特征，更是在精神上直接传承了“诗言志”的教化讽谏之功，遂具“古诗之义”。由于《诗经》为“经书”，不符合《文选》的纯文学选录标准，而“古诗之体，今则全取赋名”，赋则具备了与《诗经》的这一传承关系，故取代古诗列于篇首，由此可见《文选》对

① 清·永瑢：《四库全书简明目录》，古典文学出版社 1957 年版，第 577 页。

② 南朝梁·萧统编，唐·李善注：《文选》，中华书局影印胡刻本 1977 年版，第 3 页。下引此书版本同。

③ 唐·李善注：《文选》，第 1 页。

④ 清·郝懿行：《尔雅义疏》，上海古籍出版社 1983 年版，第 292 页。

赋体的重视，同时亦反映出时人的文学观念。

二是赋体的社会意义和作用。汉魏六朝之际，世人不仅熟稔优秀赋篇，更是从经学和文学双重角度对赋推崇备至。西晋皇甫谧《三都赋序》云："其中高者，至如相如《上林》、扬雄《甘泉》、班固《两都》、张衡《二京》、马融《广成》、王生《灵光》，初极宏侈之辞，终以约简之制，焕乎有文，蔚尔鳞集，皆今世辞赋之伟也"①；东晋葛洪《抱朴子·钧世》云："《毛诗》者，华彩之辞也，然不及《上林》《羽猎》《二京》《三都》之汪濊博富也"②；孙绰认为《三都》《二京》为"五经鼓吹"③；南朝梁沈约认为屈、宋、贾、马之作"英辞润金石，高义薄云天"④；等等。不惟如此，有识之士更是将能作赋作为衡量一个人是否有才能的标准，故有"会须能作赋，始称大才士"⑤之说。由此可见，赋在当时的崇高地位，以及赋体自身在内容和形式上的独特社会魅力和文学审美价值，这是《文选》其他文体所不能比附的。

《文选》所列文体，共三十九类，赋体列于各体之首，并将赋按题材分为京都、郊祀、耕藉、畋猎、纪行、游览、宫殿、江海、物色、鸟兽、志、哀伤、论文、音乐、情十五类，这一分类尽管有些地方不是十分合理，受到后人的批评，但却反映了《文选》编纂者较为明晰的"类"的观念，即在诗、赋两种文体分类的基础上，又对两体从内部进行了更为细致的划分。

---

① 唐·李善注:《文选》，第 74 页。

② 东晋·葛洪著，杨明照校笺:《抱扑子外篇校笺》，中华书局 1991 年版，第 70 页。

③《世说新语·文学》，南朝宋·刘义庆著，余嘉锡笺疏:《世说新语笺疏》，中华书局 1983 年版，第 292 页。下引此书版本同。

④ 南朝梁·沈约:《宋书》卷六十七《谢灵运传》，中华书局 1974 年版，第 1778 页。下引此书版本同。

⑤ 唐·李延寿:《北史》卷五十六《魏收传》，中华书局 1974 年版，第 2028 页。下引此书版本同。

二、《文选》赋在赋史中的价值及其在文学史中的地位

赋体作为一种特殊文体肇自先秦，荀卿《赋篇》首开以赋为篇名之先河，之后宋玉承屈骚而作《高唐赋》《神女赋》《风赋》《登徒子好色赋》等，可谓正式成型的赋体作品。

有汉一代，赋体鼎盛，蔚为大国。以司马相如、扬雄、班固、张衡等为代表的辞赋作家，创制了铺张扬厉、润色宏业的大赋，取得了文坛最辉煌的成就。这些赋作不仅多方面、多角度地反映了汉代社会的宏大气魄和文人的自豪心态，而且掀起了前所未有的文学高潮，将汉赋宏丽温雅的审美特征推向极致。

魏晋时期，时局动荡，社会离乱，大赋赖以存在的政治环境和经学土壤日渐消亡，老庄思想成为社会思想主流，以个体生命为本、以世事为末的自适通脱的士人心态方兴未艾。就赋体创作而言，先前汉代那种宏丽温雅的赋风与文人注重"讽谏"的匡谬心理已经荡然无存，文人的心灵和生命从崇笃伦理、尊奉经术的规矩束缚中获得解放，遂将视野投向更为广阔的现实生活和内心世界，注重"述志"与"抒情"。大赋衰微，抒情小赋代之而起，成为当时赋坛创作的主导倾向。抒情小赋不仅在题材上丰富多彩，有所创新，而且在艺术风格和表现手法上亦有超越前人的重大突破，篇幅短小精悍，赋风清丽可人。许多抒情小赋在与五言诗争雄竞秀、相互影响下，诗意盎然，情韵兼至，体现出赋与诗的合流。故这一时期是赋体创造的又一高峰。

隋唐至晚清，诗、词、散文、戏曲、小说竞吐奇葩，赋在文体中的地位不再显赫，但仍不乏推陈出新之作。纵观中国文学史，赋体文学占有极为重要的地位。

《文选》共收录赋作五十二篇，若将其按时代分为先秦、两汉、魏晋、南北朝四段分别统计，各时期赋作分别为四篇、二十篇、

二十一篇和七篇。此外，加之骚、七、对问、设论、辞、吊文中所录的“泛赋体”作品，计八十余篇。可谓篇篇精品，字字珠玑。

南北朝时期，时人对赋集的编纂屡见不鲜，据《隋书·经籍志》载：宋刘义宗撰《赋集》五十卷；宋明帝刘彧撰《赋集》四十卷；宋谢灵运撰《赋集》九十二卷；北魏秘书丞崔浩撰《赋集》八十六卷；无名氏撰《赋集钞》一卷，《续赋集》十九卷，《献赋》十八卷；梁武帝萧衍撰《历代赋》十卷。[①] 可惜这些赋集后世不传，唯《文选》昭然独存。这里需特别指出的是，《文选》中多数辞赋作家，其专集或文集今已不存，唐时类书所收，除《文馆词林》外，多为节录，故先秦汉魏六朝时期之赋作，除仅存的几家文集、《楚辞》以及各朝史书所收赋若干篇外，整篇之赋实多借《文选》得以保存，因此《文选》赋具有宝贵的文献价值。

同时，《文选》赋亦有很高的文学价值。《文选》作为我国第一部诗文总集，有其明确的选文标准，即《文选序》所言的“事出于沉思，义归乎翰藻”。清代学者阮元《书昭明太子〈文选序〉后》云：“昭明所选，名之曰‘文’，盖必文而后选也。”又云：“必‘沉思’‘翰藻’，始名为‘文’，始以入选也。”[②] 朱自清先生指出：“这样看来，‘沉思’‘翰藻’可以说是昭明选录的标准了。”[③] 此后大多数学者都赞同之。由此可见，文章必须情思与辞采内外并茂，合乎于“文”，方能为《文选》收录，从而成为历代文人才子诵读与摹习的范本。故南宋张戒《岁寒堂诗话》云：“殊不知《文选》虽昭明所集，非昭明所作，秦汉魏晋奇丽之文尽在，所失虽多，所得不少，作诗、赋、四六，此其大法。”[④] 范文澜先生说：“《文选》取文，上起周代，下迄

---

① 唐·魏征：《隋书》卷三十五《经籍志》，中华书局 1973 年版，第 1082 页。下引此书版本同。

② 清·阮元：《揅经室集》，中华书局 1993 年版，第 603 页。

③ 朱自清：《〈文选序〉“事出于沉思，义归乎翰藻”说》，载于《国学季刊》6 卷 4 号。

④ 南宋·张戒：《岁寒堂诗话》，《丛书集成初编》本。

梁朝。七八百年间各种重要文体和它们的变化，大致具备，固然好的文章未必全得入选，但入选的文章却都经过严格的衡量，可以说，萧统以前，文章的英华基本上总结在《文选》一书里。”[①]就《文选》赋而言，所选篇目大都为当时已有定评的名篇佳作，这些作品体现了汉魏六朝赋的发展和变化的特点，思想内容广博，艺术形式精美，文采盎然，交相辉映，代表了先秦两汉魏晋南北朝时期赋作的最高水平。

《文选》赋不仅在赋史中的地位很高，其题材丰富多彩，对后世中国文学的发展亦产生深远影响。后世都邑文学、纪行文学、宫殿文学、田园文学、宫怨文学等，无不发端于《文选》赋中的具体篇章。如都邑文学始于《两都赋》，纪行文学兴于《北征赋》，宫殿文学极于《鲁灵光殿赋》，田园文学盛于《归田赋》，等等。此外，宋玉《高唐赋》《神女赋》的主题创作，引发后世“高唐系列”文学，唐诗、宋词、元明清的杂剧、传奇、戏剧等文学样式中，处处可见“高唐神女”影响下的精彩文辞。与此同时，赋体对诗体和散文体的发展亦有影响，赋体作品往往通过比兴象征的手法抒情，进而追求对自然景物和社会生活做出细致的反映，这种形象思维能力和艺术技巧在汉魏六朝古诗和乐府中不无体现。因此，似乎可以这样说，倘若没有汉魏以来赋体的发展，唐诗亦失去一份可资借鉴的宝贵遗产。李白的诗同骚赋有着明显的继承关系，杜甫《咏怀五百字》《北征》等诗，显然脱胎于班彪《北征》和潘岳《西征》。齐梁小赋对唐代七言歌行的影响尤为易见。后世的散文体在表现技巧上吸取赋体作品铺排方式，增强文章的磅礴气势，如韩愈极力推崇司马相如和扬雄，曾国藩提倡学汉赋以救桐城文俭狭之弊，都有见于此。

因此，对《文选》赋进行研究，不仅可以开拓《文选》研究的新领域，即对赋进行文体意义上的文本分析；更重要的是，通

① 范文澜:《中国通史》，人民出版社 1963 年版，第 582 页。

过对《文选》赋的研究，可以进而上升到更为广阔的层面，透视和把握汉魏六朝赋体的观念和发展流变，以及中国文学的发展进程。

三、《文选》赋的研究方法

本书的研究方法有二：类型学和计量学。

（一）类型学

所谓类型学是将具有相同或相似特质的事物作为某一个类别加以分析研究的科学方法。本文拟将《文选》赋诸类目各自作为一个独立整体进行研究。萧统在《文选序》中云："诗赋体既不一，又以类分；类分之中，各以时代相次。"由是将所录赋作按照题材厘分为十五类目，依次为：京都、郊祀、耕藉、畋猎、纪行、游览、宫殿、江海、物色、鸟兽、志、哀伤、论文、音乐、情，这在某种意义上可以看作是萧统对赋这一文体进行的"二次分类"，并且在这一"二次分类"中，萧统将选录赋作按照时代顺序进行排列，从而为类型学研究提供了可靠的基础。在这一基础上我们进行类型学研究主要表现在以下几方面：

其一，考辨每类赋的类名及溯源；

其二，分析每类赋诸篇作品的思想内涵和艺术成就，其中包括结构体式、表现手法、语言句式等，从而展现《文选》所录赋作的特色和价值；

其三，考察并比较其他未被《文选》收录的同类赋作，总结每类赋在各个时代的不同创作特征，廓清其在汉魏六朝时期的整体发展流变。

因此，本文将在类型学研究的基础上，对《文选》赋进行类型化的赋史研究，力图在大的创作背景中寻绎《文选》赋立目意义及选文标准，以期从中呈现萧统的赋学观念。

（二）计量学

计量学是一种将统计分析方法与文学审美研究相结合的方法。虽然我们所做的是文学作品的研究，但这种研究也必然要求科学上的准确与精密，二者不但不互相排斥，而且应该彼此促进。程千帆先生曾在长期的文学研究中形成“将批评建立在考据基础上的方法”，即体现了将文学批评与现代科学方法相结合的学术品格。

本文拟将所能尽力收集到的汉魏六朝时期的全部赋作（包括全篇、残篇、存目），与《文选》赋的相应作品进行对比，以统计数字或表格的方式列出，便于直观地了解每类赋的创作和流传等情况以及《文选》选录情况，最后可以对比每类赋的存目表，概览十五类赋的不同存亡情况以及《文选》对每类赋的不同选录情况。通过列表，一方面可以使比较研究和分析达到更清晰醒目的效果，另一方面亦能加强研究的精密性和准确度。

第一章

《文选》文体分类

关于《文选》的文体分类，共有三说：一是穆克宏等主张的三十七体说①，他们以目前通行的《文选》版本的文体分类为依据；一是骆鸿凯等主张的三十八体说②，他们在三十七体的基础上，于“书”体后面补入“移”体；一是褚斌杰、游志诚、曹道衡、傅刚等主张的三十九体说，他们在三十八体的基础上，于“檄”体后面补入了“难”体。傅刚《〈昭明文选〉研究》一书中对三十九体说进行了详细论述③，笔者亦赞同此说，认为《文选》分文体为三十九种，即赋、诗、骚、七、诏、册、令、教、策、表、上书、启、弹事、笺、奏记、书、移、檄、难、对问、设论、辞、序、颂、赞、符命、史论、史述赞、论、连珠、箴、铭、诔、哀、碑文、墓志、行状、吊文、祭文。其中，“诗赋体既不一，又以类分”④，萧统专门在赋、诗二体内部进行了更为细致的划分。

《文选》留给后世的文学价值毋庸置疑，仅就文体分类的价值而

① 穆克宏：《萧统〈文选〉三题》，载于《昭明文选研究论文集》，吉林文史出版社1988年版，第58页。

② 骆鸿凯：《文选学》，中华书局1963年版，第24页。

③ 傅刚：《〈昭明文选〉研究》，中国社会科学出版社2000年版，第185～192页。

④ 唐·李善注：《文选》，第2页。

言，它不但保留了从上古到中古各种重要文体样式的经典文本，呈现出各种文体演变发展的历史轨迹，而且通过对各种文体进行聚类区分显示了不同文体的体制形态的差异性。

一、《文选》以前的文体分类

作为我国现存第一部以“文体编次”的总集，《文选》在文体分类学的发展中具有里程碑的意义，同时亦成为后世总集编纂之圭臬，影响深远。

古人对文体的分类发轫于先秦时期。人们在特定的交际场合中，为了达到某种社会功能往往采取特定的言说行为，这些特定的言说行为相应具有特定的文辞样式，久而久之便约定俗成为特定的文体。而文体的分类正是在对不同言说行为的区分中衍生出来的。如《周礼·春官·大祝》载“六辞”之说，曰：“作六辞，以通上下、亲疏、远近：一曰祠，二曰命，三曰诰，四曰会，五曰祷，六曰诔。”[①] 这里的“六辞”，是古人在上下、亲疏、远近的人际关系中采用不同言说方式而形成的六种文辞样式，即六种特定的文体类型，古人对六辞的区分当是文体分类的雏形。又如先秦时有大夫“九能”之说，所谓“九能”，是大夫在不同场合所必须掌握的九种言辞，亦可说是九种文体：“建邦能命龟，田能施命，作器能铭，使能造命，升高能赋，师旅能誓，山川能说，丧纪能诔，祭祀能语，君子能此九者，可谓有德音，可以为大夫。”[②] 其中“命龟”是占卜用的文体；“施命”是畋猎时布施教命的文体；“铭”是刻镌于器皿书以为戒的文体；“造命”

① 东汉·郑玄注，唐·贾公彦疏：《周礼注疏》，中华书局影印阮刻《十三经注疏》1957年版，第911页。

② 《毛诗·鄘风·定之方中传》，《毛诗正义》，中华书局影印阮刻《十三经注疏》1957年版，第1183页。

是出使邦国应对作答的文体；“赋”是登高时有所见，赋其形状、铺陈事势的文体；“誓”是出征前对将士誓师的文体；“说”是解说山川地理形势的文体；“诔”是表彰死者生前德行以表示哀悼之情的文体；“语”是祭祀时祷告天地神祇的文体。[①] 要之，先秦时期无论大祝“六辞”还是大夫“九能”，这种对特定言语行为以及所产生的特定文辞样式的区分，可谓“文体分类的胚胎迹象”[②]。

此外，先秦典籍的编纂亦隐含文体分类意识。如《尚书》一书，作为我国上古时代记录诏令等文件和谈话的汇编，其编纂虽然是按照历史年代先后分为虞夏书、商书、周书三部分，但对具体单篇文章标目时却显示出典、谟、训、诰、誓、命等六种不同文体类型，如《尧典》《皋陶谟》《大禹谟》《甘誓》《牧誓》《大诰》《汤诰》《顾命》《文侯之命》《伊训》等。这些篇章是史官记录的官方文辞，大都是对帝王在不同场合言辞的记载，或君臣之间关于国家重大事务的对话，篇名末尾“典”“谟”“诰”“誓”等动词的反复出现，表现出一种类的归属，每一类都有特定的表现内容、实施对象以及政治功用，这表明《尚书》在编纂中隐含有文体分类意识。

西汉末年，刘歆编纂了我国最早一部综合性目录学著作《七略》，此书虽已亡佚，但其基本内容为班固《汉书·艺文志》所保存，从中可见出刘歆对各种典籍进行的文体分类情况。《七略》将所有典籍分为《诗赋略》《六艺略》《诸子略》《兵书略》《术数略》《方技略》，其中属于纯文学性质的诗赋单独入类，表明其取得与六艺、诸子并列的地位。在《诗赋略》中，刘歆将收录的作品分为屈原赋、陆贾赋、荀卿赋、杂赋、诗歌五类，这里不仅有对赋与诗两种文体的区分，而且亦有对赋体内部进行的四种类型的区分，其中屈原赋、陆贾赋、荀卿赋三类各系若干作家作品，杂赋类则按照题材划分为

---

① 郭英德：《中国古代文体学论稿》，北京大学出版社2005年版，第31页。

② 郭绍虞：《提倡一些文体分类学》，载于《复旦学报》1981年第1期。

"客主赋""杂行出及颂德赋""杂四夷及兵赋"等十二种。《诗赋略》对诗赋及赋体内部进行的文体分类，在古代文体分类学中具有首创意义，为此郭英德教授评价其曰："不仅为中国古代文体分类提供了基本的操作范型，也为中国古代文体分类提供了重要的思想资源。"[①]

到了东汉，各种文体有了长足发展，诚如刘师培《中国中古文学史》所云："文章各体，至东汉而大备。"[②] 据《后汉书》分载于各列传中所罗列的文体总计不下三四十种，如：

《后汉书·班固传》："所著《典引》、《宾戏》、《应讥》、诗、赋、铭、诔、颂、书、文、记、论、议、六言，在者凡四十一篇。"[③]

《后汉书·马融传》："所著赋、颂、碑、诔、书记、表、奏、七言、琴歌、对策、遗令，凡二十一篇。"[④]

《后汉书·崔骃传》："所著诗、赋、铭、颂、书记、表、七依、《婚礼》、《结言》、《达旨》、《酒警》合二十一篇。"[⑤]

《后汉书·蔡邕传》："所著诗、赋、碑、诔、铭、赞、连珠、箴、吊、论、议、《独断》、《劝学》、《释诲》、《叙乐》、《女训》、《篆执》、祝文、章表、书记、凡四百篇，传于世。"[⑥]

通过上述史料记载，可窥见当时文体繁盛之一斑。但是其中出现文章篇名与文体名称并列的现象，由于构成某一文体类型的基本前提是应有体现出某些共同的、惯例化的文体特征的一定数量的作品的支撑[⑦]，因此，具有文体相似性的作品必须达到一定数量，才可

① 郭英德：《中国古代文体学论稿》，北京大学出版社2005年版，第52页。
② 刘师培：《中国中古文学史》，人民文学出版社1959年版，第23页。
③ 南朝宋·范晔：《后汉书》卷四十《班固传》，中华书局1965年版，第1386页。下引此书版本同。
④ 《后汉书》卷六十《马融传》，第1972页。
⑤ 《后汉书》卷五十二《崔骃传》，第1722页。
⑥ 《后汉书》卷六十《蔡邕传》，第2007页。
⑦ 陶东风：《文体演变及其文化意味》，云南人民出版社1994年版，第51页；童庆炳：《文体与文体的创造》，云南人民出版社1995年版，第110～118页。

能归纳为一种文体类型，并为人们所公认。《后汉书》著录的有些文章篇名，暂时无法归入合适的文体类目，“说明当时人们对文体的辨析和归类尚不周全”[①]，尚处于有待发展的阶段。刘师培说：“汉魏之际，文家承其体式，故辨别文体，其说不淆。”[②]此期各种类型的文体创作呈现出繁盛局面，从而促进了文体分类学的发展，如蔡邕《独断》，此书虽然主要考述汉代典章制度，但其中亦论及朝廷公文主要文体的分类、功用、作法及格式。作者将天子令群臣之文分为四体：策书、制书、诏书、戒书；又将群臣上天子之文分为四体：章、奏、表、驳议。其对朝廷应用文体的分类十分细微，并就每类文体的功能及形态特征做出简明的解说。又如东汉末刘熙《释名》，此书专门考释事物名称，其中第十九《释书契》和第二十《释典艺》系统地考释了文体名称及其来源，如奏、檄、谒、符、传、券、策书、启、书、告、表、诗、赋、诏书、论、赞、铭、碑、诔等诸文体，较之蔡邕《独断》，其对文体分类的研究更为全面系统，然则刘熙对文体仅作事物名称方面的考释，而未从辨析文体的角度加以阐述。

魏晋时期，文体分类学勃然兴起，人们自觉地对各类文章施行聚类区分，并表现出强烈的辨体意识。曹丕《典论·论文》将“文”从经、子、史中独立出来，分为奏、议、书、论、铭、诔、诗、赋四科八体，其曰：“盖奏议宜雅，书论宜理，铭诔尚实，诗赋欲丽。此四科不同，故能之者偏也。唯通才能备其体。”[③]曹丕以“雅”“理”“实”“丽”四种风格特征作为分辨四科的基本分类标准。“四科八体”的文体分类，在古代文体分类学中具有重要意义，它是古人第一次自觉地对文体进行的单独分类和辨析，体现出时人清醒

① 郭英德：《中国古代文体学论稿》，北京大学出版社2005年版，第76页。
② 刘师培：《中国中古文学史》，人民文学出版社1959年版，第23页。
③ 三国魏·曹丕《典论·论文》，清·严可均：《全上古三代秦汉三国六朝文·全三国文》卷八，中华书局1985年版，第1098页。下引此书版本同。

的文体分类辨析意识。继曹丕之后，陆机《文赋》论文亦将文体分类纳入其中进行了专门探讨：

诗缘情而绮靡，赋体物而浏亮。碑披文以相质，诔缠绵而凄怆。铭博约而温润，箴顿挫而清壮。颂优游以彬蔚，论精微而朗畅。奏平彻以闲雅，说炜晔而谲诳。

这里陆机将“文”分为十体：诗、赋、碑、诔、铭、箴、颂、论、奏、说，并精要阐释了每种文体的特征，这是在曹丕“四科八体”基础上发展起来的关于当时重要文体的更为精细的分类。不同的是陆机将诗、赋等纯文学文体置于铭、诔、奏、论等实用性文体之前，从而反映出当时诗、赋作为“文”的主流形式的被肯定。

此期总集的编纂对文体分类的兴盛起到推波助澜的作用。《隋书·经籍志》云：“总集者，以建安之后，辞赋转繁，众家之集，日滋以广。”[①] 由于总集汇聚众家众体，编纂总集的首要任务就是对各类文体进行聚类区分，以便使众多作品得以有序编排，故而总集的编纂在一定程度上促进了文体分类的繁荣。西晋挚虞《文章流别集》是最早的一部总集，据《隋书·经籍志》载，挚虞撰有《文章流别集》四十一卷、《文章流别志、论》二卷，前者是选辑个体文章的总集，后者是专门研究文体的著作。惜二书均佚，从《志》《论》现存残文观之，其论及的文体有颂、赋、诗、七、箴、铭、诔、哀辞、哀策、对问、碑、图谶等，可见分类十分细致。东晋李充《翰林》是与挚虞《文章流别集》相仿的又一部总集，《翰林论》是其中的论述部分，观其残文，论及文体有赞、表、驳、论、奏、盟、檄、诗诸种。此期的两部总集虽然都已亡佚，但由片段可知都选录了当时流行的各体文章，并另有附论对各种文体的产生、体制风格、流变等进行了精细的辨析，从而对后世总集尤其是《文选》的文体分类产生了重要影响。

① 《隋书》卷五十三《经籍志》，第1089页。

二、《文选》文体分类及对后世的影响

如前所述，汉代乃至魏晋时人已有论及文体及其分类问题，但他们或出于考释，或偶举数例，或考察不全。《文选》作为我国现存第一部以“文体编次”的诗文总集，首次将古今文体进行了精细辨析，聚类区分，从而完成了一次全面系统的文体分类，可谓集前代之大成。正如褚斌杰先生所说：“《文选》一书，则是把各体诗文和赋等总汇一起，按体区分，从类编排的一部规模宏大的总集，并且公开宣示了他的收录的标准，依类收文，因此，它在我国文学批评史和文体史上具有重大意义和影响。”①

《文选》将文体分为三十九类，与前人相比更为细密，如关于诏策类文体，萧统将之细分为诏、册、令、教、策五种，这或许在一定程度上反映出封建等级制度的需要。又如《文心雕龙·杂文》将宋玉《对问》及东方朔《答客难》、扬雄《解嘲》等作品视为一类，而萧统则将《对问》自立一体，将《答客难》《解嘲》归入设论体，由此体现出《文选》对文体分类更为细密。同时代刘勰的《文心雕龙》作为一部文学批评专著，其中涉及的文体封域亦很广，仅《明诗》至《书记》二十篇中所列文体就达三十三类，可见齐梁时期分体细密周全是当时普遍认同的风气。然而后人就此指责《文选》分类过于烦琐，如姚鼐《古文辞类纂》云：“《文选》分体碎杂，其立名多可笑者。”② 章学诚《文史通义·诗教》亦指斥其“淆乱芜秽，不可殚诘”③。诚然，《文选》分体的细致性或可造成偏于琐杂的弊端，但其中仍不乏创造性贡献。如关于骚、赋二体辨析问题，自汉代起骚、赋两种文体便混淆不清，直至晋代仍有人将骚归入赋体，

---

① 褚斌杰：《中国古代文体概论》，北京大学出版社 1990 年版，第 20 页。

② 清·姚鼐著，高步瀛笺：《古文辞类纂笺》，吉林大学出版社 1997 年版，第 1498 页。

③ 清·章学诚著，叶瑛校注：《文史通义校注》，中华书局 1985 年版，第 82 页。

如皇甫谧《三都赋序》云："屈原之属……赋之首也。"① 挚虞《文章流别论》亦称："前世为赋者，有孙卿、屈原，尚颇有古诗之义。至宋玉，则多淫浮之病矣。《楚辞》之赋，赋之善者也，故扬子称赋莫深于《离骚》。"② 由此可见，晋时仍存有骚、赋二体不分的现象。而《文选》于赋体之外，另立"骚"体，从而纠正了前人将二者混同的做法，揭示了文学史的真实面貌。

《文选》的编纂者萧统，对赋、诗二体内部进行了若干子目的划分，这种划分大致以题材为依据，其中赋分十五子目：

京都、郊祀、耕藉、畋猎、纪行、游览、宫殿、江海、物色、鸟兽、志、哀伤、论文、音乐、情。

诗分二十三子目：

补亡、述德、劝励、献诗、公宴、祖饯、咏史、百一、游仙、招隐、反招隐、游览、咏怀、哀伤、赠答、行旅、军戎、郊庙、乐府、挽歌、杂歌、杂诗、杂拟。

对赋、诗二体内部进行如此细致的划分，可谓《文选》独创，对后世总集的编纂以及从题材归类的角度研究文学提供了先例和启示。其中有些子目名称一直为后世沿用，如京都赋、宫殿赋、鸟兽赋、志赋、哀伤赋、情赋、咏史诗、游仙诗、咏怀诗、赠答诗等。值得注意的是萧统在诗体中立"乐府"一类，体现出他对文体辨析的精细和识见。

《文选》虽然不是专门的文体论著作，但萧统在《文选序》中简要论述了赋、骚、诗三种重要文体的源流发展以及其他文体的艺术特点。他认为不同文体产生于不同的需要，故具有不同的性质、特点和功用，如"箴兴于补阙，戒出于弼匡。论则析理精微，铭则序事清润"等，总之"众制锋起，源流间出"，但"黼黻不同，俱为悦

① 唐·李善注：《文选》，第 37 页。

② 西晋·挚虞《文章流别论》，清·严可均：《全晋文》卷七十七，第 1905 页。

目之玩"，这里萧统充分肯定了不同文体所具有的共同审美价值。不仅如此，《文选序》还明确规定了选文范围，经、子、史著作篇章被排除在"文"之外，而史籍中的赞论和序述，因其"综缉辞采"，"错比文华"，"事出于沉思，义归乎翰藻"，故"杂而集之"。阮元《书昭明太子〈文选序〉后》云："昭明所选，名之曰'文'，盖必文而后选也，非文则不选也。经也，子也，史也，皆不可专名之为文也，故昭明《文选序》后三段，特明其不选之故。必'沉思''翰藻'，始名之为'文'，始以入选也。"[①]《文选》的这一选文范围，反映出当时与儒学、子学、史学相并称的"文学"的性质和范围，大体划定了古代文体分类学关于文章体裁的研究范围，为后世文学总集的编纂提供了良好范例。

《文选》对古今文体全面系统的聚类区分、辨析考察以及所厘定的选文范围，对后世大型文学总集的分类编纂产生了直接影响。如《文苑英华》《唐文粹》《宋文鉴》《元文类》《文章辨体》《明文衡》《文体明辨》等，其体例皆以《文选》为圭臬。

《文苑英华》乃宋初朝廷组织编纂的大型总集，由李昉主持，全书一千卷，分文体三十九类，共收录梁代至晚唐五代作家两千余人，诗、赋、文等作品近两万篇。明胡维新《刻文苑英华序》云："坟经义邈，词华郁蔓，延刘汉而接萧梁，昭明之《选》备矣。《苑》之集，始于梁，而部系类分，悉宗《选》例，非嗣文以承统乎？"[②]可见，该书承续《文选》而作，体例与之相同。

《唐文粹》作为现存最早的断代诗文总集，系姚铉在《文苑英华》基础上，专门针对唐代诗、赋、文作品的精选，分文体二十六类。姚铉《唐文粹序》云："岂唐贤之文，迹两汉，肩三代，而反无类次，以嗣于《文选》乎？铉不揆昧懵，遍阅群集，耽玩研究，掇

① 清·阮元：《揅经室集》，中华书局1993年版，第603页。
② 北宋·李昉：《文苑英华》，中华书局影印本1966年版，第4页。

菁撷华，十年于兹，始就厥志。得古赋、乐章、歌诗、赞颂、碑铭、文论、箴议、表奏、传录、书序，凡为一百卷，命之曰《文粹》。以类相从，各分首第门目，止以古雅为命，不以雕篆为工。”[①] 由此可见，作者矢志上承《文选》，“以类相从”，分体专门编纂了唐代的诗、赋、文作品。

随后的《宋文鉴》《元文类》《文章辨体》《明文衡》《文体明辨》等，其以类相从的分体编排均为《文选》之流裔，其中所区分的文体，各书不尽相同，分别为六十类、四十三类、四十一类、五十九类、一百二十七类。随着时代的变迁和文体自身的发展，这些总集在《文选》的基础上对文体分类稍有增损，然明代徐师曾《文体明辨》罗列文体一百二十七类，其中有如诏诰之文，《文选》仅列一类，《文苑英华》列两类，至《文章辨体》列六类，而《文体明辨》则细分为十一类。不仅如此，徐师曾还依古近体格律形式对诗体详加析分，并且增加了一些民间应用文体，如铁券文、碑阴文、墓碣文、嘏辞、玉牒文、上梁文、道场文、口宣、募缘疏等，如此不分轻重，将大大小小的文体均列为一类的分体方式，不免流于烦琐，故《四库》馆臣讥之曰：“千条万绪，无复体例可求，所谓治丝愈棼者欤！”[②]

① 北宋·姚铉：《唐文粹》，《四部丛刊》本，卷首。

② 清·永瑢：《四库全书总目》卷一百九十二《文体明辨提要》，中华书局1965年版，第1750页。

第二章

《文选》赋及其分类编次

在《文选》三十九类文体之中，赋这一文体最受重视，《文选》共六十卷，其中赋篇凡十九卷，几占全书三分之一。不仅如此，萧统将赋置于所有文体之首，赋体所具有的重要地位由此可见一斑。值得注意的是，萧统首次突破了汉魏两晋以来辞赋不分的观念约束，明确于赋体之外另立“骚”体，实现了骚、赋二体的独立，可谓文体分类辨析的重要创举。

《文选序》云：“诗赋体既不一，又以类分。”意味着萧统将诗、赋二体做了进一步划分，其中就赋的分类而言，萧统在继承前人的基础上，按照题材将其细分为十五类，即京都、郊祀、耕藉、畋猎、纪行、游览、宫殿、江海、物色、鸟兽、志、哀伤、论文、音乐、情，这一固定的编次顺序，在一定程度上反映了萧统的赋学观念。

一、《文选》别骚于赋

《文选》于赋体之外，又立骚目，将之与赋相区别。这一体例具有开创性意义，对后世影响极大。在展开论述之前，有必要先对“骚”做一简要阐说。“骚”初为作品名称，是屈原所作《离骚》的简称。东汉时期，王逸作《楚辞章句》，称《离骚》为“离骚经”，并将其自认为属于屈原的作品都归入“离骚”的名目下，其他模拟屈原之作的作品一概归入“楚辞”一目。王逸通过区分屈原之作与非屈原之作，不仅突出了《离骚》乃至屈原其他作品的地位，更是开创以“离骚”代指屈原全部作品之先河。由于屈原之作是《楚辞》的代表和精华，至萧统编纂《文选》，始立“骚”体，除屈原作品外，亦选录了《九辩》《招魂》和《招隐士》，从而以“骚”代称“楚辞”，并最终成为骚、赋分体之滥觞。

在汉代，辞（即骚）、赋常常被人们混为一谈。如司马迁在《史记·屈原贾生列传》中称：屈原“乃作《怀沙》之赋”①。《汉书·贾谊传》载，贾谊称“屈原……作《离骚赋》”②。扬雄认为“赋莫深于《离骚》”③。班固称屈原“作赋以风，咸有恻隐古诗之义”④，并且在《汉书·艺文志》“诗赋略”中著录屈原赋二十五篇，列于赋类之首。对此清代学者许学夷在《诗源辩体》中云：“屈原诸作，当时皆谓之赋。《汉书·艺文志》所列诗赋一种，而无所谓骚者。”⑤刘师培亦云：“观班《志》之分析诗赋，可以知诗歌之体与赋不同，而骚体则同于赋体。”⑥不仅汉人骚、赋观念不分，受此影响，魏晋人亦同，如曹丕称“或问：屈原、相如赋孰愈？”⑦皇甫谧《三都赋序》云：“是以孙卿、屈原之属……皆因文以寄其心，托理以全其制，赋之首也。”⑧挚虞《文章流别论》亦称：“前世为赋者，有孙卿、屈原，

① 西汉·司马迁：《史记》卷八十四《屈原贾生列传》，中华书局1975年版，第2485页。下引此书版本同。
② 东汉·班固：《汉书》卷四十八《贾谊传》，中华书局1965年版，第2222页。下引此书版本同。
③ 《汉书》卷八十七《扬雄传》，第3583页。
④ 《后汉书》卷四十《班固传》，第1756页。
⑤ 清·许学夷：《诗源辩体》，人民文学出版社1987年版，第42页。
⑥ 刘师培：《论文杂记》，人民文学出版社1959年版，第116页。
⑦ 三国魏·曹丕《典论·论文》，清·严可均：《全三国文》卷八，第1098页。
⑧ 唐·李善注：《文选》，第74页。

尚颇有古诗之义。至宋玉，则多淫浮之病矣。《楚辞》之赋，赋之善者也，故扬子称赋莫深于《离骚》。”[①] 由此可见，汉代乃至魏晋时期，时人惯于将骚纳入赋，称骚为赋。关于这一现象产生的原因，有必要做一番探讨。

先秦时期，“赋”作为文体产生之前有两个基本涵义。其一，指诗“六义”之一，是一种铺陈的表现手法。郑玄注《周礼·春官·大师》诗“六义”之“赋”曰：“赋之言铺，直铺陈今之政教善恶。”[②]《尔雅·释名》亦云：“敷布其义谓之赋。”[③] 后来刘勰据此义加以发挥，提出“赋者，铺也。铺采摛文，体物写志也”[④]，从而揭示了赋的基本文体特征和功能。其二，指不配乐但讲究韵律的“吟诵”。《国语·周语·邵公谏厉王弭谤》载：“故天子听政，使公卿至于列士献诗，……瞍赋矇诵。”[⑤] 这里的“赋”“诵”均指以声节之，不待乐奏的口头讽诵。[⑥]“赋”的“吟诵”之义与行人大夫赋诗之风有直接关系。春秋以来，行人大夫在交接邻国、聘问往来时往往吟诵不和乐的《诗经》原文，称《诗》喻志，以“微言相感”。如晋公子重耳赋《六月》，鲁文公赋《菁菁者莪》，郑穆公赋《鸿雁》，鲁穆公赋《祈父》等。所赋除《诗经》之外，也有自己所作之诗，如郑庄公之赋“大隧”。这些诗作虽然不同于配乐的“弦歌”，但仍属于韵语，讲究声调和节奏。后来汉人根据先秦“赋”的“吟诵”之义对赋体做出界定，称“不歌而诵谓之赋”[⑦]，这是赋的又一文体特征。

“赋”作为文体之名，是否在春秋时期即已产生目前不可考知，

---

① 西晋·挚虞《文章流别论》，清·严可均：《全晋文》卷七十七，第 1095 页。

② 清·孙诒让：《周礼正义》，中华书局 1987 年版，第 271 页。

③ 清·郝懿行：《尔雅义疏》，上海古籍出版社 1983 年版，第 292 页。

④《文心雕龙·诠赋》，范文澜：《文心雕龙注》，人民文学出版社 1958 年版，第 134 页。下引此书版本同。

⑤ 春秋·左丘明：《国语·周语》，上海古籍出版社 1978 年版，第 9 ～ 10 页。

⑥ 褚斌杰：《中国古代文体概论》，北京大学出版社，第 1990 年版，第 73 页。

⑦《汉书》卷三十《艺文志·诗赋略》，第 1755 页。

但是至荀子作《赋篇》，内收《礼》《智》《云》《蚕》《箴》五作，首次以“赋”为题；《韩非子·外储说左上》云“先王之赋诵，钟鼎之铭”[①]；又宋玉作《风赋》《高唐赋》《神女赋》《登徒子好色赋》等十篇作品。由此可以确知“赋”作为文体之名在战国晚期已初现端倪。故刘勰云：“荀况《礼》《智》，宋玉《风》《钓》，爰锡名号，与诗画境”，是为“命赋之厥初也”。[②]汉初，现存最早的赋家作品是贾谊的《鹏鸟赋》《吊屈原赋》等，自此以后，“枚马同其风，王扬骋其势”[③]，赋体创作“蔚为大国”，成为有汉一代的文学大宗。赋作为一种文体，其发展已趋成熟。

而骚体（或说楚辞），作为实体的形成较赋体稍早，自屈原作《离骚》始，骚体就已颇具规模，古人亦云“楚骚汉赋”；但作为名称的出现，“楚辞”却比“赋”晚得多。“楚辞”一词作为专称首次出现是在《史记·酷吏列传》中：“买臣以楚辞与助俱兴。”[④]而“骚”字作为文体名称更是晚至六朝时期才出现。要之，赋体立体确实比骚体晚，但其名称出现却远远早于骚体，而且“赋”最初兼具“铺陈”“吟诵”之义，司马迁《报任安书》有“屈原放逐，乃赋《离骚》”[⑤]之称，其中的“赋”字是动词，指“吟诵”。更何况赋体作为汉代的主要文学样式，体制极盛，而骚体在当时却日渐衰落。在上述种种因素的作用下，汉人常常称骚为赋，于是便出现了骚赋混淆的现象，这反映出当时人们的文体辨析意识尚不发达。

其实，骚和赋确为两种不同的文体。清人程廷祚在《骚赋论》中做了较为全面的分析。他认为，屈子骚体，“近于诗之陈情与志者焉”，其“出于变风、雅而兼有赋、比、兴之义”，能“具恻隐，含

---

① 清·王先慎：《韩非子集解》，中华书局1998年版，第261页。

② 《文心雕龙·诠赋》，范文澜：《文心雕龙注》，第134页。

③ 《文心雕龙·诠赋》，范文澜：《文心雕龙注》，第134页。

④ 《史记》卷一百二十二《酷吏列传》，第3143页。

⑤ 西汉·司马迁《报任安书》，清·严可均：《全汉文》卷二十六，第272页。

风谕”，风格主于“幽深”，适合于处在“衰晚之世”的“放臣弃子”抒发其幽怨之情。而赋则继承了诗之“体事与物”的特点并发扬光大。赋家之心，可以“包括宇宙，总揽人物”；赋家之用，则“自朝廷郊庙以及山川草木，靡不摅写”，“专于侈丽宏衍之间，不必裁以正道，有助于淫靡之思，而无益以劝戒之旨”，其风格则“宜于浏亮”。[①] 程氏从骚、赋之本源、流变和风格特征三方面对二体做出的理论辨析，可谓明晰详甚。他主张骚、赋虽然都源于《诗经》，但却各有其尚，骚主于陈情，赋主于体物。

褚斌杰先生认为：“赋是用反复的问答体，演成为叙事的形式，它不是抒情，而是铺陈辞藻，咏物说理。楚辞则不同，它虽然也富于文采，描写细致，往往也含有某些叙事成分，但它却是以抒发个人感情为主的作品，是真正的诗歌。”[②] 对此，业师方铭先生亦指出：“‘楚辞’是一种具有地方特色的‘诗’。”既然如此，“楚辞”被称为“辞”，而不以“诗”命名，“一方面是因为在《诗经》成书以后，在很长一段时间内，‘诗’仍然是《诗经》这本书的专利；另一方面，‘诗’‘辞’意义相通，《毛诗序》曰：‘诗者，志之所之也，在心为志，发言为诗。’《集韵》曰：‘辞，说也。’诗为言，辞也是言。”“‘楚辞’发愤以抒情，有韵，所以‘楚辞’就是‘楚诗’，而与赋不同。”[③] 由此可见，楚辞和赋是两种截然不同的文体。清刘熙载《艺概·赋概》云：“《楚辞》按之而愈深，汉赋恢之而弥广。《楚辞》尚神理，汉赋尚事实。”[④] 其中“按之而愈深”“尚神理”，正是就楚辞中所含的情和所具有的诗歌韵味而言；“恢之而弥广”“尚事实”，则指汉赋以铺陈为能事，以叙述事实为主。关于骚、赋二体的不同，上述学者围绕

① 清·程廷祚：《骚赋论》，《金陵丛书》本《青溪集》卷三。

② 褚斌杰：《中国古代文体概论》，北京大学出版社 1990 年版，第 57 页。

③ 方铭：《论宋玉唐勒景差“好辞而以赋见称”》，载于彭庆生主编《中华文化论丛》第一辑，中国文学出版社 1998 年版，第 109 ～ 112 页。

④ 清·刘熙载：《艺概·赋概》，上海古籍出版社 1978 年版，第 86 页。

其文体特征和风格等展开的辨析，正中肯綮。

有学者认为刘勰《文心雕龙》始将骚、赋分体，因其既有《辨骚》又有《诠赋》，实则不然。马积高先生说："《辨骚》在《文心》中与《原道》《宗经》《正纬》等为一组，为总论性质，《诠赋》在《明诗》后，属分体论，且《诠赋》明言赋'拓宇于楚辞'，可见他并未别骚或辞于赋。"[①] 不仅如此，刘勰在《辨骚》中称："然其文辞雅丽，为辞赋之宗。"又云："固知《楚辞》者，体慢于三代，而风杂于战国，乃《雅》《颂》之博徒，而辞赋之英杰也。"[②] 这里刘勰不仅将辞赋并称，而且还认为《楚辞》是辞赋之宗首和"英杰"，显然有意将骚并入赋体。由此可见，《文心雕龙》虽然分列《辨骚》《诠赋》两篇，但在具体论述中，刘勰并未将骚赋在文体意义上完全明确地区分开来。

"骚、赋分体，始自《文选》。"[③] 刘师培《论文杂记》云：

观班《志》之分析诗赋，可以知诗歌之体与赋不同，而骚体则同于赋体。至《文选》析赋、骚为二，则与班《志》之义迥殊矣。[④]

萧统别骚于赋，虽未做理论上的阐释，然其对骚、赋两种不同文体的正确辨析，反映出其进步的文体观念。诚如钱穆所言："宋玉与荀卿并举，列之在前，顾独以骚体归之屈子，不与荀宋为伍，此一分辨，直探文心，有阐微导正之功矣。"[⑤] 此番话恰恰揭示出萧统别骚于赋的良苦用心。虽然后人或有讥其分体不当者，如南宋吴子良《林下偶谈》批评曰："故班《艺文志》有屈原赋二十五篇。梁昭明集《文选》，不并归赋名，而别名之为骚，后人沿袭，皆以骚称，可谓无义。"[⑥] 但这并不能阻碍《文选》这一进步体例对后世的深远影响。

---

① 马积高：《历代辞赋研究史料概述》，中华书局2001年版，第13页。
② 《文心雕龙·辨骚》，范文澜：《文心雕龙注》，第47页。
③ 马积高：《历代辞赋研究史料概述》，中华书局2001年版，第67页。
④ 刘师培：《论文杂记》，人民文学出版社1959年版，第116页。
⑤ 钱穆：《中国学术思想史论丛》，.安徽教育出版社2004年版，第94页。
⑥ 南宋·吴子良：《林下偶谈》，《丛书集成初编》本。

清许学夷《诗源辩体》云:“昭明《文选》分骚、赋为二，历代因之，名义既殊，体裁亦别。”[①] 后世的总集和文体论著，如《七录》《文苑英华》《唐文粹》《宋文鉴》《元文类》《明文衡》《明文在》，甚至徐师曾《文体明辨》、薛凤昌《文体论》等都将骚与赋单列。《四库全书总目》亦专辟“骚”目，其《叙》云:“他集不与《楚辞》类，《楚辞》亦不与他集类。体例既异，理不得不分著也。”[②] 由此萧统始将骚、赋二体分列的体例对后世的影响可见一斑。萧统将骚、赋分体固然有其进步意义，然又立“辞”一目，这便容易引起混乱，所收作品为汉武帝《秋风辞》和陶渊明《归去来兮辞》，萧统盖因篇题而立目，并未对体式进行细核，故后人或有讥其分类琐碎，这当是《文选》分类的不足之处。

二、《文选》列赋于首

《文选》将赋体置于各类文体之首，诗、骚反列其后，这种编排体例在当时并不普遍，如任昉《文章缘起》，其前三类文体固然依旧是赋、诗、骚，但在编排方式上却以诗居首，赋列其后；又刘勰《文心雕龙》，在分述各类文体时，亦先列《明诗》《乐府》，然后才是《诠赋》。唯《文选》独树一帜列赋为首，究其原因，大致有如下三方面:

第一，《文选》将赋置于篇首反映了萧统的赋学观念。

《文选》按赋、诗、骚的分类顺序排列，引起后人不少非议。章学诚在《文史通义·诗教下》中说:“赋先于诗，骚别于赋，赋有问答发端，误为赋序，前人之议《文选》，其显然者也。”[③] 这句话表明，章氏对于《文选》将赋列于篇首持反对意见，或许是考虑到赋体的

① 清·许学夷:《诗源辩体》，人民文学出版社1987年版，第42页。
② 清·永瑢:《四库全书总目》，中华书局1965年版，第1267页。
③ 清·章学诚著，叶瑛校注:《文史通义校注》，中华书局1985年版，第81页。

产生晚于诗体乃至骚体，他认为赋不应该放在诗、骚之前。诚然，诗歌和楚辞的产生年代早于赋体，就文体出现的先后顺序而论，赋体似乎确实应当置于诗、骚之后才算允当。然而，《文选》的编选目的旨在让读者取法于前人，模仿写作，并不强调各文体之间产生的时代顺序和渊源流别，更何况这种排列顺序恰恰体现了萧统自身对文学的见解。

萧统按照“事出于沉思，义归乎翰藻”的标准录选文章，开纯文学封域之先河，故经、史、子均被排除在选文之外，他认为经是“孝敬之准式，人伦之师友”，不可“重以芟夷，加之剪截”。《文选》所录之诗，实非奉为经典的《诗经》之诗，基本是汉以后产生的新诗体，而赋源于诗（指《诗经》）、骚，立体于荀、宋，时间上早于汉代新诗体，所以萧统将之列于诗前。

就骚体而言，刘勰云：“赋也者，受命于诗人，拓宇于《楚辞》。”[①] 骚体先于赋体，是赋体的源头之一，为何亦列于赋体之后？对此，萧统在《文选序》中有这样一段话：“《诗序》云：‘诗有六义，一曰风，二曰赋，三曰比，四曰兴，五曰雅，六曰颂。’至于今之作者，异乎古昔，古诗之体，今则全取赋名。荀、宋表之于前，贾、马继之于末。”[②] 这里萧统将文体之赋与诗“六义”之赋联系起来，不仅进一步阐发了班固之“赋为古诗之流”说，而且更是提高了赋的地位。作为诗“六义”之一的赋是一种铺陈的表现手法，《尔雅·释名》云：“敷布其义谓之赋”。[③] 说的就是这个意思。与此同时，先秦时期流行赋诗言志的风气，在这种历史文化背景中，文体之赋或许正在孕育而生。诚如班固所言，当“周道浸坏，聘问歌咏

① 《文心雕龙·诠赋》，范文澜：《文心雕龙注》，第 134 页。
② 唐·李善注：《文选》，第 1 页。
③ 清·郝懿行：《尔雅义疏》，上海古籍出版社 1983 年版，第 292 页。

不行于列国”之时，“贤人失志之赋作矣”①，赋诗风气与赋体的兴起似断实连，赋不仅是诗的表现手法之一，具有铺陈的特征，而且还在道德底蕴上与“诗言志”的教化讽谏传统一脉相承，遂具有“古诗之义”。在萧统那里，他认为“古诗之体，今则全取赋名”，赋正是具备了与《诗经》的这种精神上的传承关系，显然比骚体具有更高的地位，当《诗经》未被选录时，赋取代《诗经》地位置于篇首就不足为怪了。

第二，《文选》置赋于篇首在一定程度上受前人之影响。

有学者认为“《文选》序文，以赋为首，诗、骚反列于后，此乃萧统之创格也”②，实则不然。纵观前代史志总集，将赋列于诗、骚之前者有二：班固《汉书·艺文志》和挚虞《文章流别论》。《汉书·艺文志》之“诗赋略”一目，明以“诗赋略”，非“赋诗略”，然班固却先列辞赋，然后才是诗歌。关于挚虞《文章流别论》，据《晋书·挚虞传》载：“虞撰《文章志》四卷，……又撰古文章，类聚区分为三十卷，名曰《流别集》，个为之论，辞理惬当，为世所重。”③《隋书·经籍志·总集类》云：“虞撰《文章流别集》四十一卷，《文章流别志、论》二卷。”又据《晋书》所说，《论》原本附于《集》后，后又摘出别行，成为文体专论。《文章流别集》《文章流别志》二书均佚，曹道衡先生曾推测《文章流别集》是以赋作为第一类④。据现存《文章流别论》的残文可知，挚虞是将赋体置于诗体之前的。《文选》的排列顺序与二书可谓不谋而合。究其原因，赋为古诗之流说当为获取其合理解释的切入点。

---

① 《汉书》卷三十《艺文志·诗赋略》，第1756页。

② 何沛雄：《〈文选〉选赋义例论略》，参自《中外学者文选学论集》，中华书局1998年版，第697页。

③ 唐·房玄龄：《晋书》卷五十一《挚虞传》，中华书局1974年版，第1427页。下引此书版本同。

④ 曹道衡：《文选学新论》，中州古籍出版社1997年版，第105页。

班固《两都赋序》首次提出“或曰：‘赋者，古诗之流也。’”[①]他从文体源流的角度明确表示赋出于诗，从而为赋争得一席之地。自此以后，赋为古诗之流的地位便得到推崇。如皇甫谧《三都赋序》云：“诗人之作，杂有赋体。子夏序《诗》曰：一曰风，二曰赋。故知赋者，古诗之流也。”[②]而挚虞作为皇甫谧的弟子，其《文章流别论》中论赋的源流明显承师之说，曰：“赋者，敷陈之称，古诗之流也。”受此影响，萧统在《文选序》中对此亦有进一步的阐发，从而体现出与班固一脉相承的赋学观念。由此，《文选》与《汉书·艺文志》《文章流别论》一样，将赋置于首位，归根结底在于萧统继承了班氏之说，对赋做出一致的评价和推崇。值得一提的是，萧统在对赋体内部的分类中列“京都”为首，并以班固《两都赋》开篇，可见其对班固赋学观的认同。

第三，《文选》置赋于篇首与赋在当时的特殊地位和作用不无关系。

自汉以来，文人便以作赋相尚，至三国，士人对前人大赋不仅十分熟稔，而且对赋的创作仍很重视。《三国志·魏书·国渊传》载曹操时曾有人作谤书非议时政，国渊凭借谤书作者熟知《二京赋》这一线索而侦破此案。[③]当时国渊任魏郡太守，据《后汉书·郡国(二)》载，魏郡属冀州，故可知三国时代的冀州之地，《二京》仍为士人所熟知和重视；曹植《与杨德祖书》曰：“吾虽德薄，位为藩侯，犹庶几戮力上国，流惠下民，建永世之业，流金石之功，岂徒以翰墨为勋绩，辞赋为君子哉？”[④]在这里曹植虽主要是表达其对自身徒有文人之才，不能真正建功立业的不满，然而他将“辞赋”与“翰

① 唐·李善注：《文选》，第 1 页。
② 唐·李善注：《文选》，第 74 页。
③ 西晋·陈寿：《三国志·魏书》卷十《国渊传》，中华书局 1982 年版，第 340 页。下引此书版本同。
④ 三国魏·曹植《与杨德祖书》，清·严可均：《全三国文》，第 1140 页。

墨”同义，表明辞赋仍是文学的主要部分。

到两晋南北朝时期，人们对赋更是推崇备至，如皇甫谧认为司马相如《上林赋》、扬雄《甘泉赋》、班固《两都赋》、张衡《二京赋》等皆“今世辞赋之伟”；葛洪也认为“《上林》《羽猎》《二京》《三都》之汪濊博富”比之《毛诗》更胜一筹；孙绰、沈约亦分别从经学和文学的角度对赋做出了很高评价。不仅如此，《北史·魏收传》还载，魏收尝云：“会须能作赋，始成大才士。”①士人把写赋作为衡量一个人是否有才能的标准，赋在当时的重要地位可见一斑。《文选》重视赋体，将其列于篇首，与这种文学传统的浸染有很大关系，故林聪明称：“《文选》以赋为首者，良以时人视赋为文学大宗之故。”②诚如斯言。

《文选》列赋为首，后世无论总集或别集，承之者不胜枚举。总集者，如宋李昉《文苑英华》、姚铉《唐文粹》、吕祖谦《宋文鉴》，元苏元爵《元文类》，明张溥《汉魏六朝百三家集》，清张金吾《金文最》、严可均《全上古三代秦汉三国六朝文》、丁福保《汉魏六朝名家集》、乾隆御定《唐宋文醇》等。别集者，如《陆士衡文集》《鲍氏集》《梁昭明文集》《江文通文集》《庾子山集》（以上南北朝），《王右丞集》《高常侍集》《昌黎先生集》《樊川文集》《孙樵集》（以上唐朝），《小畜集》《温国文正司马公集》《直讲先生文集》《豫章黄先生文集》《张右史文集》《淮海集》《济北晁先生鸡肋集》《于湖居士文集》（以上宋朝），《遗山先生文集》《秋涧先生大全文集》《松雪斋文集》《清容居士集》《道园学古录》《圭斋文集》《荆川先生文集》《曝书亭集》《潜研堂文集》《茗柯文集》《皇朝文鉴》《国朝文类》（以上元明清时代）。由此可见，《文选》列赋为首的体例对后世的影响极为深远。

---

① 唐·李延寿：《北史》卷五十六《魏收传》，中华书局 1974 年版，第 2028 页。下引此书版本同。

② 林聪明：《昭明文选研究初稿》，台湾文史哲出版社 1986 年版，第 35 页。

三、《文选》赋分类溯源

萧统之前，最早将赋进行分类的是汉代扬雄。他提出："诗人之赋丽以则，辞人之赋丽以淫。"[①] 将赋从风格上分为"诗人之赋"和"辞人之赋"两种。

扬雄的思想前后差异很大。青少年时期，他对前辈乡贤司马相如的"弘丽温雅"之赋十分喜爱，"常拟之以为式"[②]，并作有《甘泉赋》《长杨赋》《羽猎赋》等为后人称道的大赋。至晚年，由于受经学影响，他的思想有所转变，"悔其少作"，并将作赋视为"童子雕虫篆刻"，"壮夫不为"。[③]

扬雄以儒家功利主义文学观看待辞赋，强调赋应有讽谏之义，要符合圣人规定的法度法则，故将赋分为"诗人之赋"和"辞人之赋"。所谓"丽以淫"的"辞人之赋"，李轨注曰："奢侈相胜，靡丽相越，不归于正也。"[④] 扬雄将宋玉、唐勒、景差、贾谊甚至司马相如等人的赋作均视为"辞人之赋"，认为其浮夸不实，遂以"淫"目之。对于"诗人之赋"的概念扬雄并未落实到具体作品上，汪荣宝指出："诗人之赋，谓六义之一之赋，即诗也。""'诗人之赋丽以则'者，谓古诗之作，以发乎情止乎礼义为美，即《自序》所谓'法度所存，贤人君子诗赋之正也'。故其丽也以则。"[⑤] 元人祝尧在《古赋辩体》中解释说："诗人所赋，因以吟咏性情也。"只有"发乎

---

① 西汉·扬雄著，西晋·李轨注:《法言·吾子》,《诸子集成》(第七册)，中华书局 1954 年版。

② 《汉书》卷八十七《扬雄传》，第 3515 页。

③ 西汉·扬雄著，西晋·李轨注:《法言·吾子》,《诸子集成》(第七册)，中华书局 1954 年版。

④ 西汉·扬雄著，西晋·李轨注:《法言·吾子》,《诸子集成》(第七册)，中华书局 1954 年版。

⑤ 西汉·扬雄著，汪荣宝疏:《法言义疏》，中华书局 1987 年版，第 51 页。

情”，才能做到“辞丽理则”，合于“风、比、雅、兴、颂之义”。[①] 明人徐师曾亦承此说，他上溯至古者赋诗喻志之传统，认为诗人之赋“皆以吟咏性情，各从义类。故情形于辞，则丽而可观；辞合于理，则则而可法”。[②] 由此可见，扬雄所说的“诗人之赋”，存在于《诗三百》中。所以，扬雄虽将赋分为“诗人之赋”和“辞人之赋”，但“其目的主要是为了以前者作为后者的批判的武器”[③]，而非真正意义上的赋体分类。不过有一点值得一提，即扬雄以“丽”界定诗、赋的共同特征，这在文学批评史中实属首创，对后世影响很大，曹丕“诗赋欲丽”之说即本于此。

继扬雄之后，对赋进行分类的是班固。与扬雄不同，班固将赋分为四类，即屈原赋、荀卿赋、陆贾赋和杂赋，实现了从赋体内部进行明确分类的第一次尝试。

关于前三类的分类标准，章太炎《国故论衡·辨诗》曰：“屈原言情，荀卿效物。陆贾赋不可见，其属有朱建、严助、朱买臣诸家，盖纵横之变也。”[④] 认为前三种赋的风格分别为言情、效物和纵横。顾实《汉书艺文志讲疏》亦承此论，认为，“屈原赋之属，盖主抒情者也”，“陆贾赋之属，盖主说辞者也”，“荀卿赋之属，盖主效物者也”。[⑤] 章、顾之说看似合理，但却存在一定的疏漏。因为赋家创作的作品风格是多样的，它们或抒情，或骋词，或析理，往往不一而足。就屈原本人而言，他的作品就不仅仅限于抒情，并且我们亦不能把隶属于其后的二十位赋家的全部作品都概括为抒情性赋作，比如枚乘和司马相如的一些赋作就是专门的骋词大赋。类似的情况亦存在于陆贾赋和荀卿赋两类中。所以章、顾之说实不足辩。章学诚

---

① 元·祝尧：《古赋辨体》，《四库全书》本。
② 明·徐师曾：《文体明辨序说》，人民文学出版社 1998 年版，第 100 页。
③ 曹虹：《中国辞赋源流综论》，中华书局 2005 年版，第 29 页。
④ 章太炎：《国故论衡·辨诗》，上海古籍出版社 2003 年版，第 90 页。
⑤ 顾实：《汉书艺文志讲疏》，上海古籍出版社 1987 年版，第 173 ～ 181 页。

《校雠通义》云："诗赋前三种之分家，不可考矣，其与后二种之别类，甚晓然也。三种之赋，人自为篇，后世别集之体也。"[①] 章学诚认为《诗赋略》前三类的分类标准虽然不可考知，但是这种以不同作家区别归类的方式对后世别集的产生确有影响，这一见解十分敏锐。固然我们暂时无法确知《诗赋略》的分类标准，但却不能抹煞班固对赋体内部进行聚类区分的这一事实及影响。尤其在第四种"杂赋"类中，班固按照题材将其细分为十二种，如杂行出及颂德赋、杂四夷及兵赋、杂中贤失意赋、杂思慕悲哀死赋、杂鼓琴剑戏赋、杂山陵水泡云气雨旱赋、杂禽兽六畜昆虫赋、杂器械草木赋等，这一分类方式实开后世赋体按照题材分类之先河。而比较《文选》赋与《汉志·诗赋略》杂赋，二者在题材上多有暗合之处。如《文选》的"纪行"类、"游览"类对应《汉志》杂赋的"杂行出及颂德赋"；《文选》"志"类、"哀伤"类、"音乐"类和"鸟兽"类分别对应《汉志》杂赋的"杂中贤失意赋""杂思慕悲哀死赋""杂鼓琴剑戏赋""杂禽兽六畜昆虫赋"；而《汉志》杂赋中的"杂山陵水泡云气雨旱赋"在《文选》那里也有"江海"类和"物色"类与之相对应。由此可见，《汉志·诗赋略》"杂赋"类对《文选》赋的分类题材具有一定的启发意义。

班固以后，亦有学者表现出将赋体按题材进行分类的意识。如东晋葛洪《抱朴子·钧世》有这样一段论述：

若夫俱论宫室，而奚斯路寝之颂，何如王生之赋灵光乎？同说游猎，而《叔畋》《卢铃》之诗，何如相如之言上林乎？并美祭祀，而《清庙》《云汉》之辞，何如郭氏《南郊》之艳乎？等称征伐，而《出车》《六月》之作，何如陈琳《武军》之壮乎？[②]

这里葛洪将同类题材的诗、赋进行比较，虽然不是对赋体分类的专门

① 清·章学诚著，叶瑛校注：《校雠通义校注》，中华书局1985年版，第1064页。
② 东晋·葛洪著，杨明照校笺：《抱朴子外篇校笺》，中华书局1991年版，第70页。

论述，但其析分宫室、游猎、祭祀、征伐四种题材，并分别列举王延寿《鲁灵光殿赋》、司马相如《上林赋》、郭璞《南郊赋》、陈琳《武军赋》四赋为杰出代表，体现出其按照题材将赋归类的初步意识。此外，刘勰在《文心雕龙·诠赋》中简要概举了赋的题材内容，其言曰“夫京殿苑猎，述行序志，并体国经野，义尚光大。……至于草区禽族，庶品杂类，则触兴致情，因变取会。”[①] 受此影响，萧统在《文选序》中做了进一步阐述：“自兹以降，源流实繁。述邑居则有凭虚、亡是之作，戒畋游则有长杨、羽猎之制；若其纪一事，咏一物，风云草木之兴，鱼虫禽兽之流，推而广之，不可胜载矣。”[②] 可见萧统在刘勰的基础上，将赋题材内容进行了扩展，并最终细致划分为十五类。综上所述，《文选》赋按题材分类，远承班固，近取葛、刘，诚如黄侃所云：“赋之分类，昭明亦沿前贯耳。”[③] 这一说法十分正确。

四、《文选》赋设目与编次

《文选》集前人之大成，将赋按照题材细分为十五类目，即京都、郊祀、耕藉、畋猎、纪行、游览、宫殿、江海、物色、鸟兽、志、哀伤、论文、音乐、情，其中每一类目的编排顺序是固定的，这在某种程度上反映了萧统的赋学观念。

最引人关注的是“京都”一目，萧统将之列位于首，并选录班固《两都赋》、张衡《二京赋》《南都赋》和左思《三都赋》，以六卷之多占全书六十卷本的十分之一强。萧统对京都赋如此重视是有原因的。林聪明认为“京都”一类居首，班固《两都》开卷第一，

① 《文心雕龙·诠赋》，范文澜：《文心雕龙注》，第153页。
② 唐·李善注：《文选》，第1页。
③ 黄侃：《文选平点》，上海古籍出版社1985年版，第205页。

“盖取班氏言赋者‘雅颂之亚’，故以《两都》《二京》为冠冕也”[①]。钱穆亦持此说，认为“京都”居首，与班固所说赋为雅颂之亚有关。[②]班固《两都赋序》云：

或曰：赋者，古诗之流也。……或以抒下情而通讽喻，或以宣上德而尽忠孝，雍容揄扬，著于后嗣，抑亦雅颂之亚也。[③]

班固认为赋体作品与《诗经》的雅、颂相通，《诗经》的雅、颂有“通讽喻”“宣上德”的功用，汉赋的作用也是如此[④]，所以他将汉赋视为古诗之流、雅颂之亚，从而提高了赋在当时的地位。

受之影响，萧统在《文选序》中对此有进一步阐发：

《诗序》云：“诗有六义，一曰风，二曰赋，三曰比，四曰兴，五曰雅，六曰颂。”至于今之作者，异乎古昔，古诗之体，今则全取赋名。[⑤]

萧统对班固这一赋论的继承发展，仅可说明其为何将赋置于全部文体之篇首，倘若将之视为列“京都”为赋首的依据，不免失于全面。事实上，京都赋自身的独特意义和历史地位是博得萧统重视的主要原因。

京都作为一国政治、经济、文化的中心，具有首要地位，而京都赋在东汉初期一经出现，便与现实政治密切相关，其中班固《两都》、张衡《二京》之作，内容上不仅有对帝王宫殿、苑囿、畋猎等方面的描写，而且还包罗国家的法典、礼俗和文教等，展示出一国的典章制度，历史文化意蕴更为丰富，可谓“体国经野”，“义尚光大”，具有雍容揄扬、润色鸿业的政治功能，成为京都赋的典型代表。至西晋左思《三都赋》，将京都赋体制内容和艺术成就推向最高峰，为此，时人竞相传抄，曾一度引起洛阳纸贵的现象。正是基于

① 林聪明：《昭明文选研究初稿》，台湾文史哲出版社 1986 年版，第 35 页。
② 钱穆：《中国学术思想史论丛》，安徽教育出版社 2004 年版，第 94 页。
③ 唐·李善注：《文选》，第 2 页。
④ 褚斌杰：《论赋体的起源》，载《文学遗产增刊》第十四辑。
⑤ 唐·李善注：《文选》，第 1 页。

京都赋所具有的独特政治内蕴，《两都》《二京》和《三都》诸赋，备受世人所重。如葛洪《抱朴子·钧世》云：“《毛诗》者，华彩之辞也，然不及《上林》《羽猎》《二京》《三都》之汪濊博富也。”①这是对京都赋艺术价值的肯定。而孙绰更是将《二京》《三都》比拟五经。据《晋书·孙绰传》载，孙绰“绝重张衡、左思之赋，每云：‘《三都》《二京》，五经鼓吹也’”②。《世说新语·文学》第八十一条记载略同，刘孝标注云：“言此五赋是经典之羽翼。”③上述推崇反映出汉魏六朝文士对京都大赋的重视已成为一种文学传统，为学林所共识。此外，从《隋书·经籍志》的著录情况来看，在集部赋总集之后，列于首位的正是张衡与左思的“《五都赋》六卷”，这同样印证了京都赋的历史地位。

总的来说，萧统以“京都”为十五类目之首，不仅仅是受班固赋学观念的影响，更直接的因素是京都赋所具有的政治功用和历史地位。萧统将之列于首位，既反映了其作为一代储君的正统思想，同时亦体现出他对京都赋辉煌成就的认同和重视。

“郊祀”类次于“京都”，位居第二。《左传》云：“国家大事，在祀与戎。”④祭祀是天子众多典礼中最重要的一种，而郊祀作为祭天之礼，是祭祀典礼中的“大祀”，所以郊祀可谓治国之大典，意义非同一般。所以萧统于“京都”之下，首列“郊祀”，位次高于其他诸类。“耕藉”和“畋猎”亦是天子的典礼活动，前者旨在劝农，这在古代以农为本的体制中显得尤为重要，具有重要的政治引导作用；后者旨在阅兵，正如刘向《说苑·修文篇》所云：“故苗、蒐、狩

① 东晋·葛洪著，杨明照校笺：《抱朴子外篇校笺》，中华书局1991年版，第70页。
② 《晋书》卷五十六《孙绰传》，第1544页。
③ 《世说新语·文学》，余嘉锡：《世说新语笺疏》，第307页。
④ 春秋·左丘明传，西晋·杜预注：《春秋左传正义》，中华书局影印《十三经注疏》1957年版，第1085页。

之礼，简其戎事也。”[1] 畋猎赋中多有供帝王娱乐的成分，整体上庄重程度不及“耕藉”，故位列其后。

以上四类都与政治典礼有关，大致可归并为政治讽喻类，赋作以恢宏的体制和磅礴的气势，展现了帝国的强盛国力和文明礼制，表达了对君主的功业德泽的颂扬，其创作主旨上无疑是委婉劝谏帝王修明法度、去奢从俭、归田养民、励精图治，风格典丽润泽，温柔敦厚，堪称雅颂之遗。以“京都”为代表的此类政治讽喻赋，不仅为统治者所赏识喜爱，亦为一些文人所推崇尊奉，故萧统将其列为众赋之首是势在必然。

继之，“纪行”至“鸟兽”六类，编排顺序完全依照萧统《文选序》的总括之言，即“若其纪一事，咏一物，风云草木之兴，鱼虫禽兽之流，推而广之，不可胜载矣”。其中“纪行”“游览”属于“纪一事”，“宫殿”“江海”“物色”“鸟兽”属于“咏一物”，萧统特别提及“风云草木”“鱼虫禽兽”之流，客观上揭示出“物色”和“鸟兽”两类题材创作之盛况。统观这六类赋作，其描写对象多在帝都宫廷之外，从而表现出与政治讽喻类作品完全不同的风格面貌。赋家从个人的切身感受出发，或记叙观览见闻，抒发幽古之思，或咏叹自然事物，寄托人生理想。也就是说，赋家叙述观览和咏叹事物的目的不是娱目消遣，而是以描写风光景物、草木鸟兽为契机，借此抒发个人的情志和怀抱，其抒情写怀哀婉悠长，指摘时弊心热辞切，艺术表现手法更是丰富多变，堪称《国风》《小雅》之亚，故可将之统归为观览咏物类。

值得注意的是“宫殿”一目，所录作品为《鲁灵光殿赋》和《景福殿赋》，鲁灵光殿系鲁恭王所建，景福殿为魏明帝建。有学者认为二赋都是对帝王将相宫室殿宇的描写，理应置于“京都”目之后，

① 西汉·刘向著，向宗鲁校证：《说苑校证》，中华书局 1987 年版，第 489 页。

然不知何故位列“游览”目之后，实属突兀之举。[①] 实际上，“宫殿”一目的编次萧统定有用意，而非任意为之。就创作主旨而言，宫殿赋与京都赋政治讽喻类明显不同，虽然京都赋、畋猎赋中均有对宫殿的铺陈描写，但最终目的是为了反对宫殿之靡丽，劝谏君主去侈从俭、修明法度，具有鲜明的政治讽喻功能。而专门的宫殿赋创作，极力描绘了宫殿的宏大雄壮和富丽堂皇，直言不讳地赞叹了宫殿建筑的艺术美，并且肯定了宫殿作为礼制的一部分所具有的积极功用，这种创作意旨与京都类以反对宫殿靡丽来寓政教迥然有别，实际是对宫殿建筑巨丽之美的描写和咏叹，属于咏物赋的一种。所以，萧统未将其置于“京都”之后是不言自明的，这体现出他对宫殿赋创作主旨的正确体认。然而宫殿赋毕竟是对帝室的咏叹，具有尊崇地位，鉴于此，萧统将“宫殿”位列其他咏物类之首，反映出他在皇权思想驱使下的良苦用心。

最后五个类目是“志”“哀伤”“论文”“音乐”“情”，其中“志”“哀伤”和“情”三种隶属人类情感。“志”主要指人生之志趣，所收作品有班固《幽通赋》、张衡《思玄赋》与《归田赋》、潘岳《闲居赋》，或做通达之幽思，或探玄远之哲理，或抒归隐之乐趣，表达了赋家对人生哲理的思索和对理想人格的追求，体现出哲学思辨色彩和超脱尘世的逸趣。“哀伤”指人类的悲伤之情，萧统将之立目，表明其对以悲为美的这一艺术情感价值的充分肯定。“情”在这里并不具有广泛涵义，即“喜、怒、哀、乐、爱、恶、欲”七种情感，而是专指男女之间的爱恋之情，所以，三种类目虽统属于人类情感，但却各有侧重，互不相类。对于这一分类，清人孙德谦在《六朝丽指》中稍有指责，云：“昭明《文选》，其例诚善。……但每类之中，所用子目如赋之曰志，曰情，不免为细已甚。”[②] 孙氏在肯定《文选》

① 傅刚：《昭明文选研究》，中国社会科学出版社2000年版，第234页。

② 清·孙德谦：《六朝丽指》，癸亥（1923）四益宧刊本。

文体分类的价值意义的同时，批评“志”“情”的划分过于细碎，然而这一细致分类恰恰体现出萧统明晰的辨体意识，并且成为后世赋体分类所沿袭的传统。“论文”是以赋论文，“音乐”则是以赋谈艺，两类都属于文艺修养方面的东西，对人类情感起到熏陶作用，故萧统将其列于“哀伤”之后。就“论文”一目而言，萧统专为陆机《文赋》立目，为此招致后人批评，如清人俞樾讥之：“题前立题，犹屋上架屋矣。”[①]尽管如此，萧统的这一分类未尝不是其自身赋学观念的体现，一方面可以看出他对《文赋》的价值相当重视，另一方面也可看出他对赋体分类力求全面性和系统性的努力尝试。“论文”一目的设立，不仅使得以赋论文这一题材在赋体分类中占有了一席之地，推动了赋体分类的发展，而且萧统将之位列“音乐”之前，亦体现出他在文艺赋范畴中对文赋一类的偏重。

相比前面政治讽喻类、观览咏物类，上述“志”“哀伤”“论文”“音乐”“情”五种可统归于情志艺文类。这里最值得关注的是“情”目的编次，依照萧统先情感后文艺的排列顺序，“情”理应位于“论文”之前，然萧统却将之与“志”“哀伤”分离开来，单独列于最末，原因何在？兹有必要做一深入探讨。据李善注“情”类云：“《易》曰，利贞者，性情也，性者本质也，情者外染也。于是最末，故居于癸也。”[②]李善认为性是本质，而情则是外在的东西，不足以重视，故将之列于最后。这一解释在一定程度上符合萧统的用意。萧统具有儒家“雅正”的文学思想，《梁书》本传记载萧统服膺儒术，事亲至孝，仁德素著。[③]不惟如此，其生活情趣亦高雅有致。据《梁书》本传载，他性爱山水，不喜女乐。尝引左思《招隐诗》“何必丝与竹，

① 清·俞樾：《第一楼丛书》，同治十年《第一楼丛书》本。
② 唐·李善注：《文选》，第264页。
③ 唐·姚思廉：《梁书》卷八《萧统传》，中华书局1973年版，第171页。下引此书版本同。

山水有清音”以自娱，“出宫二十余年，不畜声乐。少时，敕赐太乐女妓一部，略非所好”。[①]基于这种儒家正统思想以及高雅的生活品味的双重浸染，萧统对文学的见解亦体现出一种雅正的审美情趣，在《答湘东王求文集及〈诗苑英华〉书》中，他说：“夫文典则累野，丽亦伤浮，能丽而不浮，典而不野，文质彬彬，有君子之致。”[②]所以，萧统将“情”类置于最末，未表现出足够的重视，正是其“文质彬彬”儒家雅正文学观念的体现。然而，在这一观念的影响下，萧统并未就此做出删消“情”类目的举动，而是受时代的影响表现出对言情题材的包容态度。

汉代以来，统治者宗经崇圣，注重诗教传统，故“情”一直不被认可。《白虎通》卷八《情性》篇说：“情性者何谓也？性者阳之施，情者阴之化也。……阳气者仁，阴气者贪，故情有利欲，性有仁也。”[③]《说文解字》亦曰：“性，人之阳气，性善者也。”“情，人之阴气，有欲者。”[④]还有荀悦《申鉴·杂言下》曰：“人之于利，见而好之，能以仁义为节者，是性割其情也；性少而情多，性不能割其情，则情独行为恶矣。”[⑤]可见在汉代性和情被视为善恶两端。至魏晋，随着儒教衰落和玄学思潮的影响，“情”渐渐突破重围，摆脱了束缚，陆机《文赋》首次提出“诗缘情而绮靡”的口号，肯定了情对于诗歌而言的重要意义。到南朝时期，文人更是提倡情性之说，如萧纲主张“吟咏情性”，即“情无所治，志无所求，不怀伤而忽恨，无惊猜而自愁”[⑥]。萧绎也相应提出“情灵摇荡”[⑦]，萧子显也以

① 《梁书》卷八《萧统传》，第 168 页。
② 俞绍初：《昭明太子集校注》，中州古籍出版社 2001 年版，第 155 页。
③ 东汉·班固著，清·陈立疏证：《白虎通疏证》，中华书局 1994 年版，第 381 页。
④ 东汉·许慎：《说文解字》，中华书局 1963 年版，第 217 页。
⑤ 东汉·荀悦：《申鉴》，《诸子集成》本，中华书局 1954 年版，第 26 页。
⑥ 南朝梁·萧纲《与湘东王书》，清·严可均：《全梁文》，第 3011 页。
⑦ 南朝梁·萧绎：《金楼子》，《丛书集成初编》本。

抒写情志为风标批评谢灵运的作品“典正可采，酷不入情”[①]。这种以情性作为诗歌创作本质、寓目写心的文学风气带给萧统的影响恰恰是“情”一类目的确立。萧统虽然设立“情”目，但却将之置于众类之末，当是其文学包容态度与正统思想交互作用的体现。观“情”类所选四赋，宋玉《高唐赋》《神女赋》《登徒子好色赋》和曹植《洛神赋》，虽然都写男女之情，但均“发乎情，止乎礼义”，并多有讽谏之旨，如《高唐赋》之“讽谏婬惑”[②]、《神女赋》之“神女亦有教也”[③]、《登徒子好色赋》“讽于淫”[④]。由此可见，萧统一方面尊重客观现实，本着包容的态度给予描写男女恋情的赋作一定的地位，另一方面所选作品却仅限于恪守礼法之作，其正统赋学观念的主导作用显而易见。

综上所述，萧统将《文选》赋按照题材细分为十五类目，并且特意安排它们的编排次序，是其自身赋学观念的集中体现。后人或有指责其分类编次有失妥当，盖是未能深切体察萧统的良苦用意所致。《文选》赋的分类传统为后世选集所继承，如《文苑英华》《唐文粹》《历代赋汇》等，在《文选》赋的分类基础上，分别将类目增至四十三类、十八类和三十八类，其中为《文选》首创的“京都”“宫殿”“鸟兽”“志”“哀伤”“情”几个类名一直为它们所沿用，由此可见，《文选》赋的分类对后世的深远影响。

---

① 南朝梁·萧子显:《南齐书》卷五十二《文学传论》，中华书局1972年版，第908页。下引此书版本同。

② 唐·李善注:《文选》，第264页。

③ 唐·李善注:《文选》，第268页。

④ 唐·李善注:《文选》，第268页。

第三章
京都类

一、“京都”类名及溯源

所谓“京都”，指京城都邑；京都赋，顾名思义，就是以京城都邑为描写对象的赋作。近人王国维《殷周制度论》云：“都邑者，政治与文化之标征也。”① 总括而言，在内容上，京都赋主要以描摹都城的地理形胜、宫室建筑、苑囿畋猎、风土人情为主，尤其是一国的典章制度，文化意蕴独特，体现出“润色鸿业”的政治功能；在艺术风格上，京都赋体制宏大，庄重典雅，“雍容揄扬”。尤其值得注意的是，作为大赋创作最为重要的题材，京都赋以“体国经野”的政治文化内涵和“义尚光大”② 的思想艺术容量，一直被视为汉大赋的极致和典范。因此，萧统在《文选》十五类赋中设“京都”一目，并将其列于首位。

“京都”题材的出现，最早可上溯至《诗经》。如《大雅》中的《绵》和《公刘》，二诗都是对周人迁都过程的叙述描写，其中《绵》叙述了古公亶父率领族人迁都岐山、修建宫室、平定夷狄、开

---

① 王国维：《观堂集林》卷十，中华书局1959年版，第451页。

② 《文心雕龙·诠赋》，范文澜：《文心雕龙注》，第135页。

国奠基以及文王继承余烈，外结友邦、内用贤良，使周族日益强大的事迹；《公刘》叙述公刘率领族人自邰迁豳开疆创业的历史事件，主要围绕择地、迁豳、定居三个层面展开。这两篇诗作中的个别章节均有对都城的布局形胜和宫室建筑的描写，同时亦有对政治制度和社会形态的反映，可视作京都题材之滥觞。清程廷祚《骚赋论》云："《公刘》之'豳居允荒'，《绵》之'至于岐下'，京都之所由来也。"[①] 此言甚确。

现存首篇以京都为描写对象的赋作是西汉扬雄的《蜀都赋》。蜀都即作者的家乡蜀郡成都，作品以介绍蜀都的历史发端，极力铺写了蜀都的物产风貌，如山川方物、农业生产、手工技艺等，展现了蜀都的盛美殷富，同时作者还描写了当地的风土人情，如嘉会、游宴、渔猎、赛舟、歌舞等，具有浓郁的地方特色，表达了作者对家乡的讴歌赞美。就体制而言，此赋继承司马相如大赋之风，按照从上到下、东南西北、由远及近的方式逐层描述蜀都形胜，然后又从山川、物产、竹木、花鸟鱼虫、嘉会等方面分别进行详尽描绘，铺张夸饰。作为京都赋作的首创，《蜀都赋》不仅具有鲜明的题材拓展意义，其描写内容和表现方式对后世京都赋，尤其是以地方城邑为描写对象的赋作，产生了不少影响。然而，扬雄在《蜀都赋》中运用了大量的偏词僻字，使作品古奥难懂，语言艰涩。萧统《文选》未录此赋，当与之有关。

二、《文选》所录京都赋文本释析

《文选》"京都"类选赋八篇，其中包括一篇序文，分别是：东汉班固《两都赋》，东汉张衡《西京赋》《东京赋》《南都赋》，西晋

---

① 清·程廷祚：《骚赋论》，《金陵丛书》本《青溪集》卷三。

左思《三都赋序》《蜀都赋》《吴都赋》《魏都赋》，选文数量在十五类赋中居首，足见萧统对京都赋价值的肯定和重视。

（一）东汉班固《两都赋》

东汉王朝建立伊始，朝野内外引发迁都之争，不少文人参与到这一激烈的政治争论中，他们秉承赋家以赋劝谏的传统，创作了一大批以京都为题材的赋作，借以抒发个人的政治主张。班固《两都赋》即在这样的背景中产生，并成为东汉京都赋最具代表意义的典范之作。

据《后汉书》本传载：

（班固）自为郎后，遂见亲近。时京师修起宫室，浚缮城隍，而关中耆老犹望朝廷西顾。固感前世相如、寿王、东方之徒，造构文辞，终以讽劝，乃上《两都赋》，盛称洛邑制度之美，以折西宾淫侈之论。[1]

班固在赋序中亦明确交代："西土耆老，咸怀怨思，冀上之眷顾，而盛称长安旧制，有陋洛邑之议。故臣作《两都赋》，以极众人之所眩曜，折以今之法度。"班固一方面批评西都长安的奢侈，一方面赞扬东都洛阳的法度，并以东都的法度来反对西都的奢侈，以此立论，表明自己反对还都长安的政治主张。

《两都赋》包括《西都赋》和《东都赋》两篇，作者以虚拟人物"西都宾"和"东都主人"之间的争论展开全文。《西都赋》借"西都宾"之口，渲染夸饰长安的宫室苑囿和奢侈逸乐。先夸耀长安的险要地势及封畿的繁华；接着描写长安宫殿楼台的千形百制、有光有色，或平辅婉曲，或因山就谷，或出云厉天等；然后描写后宫生活的奢侈；最后描写都城之外的上林之苑的游猎驰射和昆明之池的

① 《后汉书》卷四十《班固传》，第 1335 页。

龙舟盛事。作者极尽铺排之能事，描绘了长安之繁荣富庶、宫殿之奇伟华美、后宫之奢侈淫靡、畋猎之逞情纵欲，加之瑶石美玉、神木异草、跃鱼飞鸟的点缀，长安侈丽繁盛之貌呈现眼前。《东都赋》则借“东都主人”之口，极力称颂洛阳的典礼制度和仁德礼仪，充分肯定了明帝一朝崇盛礼乐、修明法度、巡狩万国、稽考声教所取得的成就。作者着重从礼法制度出发，强调宫室建筑“奢不可逾，俭不能侈”，帝王畋猎应“临之以王制，考之以风雅”，站在儒家正统思想的角度，赞扬了帝王的躬行节俭和仁德为政，从而申明定都洛阳之理，并最终使“西都宾”折以今之法度。总体来说，班固《两都赋》通过西都和东都的对比，将西都作为反面陪衬，揭露其淫奢逾制，从而盛赞东汉君主尊崇法度，以德绥天下的治国之道，其颂美意义十分鲜明。

就艺术表现而言，《两都赋》借鉴了司马相如和扬雄大赋的创作经验，如上下篇互相对比的体制、主客问答的过渡形式等。在此基础上，此赋又有突破创新，表现出鲜明的艺术特色：

首先，在结构上，《两都赋》洋洋四千余言，但全赋脉络清晰，紧凑有致。如《西都赋》，“略分三段，首述形势田里之饶，中言宫室之胜，末言畋猎之乐，皆以‘眩曜’二字铺排开来”[①]；而东都部分由批判“西都宾”的“眩曜”入笔，出以光武中兴，继以永平之治，又由此而引出修洛邑、作苑囿、省方巡狩、嘉会百宾、申旧章、下明诏，最后以东西都之优劣高低做结，全赋节节相连，环环相扣，合理顺畅，层次分明。不仅如此，在内容的安排上亦有详有略，繁简得当。西都部分重在“眩曜”，所以作者不惜笔墨精细描绘长安宫苑游猎等浮奢之美。东都部分旨在宣扬法度，因而作者以三分之二的篇幅，着意表现汉光武帝和汉明帝尊崇儒术、提倡法典的政治活

① 清·于光华：《评注昭明文选》引何焯语，上海扫叶山房民国十二年（1923）石印本。

动。对于东都的宫苑建筑和天子畋猎之事，仅以寥寥几笔简要带过。明人孙执升云："《西都》始言形胜之壮，继言建竖之胜，末言狩猎之事。《东都》一概略过，专言建武、永平之治，武功文德，继美重光，所能以法度折其眩曜也。"① 而作者的见解主张，却自然地融入到对东都各方面事物的陈述中，这种详略得当又能有效兼融作者观点的体式是"对赋的艺术表现和篇章结构关系的重大突破，也是他（指班固）推动汉代文学思想发展的可贵贡献"②。而赋末所系的五首诗，整体读来，轻松诙谐，且有一点寓言的味道，使得这篇骋辞大赋在庄严中，略带活泼之气，可谓作者的独特创意。

其次，在语言上，由于创作主旨的差异，《西都赋》重在夸饰，故文辞较显铺陈华丽;《东都赋》强调礼制法度，故语言上典雅古朴，诚如清人陆棻在《历朝赋格》中所云："前篇（《西都赋》）以藻腴胜，而极烹炼之工；后篇（《东都赋》）以简实胜，而尽旋析之法。"③ 但总的来说，相比司马相如赋纵横疏宕的气势和扬雄赋瑰丽奇谲的辞采，班固《两都赋》却"自成一种典雅和丽的风格"④。此外，作者在赋中多用排比句、对偶句，"开了骈俪的风气"⑤。如："于斯之时，都都相望，邑邑相属。国藉十世之基，家承百年之业，士食旧德之名氏，农服先畴之畎亩，商修族世之所鬻，工用高曾之规矩，粲乎隐隐，各得其所。"作者用一组排偶句和骈俪句，铺述出西都百姓安居乐业的生活。又如："且失辟界西戎，险阻四塞，修其防御，孰与处乎土中，平夷洞达，万方辐凑？秦领九嵕，泾渭之川，曷若四渎五岳，带河泝洛，图书之渊？建章、甘泉，馆御列仙，孰与灵台、

① 清·于光华:《评注昭明文选》引孙执升语，上海扫叶山房民国十二年（1923）石印本。
② 李炳海.《中国文学史》(第二编)，高等教育出版社 1999 年版，第 244 页。
③ 清·陆棻:《历朝赋格》，清康熙二十五年刻本。
④ 马积高:《赋史》，上海古籍出版社 1987 年版，第 112 页。
⑤ 马积高:《赋史》，上海古籍出版社 1987 年版，第 112 页。

明堂，统和天人？太液、昆明，鸟兽之囿，曷若辟雍海流，道德之富？游侠逾侈，犯义侵礼，孰与同履法度，翼翼济济也？”这里连用五个排比的反问句，驳斥了西都宾之“眩曜”，有如流水下坡之势，这种句式上的严整性和节奏感，大大增强了文章的气势和遒劲的笔力。另外作者还常用比喻和夸张的修辞手法，加强文章的生动性和形象性，使文辞具有华富晓畅的鲜明特色。

综上所述，《两都赋》体制宏伟，层次清晰，详略得当，语言严整富赡、平实晓畅，其节奏从容，金声玉振，体现出庙堂朝仪之风度，较之马、扬纵横疏宕之势和瑰丽奇谲之采，自成一种典雅的风格，故刘勰称“孟坚《两都》，明绚以雅赡”[①]，是东汉京都赋的最高艺术成就代表，故为《文选》所收录。在题材内容和艺术表现上此赋对后世京都赋影响极大，张衡《二京赋》、左思《三都赋》均与之一脉相承。

（二）东汉张衡《二京赋》

《二京赋》是东汉中晚期的作家张衡创作的又一京都赋巨制。《文选》将其分为《东京赋》和《西京赋》两篇收录，然它们在整体上意旨相连，关系密切，故为方便起见，遂将其合而为一，统一进行论述。

东汉中后期，定都一事虽早成定局，但宦官外戚争权夺势，国势衰微，民生凋敝。在此社会情形下，张衡模拟班固《两都赋》而作《二京赋》，以表达讽谏之意。对此，《后汉书》本传有明确记载：

永元中，（衡）举孝廉不行，连辟公府不就。时天下承平日久，自王侯以下，莫不逾侈。衡乃拟班固《两都》作《二京赋》，因以讽谏。[②]

由此推知，《二京赋》虽然模拟《两都赋》而作，但在内容主旨的讽

① 《文心雕龙·诠赋》，范文澜：《文心雕龙注》，第135页。
② 《后汉书》卷五十九《张衡传》，第1897页。

谏意义上更胜一筹，这是由张衡所处的时代由盛转衰的现状所致，故较之《两都赋》更为具体、激切。

《二京赋》在结构谋篇方面完全模仿《两都赋》，以《西京赋》和《东京赋》构成上下篇，合则为一，分则为二。上篇《西京赋》假托“凭虚公子”称颂西汉京师长安的繁盛富丽，首叙长安地势之有利、建都之必然；然后逐次描绘宫室的辉煌、官署的严整、离宫苑囿的奢靡；接着又写纵猎上林苑、水戏昆明池，其间穿插商贾、游侠、角觝百戏、嫔妃邀宠等方面，尽现长安繁华富丽、穷奢极侈的京都景象。赋中铺叙品物之盛以及人们贪图享乐之态，都在极度夸张的描述中显得荒谬无比，表现出作者的批判之意。下篇《东京赋》借“安处先生”表达了对西京奢靡生活的否定。作者站在称颂东汉王朝的角度上，描绘了东汉京师洛阳的城市构筑、宫殿建设，在对朝会、郊祀、祭庙、亲农、大射、畋猎、大傩等统治者的盛典礼会的陈述中，使人感受到东汉君主崇尚懿德、修饬礼教、奢未及侈、俭而不陋的礼治成就。但张衡在赋中所表达的对东京礼德之治的称颂，并非是东汉中期的社会实情。一方面，作者这样立意显然寄托了自己的政治理想，略有粉饰太平之嫌；但更重要的是，作者的目的是以西汉喻东汉，即把本应在《东京赋》中描述的事情放到《西京赋》中大肆渲染，可以说《西京赋》是《东京赋》的补充。其中所写西京，实际是对东京的影射，毕竟作者的讽谏之意最终指向的是东汉“自王侯以下，莫不逾侈”这一社会现实。作者在赋中对西京长安上自天子、贵宦，下及富商、游侠，都一一做出冷静的揭露和批判，其中的言辞并非无的放矢，而是缘事而发、有感而发，是借西汉讽东汉，借古而喻今。因此，《二京赋》的现实批判性和讽谏意识较之《两都赋》都更加鲜明准确。故何焯称“孟坚意主和平，平子多含讽刺。看其两赋开合处，用意深婉”①，此论甚确。

---

① 清·于光华:《评注昭明文选》引何焯语，上海扫叶山房民国十二年（1923）石印本。

《二京赋》作为作者“精思傅会，十年乃成”[①]之作，具有独特的艺术成就。

篇制上，《二京赋》规模宏大。据姜书阁先生统计，司马相如之《子虚》《上林》二赋共3523言；扬雄《甘泉赋》1314言、《羽猎赋》1328言、《长杨赋》1079言、《河东赋》458言，四篇总共也不过4179言；班固《两都赋》较长，有4702言，而《二京赋》洋洋洒洒7696言，几乎是前者的一倍[②]，堪为汉赋长篇之极轨。

内容上，《二京赋》较之《两都赋》更为丰富广泛。除《两都赋》所写的京都形势、宫殿、池苑、山水、产物和帝王生活之外，《二京赋》还包括一些非同于帝王宫廷的廛里甲第、阛阓九市、商贾货殖，甚至还描绘了西京的百戏如角觝妙戏、扛鼎寻橦、跳丸走索、总会仙倡、吞刀吐火等，以及东京的郊祀之仪、大傩之节等，扩大了京都赋的题材内涵，赋中对上述技艺场景的描写细腻生动、形容尽致，现在读来仍能感受到当时杂技的高超和惊险的场面。另外，此赋十分注重对虚构人物语气和神态的刻画，几句话就将人物的形态惟妙惟肖地呈现出来，这一点为前代大赋所不具备。如：“安处先生于是似不能言，怃然有闲，乃莞尔而笑曰：‘若客所谓末学肤受，贵耳贱目者也。苟有胸而无心，不能节之以礼，宜其陋今而荣古矣。’”“安处先生”听完“凭虚公子”的高谈阔论后，先是“似不能言”，接着作“怃然”之态，最后终于“莞尔而笑”，居高临下，批驳对方言论的浅薄可笑。再如赋的结尾一处：“客既醉于大道，饱于文义，劝德畏戒，喜惧交争。罔然若醒，朝疲夕倦，夺气褫魄之为者，忘其所以为谈，失其所以为夸。良久乃言曰……”这里描写“凭虚公子”的神态变化，他如同一个犯错误的人一样，在聆听一场深刻大道理之后，时而醉入大道，时而惶恐畏惧，时而失魂落魄，如此细致的

① 《后汉书》卷五十九《张衡传》第1897页。
② 姜书阁：《骈文史论》，人民文学出版社1986年版，第221页。

表情递变足以让人窥见其内心深处的微妙变化。

文辞上，《二京赋》煎胰煮肥，句琢字炼，较之《两都赋》更为靡丽。如："清渊洋洋，神山峨峨。列瀛洲与方丈，夹蓬莱而骈罗。上林岑以垒嵂，下崭岩以嵒龉。长风激于别隯，起洪涛而扬波。浸石菌于重涯，濯灵芝以朱柯。海若游于玄渚，鲸鱼失流而蹉跎。"以富赡的词句将景物描写得十分优美。又如："濯龙芳林，九谷八溪。芙蓉覆水，秋兰被涯。渚戏鱼跃，渊游龟鳙。永安离宫，修竹冬青，阴池幽流，玄泉冽清。鹎鶋秋栖，鹘鸼春鸣，鴡鸠丽黄，关关嘤嘤。"作者用字精到，清而静，静而动，勾勒出一幅既清丽幽静又生机勃勃的画面。《文选》李善注引杨泉《物理论》称赞《二京赋》云："平子《二京》，文章卓然。"①

综上所述，《二京赋》在思想意旨上借古喻今，以西汉讽东汉，暴露了当时王室的腐败，反映了某些社会现实，同时亦陈述了作者的政治理想，较之《两都赋》更具现实讽谏意义。此赋体制宏大，内容富赡，描摹细致，辞藻华丽，刘勰称其"迅发以宏富"②；程廷祚《骚赋论》指出："《二京》之于《两都》，犹青之于蓝也。"③整体观之，《二京赋》虽仿效《两都赋》，却超越了《两都赋》，故为《文选》所录。

（三）东汉张衡《南都赋》

南都，即作者张衡的家乡南阳。南阳于秦昭襄王三十五年初置郡，郡置在宛城。西汉时期，南阳作为南北交通要道，是当时著名的五都（南阳、洛阳、临淄、邯郸、成都）之一。汉光武帝刘秀起兵南阳，成就帝业，故南阳被称为"帝乡"，与东都洛阳、西都长安并列为当时全国三大政治经济文化中心。《文选》李善注引挚虞曰：

① 唐·李善注：《文选》，第36页。
② 《文心雕龙·诠赋》，范文澜：《文心雕龙注》，第135页。
③ 清·程廷祚：《骚赋论》，《金陵丛书》本《青溪集》卷三。

"南阳郡治宛，在京之南，故曰南都。"[①]

《南都赋》大概是张衡中年时在家乡南阳任职时而作。[②]当时东汉的政治还比较太平，因此此赋以夸耀并礼赞故乡南阳为主，凸显以歌颂为主的情怀。在赋中张衡把南阳当作"既丽且康"的大同理想世界，以充沛的热情、严肃的态度、全面的眼光、生花的妙笔酣畅淋漓地赞颂了这一古都，寄托了他对家乡的挚爱之情。赋中作者极力描绘了南都的地理形胜和人文风情：崇山峻岭、激浪长河、山明水秀、宜人景色、珍宝矿藏、丛笼树木、走兽飞鸟、水族龙蛇、瓜芋菜蔬、山果香草、厨膳佳肴、各种美酒和"献酬既交"的宴会、载歌载舞的"跋祭"、放马驰逐的畋猎、多姿多采的游乐，以及历史渊源、宫室旧庐、先朝遗风、皇家气魄、德风功业、宾主宴欢、暮春之游、耆老颂汉，等等，呈现出一派欢乐融融、礼仪彬彬的繁荣昌盛气象。凡此种种都表现出作者对家乡浓郁的热爱之情。

《南都赋》在题材上与扬雄《蜀都赋》一致，都是对作者家乡的描绘和赞美，但在艺术成就上，《南都赋》更胜一筹。

在对自然景物的描写中，作者善于创造优美意境，如描写川渎风光的一段话，写其草"从风发荣，斐披芬葩"；写其鸟"嘤嘤和鸣，澹淡随波"；写其原野"百谷蕃庑，翼翼与与"；写其园圃"晻暖蓊蔚，含芬吐芳"……这些景致在作者的笔下极其自然清新，从而为铺排大赋增添了生动情趣。又如，"暮春之禊"一段对歌舞艺术的描写，写意特征亦十分鲜明。作者在赋中描绘南都的草木山川、人物鸟兽，既广泛细致又意境优美，以至于成为后代画家的创作题材，颇具影响。据北宋郭熙《林泉高致·画题》载："《世说》所载戴安道（即东晋著名画家戴逵）一事。安道就陈留范宣学，宣之读书抄书，安道皆学，至于安道学画，宣乃以为无用而不喜。安道于是取

① 唐·李善注：《文选》，第68页。

② 陆侃如：《中古文学系年》，人民文学出版社1985年版，第138页。

《南都赋》，为宣画其所赋内前代衣冠宫室，人物鸟兽，草木山川，莫不毕具，而一一有所证据，有所征考，宣跃然从之曰：'画之有益。'如是然后重画。然则自帝王、名公、臣儒相袭，而画者皆有所为述作也。"[①] 通过这一记载可知，《南都赋》在对事物的描摹和意境的创造方面具有很高的艺术造诣。

在文辞上受当时骈俪之风的影响，此赋力求工整谨严，铺陈整齐有致，文辞富缛流丽。如描写歌舞的场面时："齐僮唱兮列赵女，坐南歌兮起郑儛，白鹤飞兮茧曳绪。修袖缭绕而满庭，罗袜蹑蹀而容与。"五句中的前三句为典型的楚歌体"兮"字句，而后两句已是七言，有学者认为这"展示了骚体句衍生出七言句脱落时的痕迹"[②]。"修袖"与"罗袜"、"缭绕"与"蹑蹀"、"满庭"与"容与"都是比较工整的对偶；而"女""儛""绪""与"亦完全叶韵。此外，赋中出现不少七言句式，如"谿壑错缪而盘纡，芝房菌蠢生其隈，玉膏滵溢流其隅。……鸾鸾鹓雏翔其上，腾猨飞蠝栖其间"等，这种"上四下三"结构的七言句式，虽未完全摆脱散文句法，但这却表明作者对七言句式的兴趣和尝试，这对七言诗歌的发展不无影响。

《南都赋》在思想主旨上与《两都赋》和《二京赋》明显不同，作者以描绘自己的家乡南阳为主，对当地的地理形胜、物产风情做出详尽细致的描摹刻画，地方特色浓郁，表现出作者对家乡的讴歌和赞美。此赋描写内容和创作模式与扬雄《蜀都赋》类似，但在事物描摹和意境刻画方面成就突出，为《蜀都赋》所不及，并且此赋句式整饬，文辞流丽，具有明显的骈偶倾向，在赋体文学语言的骈俪化过程中，亦具有一定的文学价值。西晋夏侯湛在《张平子碑》中对此赋的艺术性做出很高评价，称"英英乎其有味与"[③]。

---

① 北宋·郭熙：《林泉高致·画题》，《四部丛刊初编》本。

② 郭建勋：《楚辞与中国古代韵文》，湖南师范大学出版社 2001 年版，第 154 页。

③ 西晋·夏侯湛《张平子碑》，清·严可均：《全晋文》卷六十九，第 1858 页。

《南都赋》是《文选》收录的唯一一篇描写地方性城市的京都赋，与《两都赋》《二京赋》《三都赋》并列，足见萧统对此赋艺术价值的认可和重视。

(四) 西晋左思《三都赋》

西晋左思创作的《三都赋》可谓京都大赋在整个汉魏六朝的最后辉煌。《文选》将此赋分为四篇，即《三都赋序》《蜀都赋》《吴都赋》和《魏都赋》，实际上它们是相互关联的一个整体。为方便起见，兹将其合而为一，统一进行论述。

左思在《三都赋》前撰写了一篇序文，论述其赋学见解，并阐明《三都赋》的创作宗旨，其序略曰：

盖诗有六义焉，其二曰赋。扬雄曰："诗人之赋丽以则。"班固曰："赋者，古诗之流也。"先王采焉，以观土风。见"绿竹猗猗"，则知魏地淇澳之产。见"在其版屋"，则知秦野西戎之宅，故能居然而辨八方。然相如赋《上林》，而引卢橘夏熟；扬雄赋《甘泉》，而陈玉树青葱；班固赋《西都》，而叹以出比目；张衡赋《西京》，而述以游海若。假称珍怪，以为润色。若斯文之类，匪啻于兹。……于辞则易为藻饰，于义则虚而无征。且夫玉卮无当，虽宝非用，侈言无验，虽丽非经。而论者莫不诋讦其研精，作者大抵举为宪章，积习生常，由自来矣。余既思摹《二京》而赋《三都》，其山川城邑，则稽之地图；其鸟兽草木，则验之方志；风谣歌舞，各附其俗；魁梧长者，莫非其旧，何则？发言为诗者，咏其所志也；升高能赋者，颂其所见也。美物者贵依其本，赞事者宜本其实。匪本匪实，览者奚信？……聊举一隅，摄其体统，归诸诂训焉。[1]

从这段序文可知，左思的赋学理论是以《诗经》这一儒家经典

① 唐·李善注：《文选》，第 74 页。

为主要依据。班固“赋者古诗之流”的观点深切地影响到左思，并成为其赋论的核心思想，他的其他观点都是由此而生发出来的。赋既然为古诗之流，那就必须“丽以则”，必须依据事实，以有助于体察民风。因此左思批评了司马相如、扬雄、班固、张衡等人在创作中“假称珍怪，以为润色”的倾向，认为这“于辞则易为藻饰，于义则虚而无征”，因此，他着重强调大赋创作要遵守“征实”的原则，认为“虚而无征”“侈言无验”的描写不仅无益于讽谏，且有很大弊端。因此，左思十分重视大赋的讽谏功能。两汉大赋一直以揄扬讽喻作为创作宗旨，但客观上却常常给人造成“欲讽反劝”“劝百讽一”的印象，大赋及其作者也因此受到批评责难。在左思生活的时代，文学包括辞赋创作的价值虽然不完全以是否有益讽喻劝世为宗旨，但是讽谏依然是文学创作中一个极为重要的标准。对于“家世儒学”的左思来说，其提升或注重文学创作的讽谏功能是不难理解的。而一篇大赋能否达到讽谏的预期目的，则取决于赋家在铺陈描写中是否坚持了征实的原则。这样，左思就把“讽谏”与“征实”两个原则统一起来，成为《三都赋序》中赋论的核心观点，同时这也是其《三都赋》创作的指导思想。

《三都赋》的创作与当时的政治背景紧密相关。晋初立国，由于其先祖均为魏臣，因此作史宜断限自何年，成为当时朝野上下争论的主要焦点。《晋书·贾谧传》云：

先是，朝廷议立《晋书》限断，中书监荀勖谓宜以魏正始起年，著作郎王瓒欲引嘉平已下朝臣尽入晋史，于时依违未有所决。惠帝立，更使议之。谧上议，请从泰始为断。于是事下三府，司徒王戎、司空张华、领军将军王衍、侍中乐广、黄门侍郎嵇绍、国子博士谢衡皆从谧议。骑都尉济北侯荀畯、侍中荀藩、黄门侍郎华混以为宜用正始开元。博士荀熙、刁协谓宜嘉平起年。谧重执奏戎、华之议，事遂施行。[①]

这是一次关于晋承汉统还是晋承魏统的大争论。在这次争论中，最终以贾谧为首的承魏统论占了上风。在这样的政治背景中，左思创作了《三都赋》表明自己的政治态度。据《文选》李善注引臧荣绪《晋书》云："思作赋时，吴蜀已平，见前贤文之是非，故作斯赋，以辨众惑。"[②] 清代学者王鸣盛云："左思于西晋初吴、蜀始平之后，作《三都赋》，抑吴都、蜀都而申魏都，以晋承魏统耳。"[③] 由此可见，《三都赋》在政治观点上申述的是晋承魏统的主张。

左思在赋序中明确交代自己"摹《二京》而赋《三都》"，可见其对前代京都赋艺术传统的自觉借鉴。但此赋具有自己的特殊之处。在体制上，它非同于《两都》《二京》"分则为二，合则为一"的结构方式，而是由三篇相对独立的作品组成。在内容方面，它并非描写同一王朝前后期的两个都城并加以比较，而是写同时存在的三个国家的不同都城，从而体现出鲜明的时代感和新的精神内涵。作者虚构"西蜀公子""吴国王孙""魏国先生"三个人物，假设三人为辞，以后者抑前者的连环方式，使三个独立部分合而为一个有机的整体，突出了全赋的主题。作品开头是西蜀公子介绍蜀都的情况，他从地理形势、风土物产，到城邑建设、人物习俗，尽情夸耀一番。接着东吴王孙出场讥讽蜀地，大肆夸耀吴都，首言山川之所函育，次及草木竹实、禽兽瑰异之属，而后侈其宫馆人物，夸饰禽鱼游乐，末以略及往古风气收束。最后，魏国先生侃侃而谈，他批驳蜀、吴二客的言论，夸扬魏都典制之完备、都城之繁荣和威震八方的势力。他把先秦时期卜偃预言魏地的兴隆、季札赞美魏国的歌谣与后来曹操的开国、曹丕的践祚联系起来，高度赞颂了曹氏父子文治武功以

① 《晋书》卷四十《贾谧传》，第1174页。

② 唐·李善注：《文选》，第74页。

③ 清·王鸣盛：《十七史商榷》卷五一，上海书店出版社2005年版，第378页。

及曹奂的传业禅让，从而充分肯定了有晋一朝的正统地位。他针对吴、蜀两国割据自拥的局面而警告其“袭险以为凭”，“无异蝗螂之卫”，并指出：“剑阁虽嶛，凭之者灭，非所以根深蒂固也；洞庭虽浚，负之者北，非所以爱人治国也。”他的话使蜀、吴二客大为震动，自责轻狂，并共同表示：“日不双丽，世不两帝，天地经纬，理有大归。”辩论最终以魏国先生的胜利而告终。通观全赋，三个人物先后发言，实现了时空的大幅转换，从而分别展示出蜀都益州、吴都建业、魏都邺城三地的不同风貌。并且，由于人物一个压倒一个，画面一层胜似一层，对蜀、吴的夸耀均成为宣扬魏都的铺垫和映衬，突出了“魏都之卓荦”，并借以颂扬晋世的“上德之至盛”。

《三都赋》寄托了左思对大一统政治局面的憧憬和追求，全赋洋洋万余言，体制庞大，纵横铺陈，较之前代同类赋作，描写内容的宽度和广度得到进一步拓展。作者不仅描写了都邑的地理形胜、物产风貌、宫室人物、风土人情、典礼制度等，而且还追述了自古以来的诸多方面，包括珍奇异怪、神话传说以及历史人物等，内容更为广博富赡。

在文辞上，《三都赋》亦有突出之处。此赋以骈为主，骈散结合，句式长短不一，参差变化，在错落中显出均衡，在整齐中又见跌宕，其中大量长隔对的运用，增添了赋文的恢宏气势。语言上音律和谐，节奏鲜明，富有抑扬顿挫的音乐美。如“并乘骥子，俱服龙文。玄黄异校，结驷缤纷。西逾东堤，东越玉津。朔别期晦，匪日匪旬”一段，节奏明快，音韵流美，俨然可以当作一首四言诗来读。另外此赋大量选用双声叠字，如“禾稷油油，埂稻莫莫”“布绿叶之萋萋，结朱实之离离”等语，亦增强了语言的声韵美。在遣词造句方面，亦有许多值得学习的地方。如《蜀都赋》中“廓灵关以为门，包玉垒而为宇；带二江之双流，抗峨眉之重阻”几句，用字精确凝练，比喻生动形象，其中“廓”“包”“带”“抗”四字的连用，熔形象和力量为一炉，尤见作者对语言的锤炼之工。又如“紫梨津润，樼栗罅发，蒲陶乱溃，若榴竞裂”一句，作者用白描手法再现深秋时节硕果累累的喜人景象，“津润”“罅发”“乱溃”“竞裂”诸词，准确地捕捉出描写对象的典型特征，虽然笔墨极简，形象却十分鲜明，使人读之有“垂涎三尺”之感。总之，《三都赋》的语言巧丽有致，富丽不淫，不以繁花损枝，不因膏腴害骨，较之前代京都赋更胜一筹。

此外，《三都赋》较之前代京都赋，亦更加注重征实功效。作者反对汉代赋家虚辞滥说，认为《西京》《西都》等赋“虚言无征”“侈言无验”。所以其在创作中力求真实，不务夸饰，不仅“蜀事访于张载，吴事访于陆机”[①]，而且还因秘书郎中职守之便，利用内府所藏珍图秘籍，广搜博采，殚见洽闻。诚如其在《三都赋序》中所说：“其山川城邑则稽之地图，其鸟兽草木则验之方志。风谣歌舞，各附其宿，魁梧长者，莫非其旧。”由此可见，《三都赋》在承继了汉赋以大为美、以富为美的审美情趣的同时，又体现出以真为美的审美理念，这使得《三都赋》在同类赋作中独树一帜，具有鲜明的现实主义艺术风格。

总的来说，《三都赋》“拟义数家，傅辞会义，抑多精致”[②]，刘勰《文心雕龙·神思》曰：“左思练《都》以一纪。”[③]正因如此，左思对此赋相当自信，自以其作不谢班（固）、张（衡），张华评价其“此《二京》可三”，“使读之者尽而有余，久而更新”。[④]故时人为之作注，陆机为之叹服，洛阳为之纸贵，可见此赋名重一时，唱响了京都赋最后的辉煌。

---

① 唐·李善注：《文选》，第74页。

② 《晋书》卷九十二《左思传》，第2376页。

③ 《文心雕龙·神思》，范文澜：《文心雕龙注》，第494页。

④ 《晋书》卷九十二《左思传》，第2377页。

三、汉魏六朝其他京都赋特点及流变

通过上文对《文选》所录所有京都赋的分析可知，班固《两都赋》、张衡《二京赋》和左思《三都赋》，以其宏大体制、广博内容、富赡文辞，“润色鸿业”的政治功能，成为京都大赋的杰出代表，将京都大赋推向了艺术巅峰。本节将着重考察汉魏六朝其他京都赋作，并通过与《文选》所录之作的对比，突显《文选》选文的合理性，并廓清汉魏六朝京都赋的时代特征和发展流变，以期在大的创作背景中寻绎《文选》京都赋选文的重要意义。

表 1：汉魏六朝京都赋一览

年代	作者	名称	出处	备注
西汉	扬雄	《蜀都赋》	《全汉文》卷五十一	
东汉	杜笃	《论都赋》	《全后汉文》卷二十八	
东汉	傅毅	《洛都赋》	《全后汉文》卷四十三	残
东汉	傅毅	《反都赋》	《全后汉文》卷四十三	残
东汉	崔骃	《反都赋》	《全后汉文》卷四十四	残
东汉	崔骃	《武都赋》	《全后汉文》卷四十四	残
东汉	**班固**	**《西都赋》**	**《文选》卷一**	
东汉	**班固**	**《东都赋》**	**《文选》卷一**	
东汉	**张衡**	**《西京赋》**	**《文选》卷二**	
东汉	**张衡**	**《东京赋》**	**《文选》卷三**	
东汉	**张衡**	**《南都赋》**	**《文选》卷四**	
东汉	刘桢	《鲁都赋》	《全后汉文》卷六十五	残
东汉	徐干	《齐都赋》	《全后汉文》卷九十三	残
魏	曹植	《洛阳赋》	《全三国文》卷十三	残
魏	曹植	《迁都赋》	《全三国文》卷十三	残

（续表）

年代	作者	名称	出处	备注
魏	吴质	《魏都赋》	《全三国文》卷三十	残
魏	刘劭	《赵都赋》	《全三国文》卷三十二	
魏	刘劭	《许都赋》	《全三国文》卷三十二	存目
魏	刘劭	《洛都赋》	《全三国文》卷三十二	存目
魏	阮籍	《东平赋》	《全三国文》卷四十四	
魏	阮籍	《亢父赋》	《全三国文》卷四十四	
吴	韦昭	《云阳赋》	《全三国文》卷七十一	残
西晋	王廙	《洛都赋》	《全晋文》卷二十	残
西晋	王彪之	《闽中赋》	《全晋文》卷二十一	残
西晋	何桢	《许都赋》	《全晋文》卷三十二	残
西晋	庾阐	《扬都赋》	《全晋文》卷三十八	残
西晋	傅玄	《正都赋》	《全晋文》卷四十五	残
西晋	文立	《蜀都赋》	《全晋文》卷七十	残
西晋	左思	《齐都赋》	《全晋文》卷七十四	残
西晋	**左思**	**《蜀都赋》**	**《文选》卷四**	
西晋	**左思**	**《吴都赋》**	**《文选》卷五**	
西晋	**左思**	**《魏都赋》**	**《文选》卷六**	
东晋	曹毗	《湘中赋》	《全晋文》卷一百七	残
东晋	曹毗	《魏都赋》	《全晋文》卷一百七	残
东晋	曹毗	《扬都赋》	《全晋文》卷一百七	残
东晋	顾恺之	《湘中赋》	《全晋文》卷一百三十五	残
宋	夏侯弼	《吴都赋》	《全宋文》卷二十九	残
宋	鲍照	《芜城赋》	《全宋文》卷四十六	
梁	吴均	《吴城赋》	《全梁文》卷六十	

(一) 两汉时期

两汉时期尤其是东汉，京都赋创作十分兴盛，在班固《两都赋》、张衡《二京赋》力作的倡导下，京都赋达到一个艺术高峰，成为汉代文学最高成就的代表。据统计，两汉时期共有京都赋十三篇，其中西汉仅扬雄《蜀都赋》一篇。此赋作为京都赋的首创，具有鲜明的题材开拓意义，其描写内容和表现方式为后世同类京都赋所继承。

如前所述，东汉初年，围绕都洛阳还是都长安这一政治问题，朝野内外展开激烈争论，在这样的政治背景中，赋家秉承西汉以来以赋劝谏的传统，创作了一批以京都为题材的赋作，借以表达自己的观点和主张，流传至今的有杜笃《论都赋》、傅毅《洛都赋》《反都赋》、崔骃《反都赋》《武都赋》、班固《两都赋》。

杜笃《论都赋》是围绕这一迁都事件创作的第一篇京都赋，作者在奏疏中认为“关中表里山河，先帝旧京，不宜改营洛邑”，并明确指出此作有意学习司马相如和扬雄的赋作：“臣窃见司马相如、扬子云作辞赋以讽主上，臣诚慕之，伏作书一篇，名曰《论都》。”[①]然此赋与相如和子云的作品有很大不同，作者在序中并非“述客主以首引”，而是运用“序以建言，首引情本”[②]的方法，叙述光武帝西巡长安及诏令修复长安的过程和朝臣的反映，本于事实详记时间。不仅如此，由于内容本身的限定，作者运用夹叙夹议的手法竭力表述一种政治主张，虽然对长安的形胜和帝王的功烈等亦有铺陈描述，但其“论”的成分远远超过马、扬“控引天地”的铺张夸饰，实际上作者更侧重“论都”而非“赋都”，所以此赋带有明显的政论性质。但《论都赋》借对京都的描述表达政治主题，既新鲜又适宜发

① 《后汉书》卷八十《杜笃传》，第2596页。
② 《文心雕龙·诠赋》，范文澜：《文心雕龙注》，第134页。

挥赋体的长处，自此京都赋为赋家普遍关注，蔚然兴盛。此外，傅毅《洛都赋》《反都赋》和崔骃《反都赋》《武都赋》皆是在这一迁都事件的背景中产生的京都赋，惜四赋均残缺不全。其中傅毅《反都赋》、崔骃《武都赋》只存几句，而从傅毅《洛都赋》的残文观之，其内容仅见对洛阳形势和畋猎盛况的铺叙，崔骃亦有《反都赋》，由赋序可知此赋主张都洛，反对西迁，然所存残文亦无甚可观。显然，作为同类题材的京都赋，上述作品无论体制内容还是艺术成就都无法与班固《两都赋》比肩，然而它们在很大程度上促成了东汉京都赋的繁盛局面，这一点值得肯定。

东汉中后期，仅张衡创作了《二京赋》和《南都赋》，《文选》将其全部收录，相关分析详见前文，此不赘述。到东汉末期，随着王朝内部急剧腐化，时局动荡，民不聊生，以“润色鸿业”为基调的京都赋受到冷落，此时有两篇作品，且都以描写家乡为主题，它们是刘桢《鲁都赋》和徐干《齐都赋》。据史料载，刘桢是东平宁阳（今山东宁阳）人，属古鲁国；徐干是北海剧县（今山东昌乐）人，属古齐国。二赋作年不详，据程章灿先生推测，它们可能是二人因战乱避居乡邑时所作。[①]《鲁都赋》《齐都赋》保存不全，窥其残文可知，二赋均从都邑的悠久历史和地理形胜着笔，铺叙都邑的繁华和胜景，表达作者对故梓的颂扬之情，同时也寄托了作者在战乱年代对和平生活的眷恋和向往。相比同类题材的张衡《南都赋》，二赋描写简练，文采稍逊。

总的来说，汉代尤其是东汉时期，京都赋创作十分繁盛，由于表现内容不同，从而形成两种不同风格的创作模式。一是以班固《两都赋》、张衡《二京赋》为杰出代表的京都大赋，以展现帝王京城的繁华富庶和礼制文明，体制宏大，内容富赡，文典而丽，雍容

① 程章灿：《魏晋南北朝赋史》，江苏古籍出版社2001年版，第76页。

揄扬，这类作品与生俱来与社会现实政治紧密相联，充满对王朝的歌颂和对礼制的弘扬，彰显出汉代大一统的文明昌盛和雄豪气势。一是以张衡《南都赋》为典型代表的描写地方都邑的京都赋，作品主要描写故梓乡邑的地理形胜、山川物产、风土人情等，在思想主旨上不同于京都大赋的“润色鸿业”，而仅仅是表达作者对家乡的热爱之情，它们以地方都邑为观照对象，体制内容上显然不及前类京都大赋的宏伟广博，然清新自然的景致和流丽明快的风格，突显出其浓郁鲜明的地方特色。魏晋时期，在时代环境的影响下，京都大赋的创作相对冷落，而以地方都邑为主题的一类京都赋作却蔚然兴盛起来。

（二）三国时期

据统计，整个三国时期有京都赋九篇，除韦昭《云阳赋》（现仅存二句）为孙吴作品外，其余均出自曹魏，这一现象的产生不无原因。首先，曹魏政权据有的中原地区，本就是汉朝的政治经济文化中心，文学之士多荟萃于此，中原文化深厚的沃壤为辞赋发展提供了有利的条件；再者，曹氏父子喜好辞赋，广揽文士，并且其推行的政治军事政策十分开明，为大多数有识之士所接受，故曹氏父子身边聚集了大批文士，成为三国文学的领导核心。所以三国时期的京都赋集中于魏不足为怪。

统观这些赋作，大部分产生于魏明帝太和、青龙年间，如吴质《魏都赋》、刘劭《许都赋》《洛都赋》。其中，魏都即邺城；许都即许昌，乃汉献帝旧都。邺城、许昌和洛阳作为当时重要的政治经济文化三都，无疑被赋家广泛关注，遂成为这些京都赋作的描写对象。当时政治较为清平，社会发展稳定，明帝好大喜功，大兴土木，营造宫馆，所以这些京都赋多为应诏之作，以歌颂曹魏政权，惜散佚不全。据《三国志》刘劭本传载：“劭尝作《赵都赋》，明帝美之，诏劭作《许都》《洛都》赋。时外兴军旅，内营宫室，劭作二赋，皆讽谏焉。”[①]《许都赋》《洛都赋》今已亡佚，然二赋既是应命之作，虽寓讽谏，其对曹魏政权的颂扬之旨势在必然。又据《太平御览》引《文士传》载，魏明帝青龙元年诏何桢：“扬州别驾何桢，有文章才。试使作《许都赋》，成，封，上不得，令人见，桢遂造赋，上甚异之。”[②]《许都赋》今仅存四句，难睹全貌，但赋文的颂美之意应是理所当然。吴质《魏都赋》仅存两句：“我太祖鸿飞兖豫，英雄响附。”“太祖”是曹丕称帝时追尊曹操的庙号，此赋虽不是应诏之作，但从残存的句子推知，亦是对曹魏政权的颂扬。与上述赋作直接歌颂曹魏政权的基调不同，刘劭《赵都赋》描写地方乡邑，从赵都的地理形胜着笔，进而写其东西的江流水域、西北的园林平圃等自然景胜，以及建筑宫室的华美、轻歌曼舞的佚乐、祓禊活动的热闹等，展现出丰富多彩的人文景观，表达了作者对国泰民安承平景象的咏叹和赞美。

另外，阮籍有《东平赋》《亢父赋》，二赋作于魏晋易代之际，当时政治黑暗险恶，“名士少有全者”[③]，所以二赋表现出与先前京都赋截然不同的风格。作者一反京都赋展现繁荣昌盛景象和颂圣颂美的主旨，而是描绘了东平、亢父两座小城的贫困萧条的环境和民情风俗的伪诈。如作者写东平城，其地阨陋秽累，背险向水；其田芜荒不耕，荆棘不治；其居处蕹翳蔽塞，心昏志衰；其俗则“背理向奸，向气逐利”。写亢父城的环境是：“其城郭卑小局促，危隘不遐”，“太阳不周兮，殖物靡嘉”；其民情是：“顽嚣梼杌，下愚难化”，“不肖群聚，空屋无贤”，“狼风豺气，盭电无厚”。然而事实上，东平和

① 《三国志·魏书》卷二十一《刘劭传》，第 618 页。

② 北宋·李昉：《太平御览》卷五百八十七引《文士传》，中华书局影印本 1960 年版，第 2646 页。

③ 《晋书》卷四十九《阮籍传》，第 1360 页。

亢父并非作者所描绘的样子，《晋书·阮籍传》载，司马昭辅政时，阮籍尝言："籍平生曾游东平，乐其风土。"[①]因拜为东平相。由此可见，赋中萧条野蛮、险恶可憎的城邑绝非作者"乐其风土"的好地方，而是作者所处的现实社会环境的缩影。当时在司马氏的高压政策下，作者有苦难言，只能通过借题发挥以曲折隐晦的方式表达自己的强烈不满，故作者借助赋中对丑恶环境的展示，以表现对司马氏执政昏暗的憎恨和忧愤。《东平赋》《亢父赋》可谓汉魏以来京都赋的变格，作者通过对一个小城邑的描写，展现其狰狞可怕的面貌，借以揭露了现实社会的丑恶黑暗，从而赋予了京都赋更为丰富深广的现实内涵。

总的来看，三国时期的京都赋较之东汉时期产生一些变化，由于时代文化条件的差异，此期京都赋虽然亦以歌功颂美为主，但在内容体制上俨然没有东汉京都大赋的宏大境界和磅礴气势，并且面对战乱的残局，赋家在对都邑的描绘中，不乏流露出对往昔繁华盛况的缅怀和再现社会中兴的希望。魏晋之际阮籍《东平赋》《亢父赋》，以描写地方小城市为主，打破了前代京都赋颂圣颂美的格局，转为对社会人生的愤慨和忧患，大大拓展了京都赋的题材内涵。此期京都赋多数仅存只言片语，难窥全貌，就保存下来的赋作如刘劭《赵都赋》、阮籍二赋观之，虽不乏轻盈流丽之笔，这当是受建安以来抒情小赋的影响，但其总体艺术价值远不及东汉京都大赋，故《文选》在此期未录选文。

（三）两晋时期

京都赋继魏明帝时的短暂勃兴，至两晋时期再次迎来繁荣局面。据统计，此期京都赋共十四篇，除左思《三都赋》为《文选》收录

① 《晋书》卷四十九《阮籍传》，第1360页。

外，其余还有王廙《洛都赋》、王彪之《闽中赋》、何桢《许都赋》、庾阐《扬都赋》、傅玄《正都赋》、文立《蜀都赋》、左思《齐都赋》、曹毗《湘中赋》《魏都赋》《扬都赋》和顾恺之《湘中赋》，两晋京都赋创作之繁盛由此可见一斑。

可惜大多数赋作残缺散佚严重，仅在《初学记》《北堂书钞》或《太平御览》中保存断章零句。由残文窥知，以地方都邑为描写对象的京都赋，体制内容基本与曹魏时期相似，作者通过对家乡或一方都邑的描绘，展示其美丽景胜和富庶风貌，表现出对都邑的浓厚热爱之情，如王彪之《闽中赋》、文立《蜀都赋》、左思《齐都赋》、曹毗《魏都赋》等；而以帝王都城为描写对象的京都赋，则通过对京都繁华富丽的描绘与礼仪制度的铺叙，表达对王朝的赞颂之情，充满对王朝中兴的喜悦和自豪，其中庾阐《扬都赋》保存相对完整。扬都即建康，东晋立国，建都于此。从《扬都赋》现存内容来看，此赋篇幅宏大，包揽山川形胜、富饶物产以及宫室建筑的壮丽、市容的繁华、人才的荟萃、君王的威仪和天下的承平等内容，作品广陈扬都的宏大富丽之势以表达作者对东晋王朝的颂美。与前代京都大赋相比，此赋突出江南名都的山水形胜，作者不惜笔墨描写长江水势，可谓雄奇壮观，如："于是乎源泽浩瀁，林阜隐荟。彭蠡吞江，荆牙吐濑。赴三峡之隘，洞九川之会。判五岭而分流，鼓沱潜而碎沛。滏渤瀿滃，潢漾拥涌。惊波霆激，骇浪川动。东注尾闾，呼歙洞庭。茫若云汉，窈若清城。"在这瑰奇壮丽的山川胜景中，透露出恢宏的气势，寄托了作者对东晋王朝中兴的自豪之情。同时作者亦广泛描写江南瓜果、竹木、鳞甲鸟兽等，地域特色十分鲜明，行文表现活泼流丽。《晋书》本传载：庾阐"作《扬都赋》，为世所重"[1]。《世说新语·文学》载庾亮称赞此赋"可三《二京》，四《三都》"，

① 《晋书》卷九十二《庾阐传》，第 2386 页。

当时"人人竞写，都下纸为之贵"。[①]可见《扬都赋》在当时颇负盛名。此外，王廙《洛都赋》和曹毗《扬都赋》均与庾阐之作为相类，惜《洛都赋》仅存八句残文，分别写洛阳地下的温泉、建筑之美、漏刻情况、瓜果丰富、祓禊活动，由此推知此赋内容丰富，规模宏大，作者对王朝的赞美溢于言表。曹毗《扬都赋》仅存四字，然《晋书·曹毗传》载，曹毗"著《扬都赋》，亚于庾阐"[②]，可知，此赋与庾阐之作为同一主题，均是此期的京都大赋。在这些京都大赋中，左思《三都赋》最为杰出，此赋模拟班、张作品，体制更为宏伟，内容更为广博，征实的特征加之富丽的辞藻，集前贤之大成，故而造就了东汉以来京都大赋的最后辉煌，《文选》将其收录而未取他作，体现出《文选》编纂者的卓识。

两晋时期，社会的中兴使京都赋再次获得适宜生长的环境而出现了繁荣的创作局面，虽大多数作品残缺不全，但其颂圣颂美的指归是显而易见的，表现出作者对中兴的自豪和歌颂。整体而言，此期京都赋突出表现江南的江水流域和地方风物，描写生动活泼，文辞流丽清畅，可谓其显著的创作特色。由于社会繁荣过于短暂，京都赋创作始兴即衰，失去了稳定昌盛的社会政治背景作为土壤，京都赋最终走向没落衰亡是必然趋势。

（四）南朝时期

迨至南朝，宋齐梁陈四代更迭频繁，政治局势十分动荡，文士命运危在旦夕，在这样的时代背景中，"以宣扬政教兴隆、经济富足、军事强盛等方面，从而炫耀国家的赫赫声威为主的京都大赋显得多少有些不合时宜"[③]，京都赋创作极为萧条。据统计，此期仅三

---

① 《世说新语·文学》，余嘉锡：《世说新语笺疏》，第305页。

② 《晋书》卷九十二《曹毗传》，第2386页。

③ 程章灿：《魏晋南北朝赋史》，江苏古籍出版社2001年版，第198页。

篇赋作，即宋夏侯弼《吴都赋》、宋鲍照《芜城赋》和梁吴均《吴城赋》。

夏侯弼生卒不详，其《吴都赋》仅存几句残文，实难推知赋文内容。鲍照和吴均的赋作，一写广陵城（今扬州），一写吴城（今苏州），虽然描写城市不同，但作品风格主旨十分相似，都是通过对城市今昔盛衰变化的描写，表现出作者强烈的历史沧桑感，抒情意味浓重。这一主题与前代京都赋迥然不同，前代京都赋基本以颂圣颂美为基调，或展示帝国的声威，表现对王朝的颂扬；或展示乡邑的繁盛表达对故梓的热爱。而此期的京都赋完全颠覆了传统创作，大胆超越了前代题材内容的制约，将京都赋与丧乱的社会现实联系起来，从而使京都赋由先前对政治的歌功颂德转为对社会历史的观照和对现实人生的思索。这不得不说是京都赋在这一特殊时代背景中的全新突破，与此同时，先前传统京都赋在此期已完全消亡亦是不争的事实。

《文选》将鲍照《芜城赋》列入“游览”类，此举曾遭受非议，固然就题目而言，此赋当属“京都”类无可争议，但就内容而言，其与先前京都赋在主旨、模式和特征上全然不同，萧统将其划为“游览”类，想必是注意到此赋的新变性，当然亦有其他方面的考虑，具体探讨详见后文。

四、小结

京都作为国家政治文化的表征，是关涉皇权建设的重大问题，汉代京都赋本身重礼制、重王道、寓含讽谏的思想主旨，“体国经野，义尚光大”[①]，充分展示了大一统帝国的仁政礼制、文明昌盛的文化风貌。鉴于此，萧统在《文选》赋中设“京都”一目，并将其

① 《文心雕龙·诠赋》，范文澜：《文心雕龙注》，第 135 页。

列于首位，是其皇权意识的集中体现。

京都赋自西汉扬雄《蜀都赋》始，尚未引起赋家普遍关注。至东汉初年，时值海内承平，国力强盛，在政治事件的牵引下，以帝都为主要描写对象的京都赋创作蔚然兴盛，班固《两都赋》、张衡《二京赋》以其宏大的体制、广博的内容和富赡的辞藻，不仅将京都赋推向艺术的顶峰，而且赋中充满对汉代大一统文明礼制的颂扬和对一代君主功业德泽的赞美，从而使汉赋"润色鸿业"的功能发挥到极致，成为此期独领风骚的京都赋力作，故《文选》将其收录，实属理所应当。继扬雄《蜀都赋》之后，此期张衡《南都赋》以描写自己的家乡为主，通过对其地理形胜、山川物产和风土人情的描绘，表达了炽热的讴歌之情，从而奠定了地方都邑赋的写作模式。《南都赋》创作成就十分突出，致使后来出现的同类赋作难以超越，故《文选》亦将之收录，使其与正大堂皇的京都大赋并列，这一点体现出萧统对京都赋题材审视的全面性，同时亦说明他对地方都邑赋作艺术价值的认可和重视。

三国时期京都赋创作出现了隐然崛起的局面，但远没有东汉时的宏大境界和豪迈气势，这是时代文化差异导致的结果。然而随着短暂政治稳定的结束，以颂圣颂美为基调的京都大赋创作势必走向衰微，故魏晋之际出现的阮籍《东平赋》《亢父赋》，借助对小城市丑恶环境的描写，影射现实社会的黑暗，表达人生的忧愤感慨，可视作传统京都赋的一大变格。两晋时期，政治的中兴为京都赋再次提供了适宜生长的土壤，此期京都大赋在左思《三都赋》的倡导下，迎来了最后的辉煌，《三都赋》在继承班、张力作的基础上，又有独特的创新之处，《文选》亦将之收录。相比前代，两晋京都赋颂圣颂美的指归并未减弱，赋家对晋代中兴的喜悦和自豪溢于言表，只是受偏安江南一隅环境的浸染，赋作描写生动，文辞流丽，不失为其鲜明的创作特征。迨至南朝，朝代的频繁更迭和政治的残酷斗争，京都大赋创作再也无回天之力，其式微的趋势不可避免，此期京都赋寥寥无几，作品以京都为题目，但体制内容却大相径庭，作者描写城市今昔盛衰变化，表达千秋殆尽的历史沧桑之感，抒情意味浓重，先前京都赋的歌功颂德之旨在此转为对历史人生的思索审视，这可以视作京都赋的新变。但透过京都赋传统风格的完全蜕化，我们也不难看出京都赋无法逆转的衰落之势。

通过对汉魏六朝京都赋发展流变的简单梳理，我们可以明了《文选》京都赋收录班固《两都赋》、张衡《二京赋》《南都赋》、左思《三都赋》所具有的重要意义，这一方面体现出萧统对京都大赋辉煌成就和艺术价值的认可，另一方面可见萧统重视地方都邑赋的审美旨趣，这反映出他对京都赋题材流变的全面把握和审视。

第四章

郊祀类

一、“郊祀”类名及溯源

“郊祀”是古人祭祀典礼活动中十分重要的一种。《文选》李善注云：“祭天曰郊。郊者，言神交接也。祭地曰祀。祀者，敬祭神明也。”[①]“郊祀”是专指对天地的祭祀。在古代，祭祀是一种重大的典礼仪式，在国家政治生活和帝王文化系统中占据核心地位。《左传·成公十三年》刘康公云：“国之大事，在祀与戎。”[②]《礼记·祭统》亦云：“凡治人之道，莫急于礼；礼有五经，莫重于祭。”[③]而在所有的祭祀中，“郊祀”作为祭祀天地之礼，属于最重大的“大祀”，乃“祭天而以祖配者”[④]，是天子众多典礼中最重要、最庄严的一种。因此，《文选》于十五类赋中将“郊祀”列为第二，仅次于“京都”，高于其他诸类，这与此类赋的礼制功能密不可分。

---

① 唐·李善注：《文选》，第111页。

② 春秋·左丘明传，西晋·杜预注：《春秋左传正义》，中华书局影印《十三经注疏》1957年版，第1085页。

③ 东汉·郑玄注，唐·孔颖达疏：《礼记正义》，中华书局影印《十三经注疏》1957年版，第1985页。

④ 梁启超：《志三代宗教礼学》，《饮冰室合集·专集39》，中华书局1989年版，第5页。

《诗经》中即已出现大量关于祭祀的诗作，如《周颂》《鲁颂》《商颂》，都是对天地神祇与祖先宗庙的祈祷与歌颂，其中《周颂·昊天有成命》是专门一篇郊祀天地的乐歌，其诗曰："昊天有成命，二后受之。成王不敢康，夙夜基命宥密。于缉熙，单厥心，肆其靖之。"唐孔颖达曰："《昊天有成命》诗者，郊祀天地之乐歌也。谓于南郊祀所感之天神，于北郊祭神州之地祇也。天地神祇佑助周室，文、武受其灵命，王有天下。诗人见其郊祀，思此二王能受天之命，勤行道德，故述之而为此歌焉。"[①] 此诗先写文、武二王顺承昊天之命，德施天下，继写成王守业，勤于政事，不敢逸乐懈怠，遂使国泰民安。全诗仅七句，篇幅简短，主要赞颂了成王信顺天命之盛德，可视为后世"郊祀"类题材作品之滥觞。

二、《文选》所录郊祀赋文本释析

《文选》"郊祀"类仅选录了一篇赋作，即扬雄的《甘泉赋》。此赋主要描写汉成帝为求嗣在甘泉宫举行的祭天大典，颂扬中微含讽谏之意。全赋以骚体写成，却具有散体之品格，铺张夸饰，"构深伟之风"[②]，堪称郊祀赋的冠冕之作。是故《文选》独取此篇，表现出对此赋成就价值的充分肯定。

《甘泉赋》为扬雄随成帝郊祀甘泉宫归还后所作。作品首叙天子出行的赫赫威势，其盛况恍如遨游仙境，如"于是乘舆乃登夫凤皇兮翳华芝，驷苍螭兮六素虬""敦万骑于中营兮，方玉车之千乘""登椽栾而羾天门兮，驰阊阖兮而入凌兢"，想象奇特，动人心魄。然后作者集中大量笔墨极力描绘甘泉宫整体上的壮阔和富丽，先是写

① 西汉·毛亨传，东汉·郑玄注：《毛诗正义》，中华书局影印《十三经注疏》1957年版，第173页。

② 《文心雕龙·诠赋》，范文澜：《文心雕龙注》，第135页。

通天台之高耸壮观，令人昏眩，“仰挢首以高视兮，目冥眩而亡见。正浏滥以弘惝兮，指东西之漫漫。徒回回以徨徨兮，魂固眇眇而昏乱”；继之写宫殿中玉树金人等宝物之华美肃穆；接着又写洪台的峭立冲天，直抵北斗，“列宿乃施于上荣兮，日月才经与柍桭”，如此高巍的洪台，连鬼神都难以攀爬，“鬼魅不能自还兮，半长途而下颠”；最后作者铺叙甘泉宫巍峨华丽，如其殿前的美饰：“前殿崔巍兮，和氏玲珑，炕浮柱之飞榱兮，神莫莫而扶倾。”作者描写甘泉宫极尽铺张夸饰之能，不仅尽现其奢华与壮丽，而且使其笼罩着一层神奇色彩，意境诡谲而开阔。刘勰《文心雕龙·夸饰》云：“语瑰奇则假珍于玉树，言峻极则颠坠于鬼神”[①]，“这种极度的夸张和驰骋的想象，扩大了文字本身所表现的语义空间，可以更加鲜明地展示甘泉宫人间无、天上少的壮观景致”[②]。

此赋大肆描绘甘泉宫的华美，寓含深刻的讽谏之意。据《汉书》本传载，甘泉宫本是秦始皇的离宫，后为武帝增广之，宫观殿阁，“屈奇瑰玮，非木摩而不雕，墙涂而不画”，虽极奢泰，然非成帝所造，扬雄“欲谏则非时，欲默则不能已，故遂推而隆之”，所以作品欲抑先扬，铺陈甘泉宫的华丽奢侈，目的是让天子由此想到夏桀的璇室、殷纣的倾宫，“袭璇室与倾宫兮，若登高妙远，肃乎临渊”。应劭注曰：“当以亡国为戒，若临深渊。”[③]由此可见作者深寄微谏的良苦用心。除讽谏奢侈之外，作者在此赋中对“斋肃之事”亦有所讽谏，本传曰：“又是时赵昭仪方大幸，每上甘泉，常法从，在属车间豹尾中，故雄聊盛言车骑之众，参丽之驾，非所以感动天地，逆厘三神，又言‘屏玉女，却宓妃’，以微戒斋戒之事。”[④]所以赋中作

① 《文心雕龙·夸饰》，范文澜：《文心雕龙注》，第609页。

② 方铭：《经典与传统：先秦两汉诗赋考论》，人民文学出版社2003年版，第289页。

③ 《汉书》卷八十七《扬雄传》，第3534页。

④ 《汉书》卷八十七《扬雄传》，第3535页。

者述天子渡弱水，“想西王母欣然而上寿兮，屏玉女而却宓妃。玉女无所眺其清庐兮，宓妃曾不得施其蛾眉”。其中“玉女”“宓妃”皆喻美色，作者从中寓含讽谏之意，李善注认为此处乃使“天子悟美色之败德”，契合了作者的讽谏之旨。作品末段描写祭天之盛况，烧牲玉，火光四射，酒气四溢。结尾之“乱”，或曰“八方协兮万国谐”，“于胥德兮丽万世”，“辉光眩耀，隆厥福兮，子子孙孙，长无极兮”，均是对汉王朝功德的颂扬。

《甘泉赋》围绕成帝郊祀甘泉宫的典礼活动，在祭祀祈福中表达了对汉室王朝的颂扬，这是郊祀题材的主题特征，但作者并非一味颂扬，而是表现出对这一模式的突破，寓讽于颂，且讽且颂，具有一定的现实意义，表现出对郊祀题材主题模式的突破。就体制而言，《甘泉赋》基本上承楚辞体之余绪，“但于段落转承之处，多用散体赋的提头接头虚字及句型，似乎有意打破骚体赋抒情述志，散文赋体物叙事的传统，促其合流以集其大成”①。况且此赋采用骚体叙写郊祀之事，其中“兮”字的运用又极富变化，或置于句中为稽词，或置于句末为顿词，亦有楚歌式三字句，中间加“兮”字者，作者力求跨越前人窠臼，另开新局的意图，是显而易见的，同时这在一定程度上亦反映出作者“默而不能忍”的急切讽谏之情。除扬雄《蜀都赋》以外，《甘泉赋》是其最具铺陈的一篇赋作，然不同于《蜀都赋》不厌其烦的全方位描写模式，作者在此赋中对铺陈对象有所精心选择，详略得当。写作技巧上，作者娴熟地运用夸张、排比、虚构、反衬、想象等手法，把甘泉宫的壮丽景致描写得出神入化，意境奇谲开阔，形成独特的风格，“绚丽而不失深沉，生动而不失典雅，闳肆雄奇而不零乱缓散”②。

总之，《甘泉赋》在思想主旨深寓微讽，在艺术表现上力求突

① 简宗梧:《汉赋史论》，东大图书公司（台北）1993 年版，第 151 页。

② 方铭:《经典与传统：先秦两汉诗赋考论》，人民文学出版社 2003 年版，第 288 页。

破，可谓郊祀赋之杰作。据《太平御览》卷五百八十七引《文士传》载，扬雄作完此赋，“卒暴倦卧，梦其五脏出地，以手收之，觉大少气，病一岁”[①]，作者为此赋殚精竭虑之苦可见一斑。故刘勰《文心雕龙·诠赋》称：“子云《甘泉》，构深玮之风”[②]，斯为良言。

三、汉魏六朝其他郊祀赋特点及流变

由于“郊祀”题材的特殊性，纵观整个汉魏六朝时期，郊祀赋创作数量寥寥无几。除《甘泉赋》外，现仅存三篇，即西汉扬雄《河东赋》、东汉邓耽《郊祀赋》和东晋郭璞《南郊赋》。

表 2：汉魏六朝郊祀赋一览

年代	作者	名称	出处	备注
西汉	**扬雄**	**《甘泉赋》**	**《文选》卷七**	
西汉	扬雄	《河东赋》	《全汉文》卷五十一	
东汉	邓耽	《郊祀赋》	《全后汉文》卷四十九	残
东晋	郭璞	《南郊赋》	《全晋文》卷一百二十	

《河东赋》是扬雄创作的又一篇祭祀赋，记述汉成帝率群臣行幸河东祭祀后土，序曰：“既祭，行游介山，回安邑，顾龙门，览盐池，登历观，陟西岳，以望八荒。迹殷周之虚，眇然以思唐尧之风。雄以为临川羡鱼，不如归而结网。还，上《河东赋》以劝。”此赋篇幅较短，约是《甘泉赋》的二分之一。作者描写祭祀典礼，形容车驾旌旗之盛以及天子对先代遗迹的追思，末尾曰：“敦众神式道兮，奋《六经》以摅颂。隃于穆之缉熙兮，过《清庙》之雍雍。轶五帝之遐

① 北宋·李昉：《太平御览》卷五百八十七引《文士传》，中华书局影印本 1960 年版，第 2646 页。

② 《文心雕龙·诠赋》，范文澜：《文心雕龙注》，第 135 页。

迹兮，蹑三皇之高踪。既发轫于平盈兮，谁谓路远而不能从？”作者期望成帝能够按照儒家礼乐教化思想，遵循古圣王之道，实行德政，从而委婉地表达了规劝意旨。赋文仿楚辞体，亦融合散体字句。较之《甘泉赋》，此赋在思想主旨和艺术特色上无甚特出之处，故未为《文选》所录。

邓耽是东汉人，其生卒及事迹均不详，《郊祀赋》是其现存唯一一篇赋作。兹录其残文曰：“咨改元正，诞章厥新。丰恩羡溢，含唐孕殷。承皇极，稽天文，舒优游，展弘仁，扬明光，宥罪人。群公卿尹，侯伯武臣，文林华省，奉贽厥珍。夷髦卢巴，来贡来宾。玉璧既卒，于斯万年。穆穆皇王，克明厥德。应符蹈运，旋章厥福。昭假烈祖，以孝以仁，自天降康，保定我民。”由是观之，作者直接描写祭祀盛况，抒发了对皇王仁德的赞美颂扬，主题上并无突破创新，但赋文以四言句式为主，整饬流畅，文辞简练，风格与先前大赋略有不同，可谓其独特之处。

郭璞《南郊赋》描写晋武帝即位祭祀的整个典礼过程，其中有对山川天地神灵的祭祀，亦有对皇祖的祭祀，以示继孝思垂大业。“事崇其简，服尚其素。化无不融，万物不鼓。振西北之绝维，隆东南之桡柱。廓清紫衢，电扫神宇。风马桂林，抗旍琳圃。五岳不足以题其勋，九韶不足以赞其舞”，这里不仅展示了西晋王朝的升平景象，又表现出帝王强劲的声威。总体而言，此赋以祭祀活动极言东晋初建的勃勃生机，表达了作者希望东晋中兴、国泰民安的政治理想，在当时起到“润色鸿业”的作用，所以晋元帝“见而嘉之，以为著作佐郎”[①]。此赋在表现手法上继承了汉大赋的铺陈夸饰、错综排比，辞藻典雅华美，故葛洪在《抱朴子·钧世》中专门提到此赋，称：“并美祭祀，而《清庙》《云汉》之辞，何如郭氏《南郊》之艳

① 《晋书》卷七十二《郭璞传》，第1901页。

乎？”[①] 可见《南郊赋》在当时影响很大。不仅如此，刘勰《文心雕龙·才略》亦对其有“穆穆以大观”[②] 的评赞。由此看来郭璞《南郊赋》成就颇高，然而《文选》“郊祀”类并未将之收录，或许因于此赋沿袭汉大赋题材，但在描写和气势上却不及汉大赋宏阔磅礴，艺术手法亦无突破创新之故，加之简短的篇幅（笔者疑此赋有损缺），难与《甘泉赋》相媲美，所以《南郊赋》虽然在当时很受重视，但不足以成为汉大赋传统题材的代表，故《文选》未录此赋。

四、小结

郊祀赋集中出现在汉代，与汉代大一统体制下儒家礼制思想影响有重要关系。汉代“罢黜百家，独尊儒术”，而崇尚礼制是儒家思想体系的重要组成部分，《礼记·礼运》曰：“夫礼，先王以承天之道，以治人之情也。”[③] 礼制是国家政治文化的核心，“诸礼之中，惟祭尤重”[④]，祭礼尤其是祭祀天地的郊祀礼作为诸礼的总持，必然受到广泛重视，在这样的思想浸染中，理应产生以郊祀为题材的作品。

另一方面，汉大赋“润色鸿业”的政治颂美功能也是促成郊祀赋出现在汉代的一个原因，郊祀题材以“光荣祖考、崇述正德”为主，本身就具有颂美目的，而汉大赋的体制功能恰恰能承载这一题材特征，有助于其歌功颂德之功能发挥到极致。迨至魏晋南朝，郊祀赋创作渐趋消歇，咏物小赋和五七言诗占据文坛主流。在这一文风的影响下，郊祀赋不再适应时代需要而消失殆尽，但毕竟作为一

---

① 东晋·葛洪著，杨明照校笺：《抱朴子外篇校笺》，中华书局 1991 年版，第 70 页。

② 《文心雕龙·才略》，范文澜：《文心雕龙注》，第 701 页。

③ 东汉·郑玄注，唐·孔颖达疏：《礼记正义》，中华书局影印《十三经注疏》1957 年版，第 989 页。

④ 梁启超：《志三代宗教礼学》，《饮冰室合集·专集 39》，中华书局 1989 年版，第 9 页。

国礼制之核心，郊祀题材仍具有重要的政治意义，所以郊祀诗歌取代郊祀赋作大量出现，如西晋傅玄《郊祀歌》五首、《天地郊明堂歌》五首，南朝宋颜延之《南郊登歌》三首、谢庄《明堂歌》九首，南朝齐谢超宗《南郊乐歌》十三首、《北郊歌》六首、《明堂乐歌》十五首，南朝梁沈约《南郊登歌》二首、《北郊登歌》二首、《明堂登歌》五首。上述据郭茂倩《乐府诗集》辑录共计六十五首，如此创作盛况，表明郊祀题材在求变中的新发展，而萧统在《文选》十五类赋中设“郊祀”一目，并使之位列第二，除“郊祀”题材礼制功能及其本人崇礼意识两方面原因之外，在很大程度上亦是受到郊祀诗歌这一创作繁盛局面的影响。

第五章
耕藉类

一、“耕藉”类名及溯源

“耕藉”是古代天子率公卿躬耕藉田、以给宗庙粢盛的一种典礼仪式。“藉”与“籍”相通，《文选》李善注引臣瓒《汉书》注曰：“景帝诏曰：‘朕亲耕。’本以躬亲为义。藉，谓蹈藉之也。”[①] 所谓蹈藉，是指帝王亲自蹈履于田而耕之。在古代，农乃天下之本、万民之业，出于对农业的重视，每逢春耕前，天子必举行耕藉之礼以祈农事。《礼记·月令》云：“孟春之月……天子亲载耒耜，措之于参保介之御间，帅三公、九卿、诸侯、大夫躬耕帝藉。天子三推，三公五推，卿诸侯九推。”[②] 又《祭义》云：“天子为藉千亩……躬秉耒，以事天地、山川、社稷、先古。”[③] 天子躬耕藉田，率天下先，既祈福宗庙又勉励务农，作为一国典制，可谓意义重大。加之儒家思想中的重农意识，于《文选》十五类赋中设“耕藉”一目，并将

① 唐·李善注：《文选》，第 114 页。

② 东汉·郑玄注，唐·孔颖达疏：《礼记正义》，中华书局影印《十三经注疏》1957 年版，第 681 页。

③ 东汉·郑玄注，唐·孔颖达疏：《礼记正义》，中华书局影印《十三经注疏》1957 年版，第 1959 页。

其列位第三，可见此类赋的重要。所谓耕藉赋，即指以帝王耕藉活动为描写对象，借以表达颂扬意旨的赋作。

早在先秦时期，“耕藉”题材即已出现。如《诗经·周颂》中的《臣工》《噫嘻》《丰年》《载芟》《良耜》等诗作，围绕周王躬耕藉田的典礼仪式，或叙述周王对群臣和农人的诫敕，或描绘农夫耕种劳作的场面，或述写丰收祭神的情形。其中《载芟》一诗描写最为详尽，具有代表性。其诗曰：

载芟载柞，其耕泽泽。千耦其耘，徂隰徂畛。侯主侯伯，侯亚侯旅，侯强侯以。有嗿其馌，思媚其妇，有依其士。有略其耜，俶载南亩，播厥百谷，实函斯活。驿驿其达，有厌其杰，厌厌其苗，绵绵其麃。载获济济，有实其积，万亿及秭。为酒为醴，烝畀祖妣，以洽百礼。有飶其香，邦家之光。有椒其馨，胡考之宁？匪且有且，匪今斯今，振古如兹。

孔颖达《毛诗正义》曰：“《载芟》诗者，春藉田而祈社稷之乐歌也。谓周公、成王太平之时，王者于春时亲耕藉田，以劝农业，又祈求社稷，使获其年丰岁稔。”[①] 全诗以周王藉田祈福的仪式活动为背景，详细描写了农夫开荒、耕作、播种、除草、收获的农事全过程，展现了当时的农业生产情况，末尾写丰收后对神灵的祭祀祈福，表达了歌颂之情。与后世耕藉赋相比，此诗并非侧重对天子耕藉活动的描述，而是以大量篇幅描写农夫的耕作过程；但全诗叙述详备，描写生动，层次井然，对后世耕藉赋不无影响，堪为此类赋作之滥觞。

现存第一篇以耕藉为题材的赋作是三国时期曹植的《藉田赋》，此赋仅存两节残文，分别为“大凡人之为圃，各植其所好焉。好甘者植乎荠。好苦者植乎荼。好香者植乎蔺。好辛者植乎蓼。至于寡人之圃，无不植也”和“名王亲枉千乘之体于陇亩之中。执钮镤于

① 西汉·毛亨传，东汉·郑玄注：《毛诗正义》，中华书局影印《十三经注疏》1957年版，第1804页。

畦町之侧。尊趾勤于耒耜。玉手劳于耕耘”。前一节主要论述不同人因喜好不同所栽种的植物亦有不同，从而表明自己“无所不植”的包容品性；后一节则主要描写帝王躬耕藉田的情形。由于残缺严重，实难把握此赋的全部内容，但观之两节文字，可知此赋并非单纯围绕帝王耕藉来写。

二、《文选》所录耕藉赋文本释析

《文选》“耕藉”类仅选录了一篇赋作，即西晋潘岳的《藉田赋》，此赋无论在内容主旨上抑或艺术表现上，堪称耕藉赋之杰出代表，遂盛传一时。

据《晋书》本传载，潘岳作《藉田赋》正值弱冠之年，“早辟司空太尉府，举秀才。泰始仲，武帝躬耕藉田，岳作赋以美其事”[①]。可见《藉田赋》是潘岳为歌颂晋武帝司马炎耕藉典礼而作。赋文描写了武帝率群臣躬耕藉田的全过程，章法有致，层次井然。开头以“伊晋之四年正月丁未，皇帝亲率群后藉于千亩之甸，礼也”一句引起全篇，交代了皇帝举行藉田之礼的时间；接着叙写藉田之前的准备，如清畿扫路、设青坛、广四涂、备轭耜、储驾车，“百僚先置，位以职分”；继之写皇帝出行，其中“常伯培乘，太仆执辔”，后妃献种，司农撰器，皇帝乃乘玉辇出行藉田，“五辂鸣銮，九旗扬旆”，声势云集，气氛庄重；然后描写藉田场面，皇帝降灵坛，抚御耦，“三推而舍，庶人终亩。贵贱以班，或五或九”，周围长幼交集，士女咸至，观者无不为之动容，欢欣鼓舞歌咏圣世；最后作者以较长篇幅借助田父之言，表达了对皇帝藉田之礼和祭庙祈福的颂美；末尾以一段颂辞收束全篇。通过对《藉田赋》结构内容的简要梳理，

① 《晋书》卷五十五《潘岳传》，第 1500 页。

从中可窥见作者对武帝藉田活动的赞颂溢美之情，元祝尧《古赋辨体》曰："奠都、藉田，国家大事，则不可以不颂。"[1]作者对帝王藉田之礼的歌颂亦富有一定的思想价值，其言曰："古人有言曰：'圣人之德，无以加于孝乎！夫孝，天地之性，人之所由灵也。'昔者明王以孝治天下，其或继之者，鲜哉希矣！逮我皇晋，实光斯道。仪刑孚于万国，爱敬尽于祖考。故躬稼以供粢盛，所以致孝也。劝穑以足百姓，所以固本也。能本而孝，盛德大业至矣哉！此一役也，而二美具焉。"此节文字充斥着作者的溢美之辞，同时作者亦认为皇帝躬耕藉田既可以"躬稼以供粢盛"又可以"劝穑以足百姓"，具有至孝和固本的双重作用，为"盛德大业"之所备。作者充分肯定了皇帝藉田的重大意义，其思想主旨与当时"以农为本"的社会形态十分契合。

《藉田赋》虽是潘岳的早期之作，但艺术成就已十分突出。赋文围绕皇帝藉田活动展开叙述，层次井然有序。同样是歌功颂德之作，然此赋与汉代叙事大赋迥然不同，作者突破了汉赋夸张虚构和古奥艰涩的传统束缚，代之以简洁清丽、渊雅有致的风格，文辞讲求骈偶，描写细致生动，如：

袭春服之萋萋兮，接游车之辚辚。微风生于轻幰，纤埃起于朱轮。森奉璋以阶列，望皇轩而肃震。若湛露之晞朝阳，似众星之拱北辰也。……蝉冕熲以灼灼兮，碧色肃其千千。似夜光之剖荆璞兮，若茂松之依山巅也。

作者描写皇帝出行之状，运用"萋萋""辚辚""灼灼""千千"四个叠词，既具有意状飞动之效，又极富朗朗上口的韵致，比喻贴切，偶对骈俪。句式上，作品以四六言为主，间以七言长句，带"兮"字，骈散结合，灵活多变，语言庄重清丽，情感一泄如注。总之，

---

[1] 元·祝尧:《古赋辨体》,《四库全书》本。

《藉田赋》描写皇帝藉田活动，颂扬得体，疏朗庄重，实为耕藉赋之上乘佳作，故为《文选》收录。

三、汉魏六朝其他耕藉赋特点及流变

据统计，整个汉魏六朝时期耕藉赋作共五篇，除潘岳《藉田赋》之外，三国曹植、缪袭与南朝宋徐爰、任豫都创作了《藉田赋》。

表 3：汉魏六朝耕藉赋一览

年代	作者	名称	出处	备注
魏	曹植	《藉田赋》	《全三国文》卷十三	残
魏	缪袭	《藉田赋》	《全三国文》卷三十八	残
西晋	**潘岳**	**《藉田赋》**	**《文选》卷七**	
宋	徐爰	《藉田赋》	《全宋文》卷四十	残
宋	任豫	《藉田赋》	《全宋文》卷四十	残

曹植之作开耕藉赋之先，惜赋文残缺不全，难以窥知全貌，但其在题材上的开拓意义值得肯定。缪袭《藉田赋》仅存十句，观其“诏句芒使掌麻兮，敕羲仲以农期。仪晨祥而举趾兮，乐田祖以豳诗。嘉载殳之干禄兮，美振古之如兹”几句，作者对帝王耕藉仪式的盛赞之情溢于言表。此赋虽仅存残文，无法窥见全部内容，但作者采用骚体之法，不失其鲜明特色。

两晋时期仅潘岳《藉田赋》一篇，为耕藉赋之代表。迨至南朝，仍不乏耕藉赋作出现。徐爰《藉田赋》仅存几句，由残文观之，作者描写了天子藉田之前的出行场景；任豫《藉田赋》亦仅存数句，大体是对皇帝藉田的称颂，如：“缅彼帝藉，百有余年。映至德于盛位，俪列晷于微辰。纡汾阳以昧旦，信尧心而禹勤。史奉载耜之礼，民奏举趾之歌。”

四、小结

统观汉魏六朝的耕藉赋，除潘岳之作幸为《文选》收录保存完整外，其余四篇均严重残缺，但从这些或全或残的篇章中，我们可以了解到耕藉赋的创作模式：作者围绕天子举行的藉田典礼，描写这一仪式的全过程，包括帝王出行、亲躬于田、祭祀祈福等环节，从而表达了作者对皇帝藉田的歌颂赞美。耕藉作为一国之重要典制，具有劝率天下、勉励务农的重大意义，这从根本上奠定了此类赋的基调，即以颂为主，宣扬农本思想。

《文选》十五类赋中设立“耕藉”一目，体现出编纂者对国家农业的重视。其选录颂扬得体、庄重疏朗的潘岳之赋为此类赋的代表，诚为良举。但是就此类赋作的整体发展而言，恰是宥于上述单一的政治性主题模式，耕藉赋较少吸引大多数赋家关注，作品数量寥若星辰，且少有超越和创新。受这种题材局限性的影响，耕藉赋未能呈现出创作活力，最终只能在停滞中为其他题材赋作所湮没。

第六章
畋猎类

一、“畋猎”类名及溯源

“畋猎”亦称“田猎”，是指由天子主持、士卒参与的大规模狩猎活动。古人寓讲武于畋猎，或曰：“春蒐，夏苗，秋狝，冬狩，皆于农隙以讲事也”[①]；或曰：“天子乃命将帅讲武、习射、御、角力”[②]。可见，“畋猎”不仅仅是供帝王娱乐的游猎行为，其中还具有训练军队、较量武功的意图，是汉大赋的重要题材之一。

“畋猎”这一题材的出现可上溯至《诗经》时代。清程廷祚《骚赋论》云：“《风》之《驷》，《雅》之《车攻》《吉日》，田猎之祖也。”[③]此言甚确。《秦风·驷驖》是一篇专门描写畋猎的诗作，据《汉书·地理志》载，秦人“修习战备，高尚气力，以射猎为先”[④]。全诗曰：

驷驖孔阜，六辔在手。公之媚子，从公于狩。奉时辰牡，辰牡孔硕。公曰左之，舍拔则获。游于北园，四马既闲。輶车鸾镳，载猃歇骄。

---

① 《春秋左传正义》隐公五年，中华书局影印《十三经注疏》1957年版，第141～142页。
② 《礼记·月令》，《礼记正义》，中华书局影印《十三经注疏》1957年版，第821页。
③ 清·程廷祚：《骚赋论》，《金陵丛书》本《青溪集》卷三。
④ 《汉书》卷二十八《地理志》，第1644页。

此诗前四句述写随从秦公前去狩猎，中间四句描写狩猎场面和过程，最后四句则写狩猎完毕后的轻松游玩。虽篇幅简短，却层次分明，此诗首开畋猎题材的先河，是后世畋猎赋的先导。

《小雅》中的《车攻》和《吉日》在内容上都是对周宣王畋猎活动的描写。《吉日》分四章，前两章叙写猎前的准备，后两章叙写狩猎的过程。《车攻》一诗先叙述修整车马和打猎目的，然后叙写参加会同的诸侯以及他们的服饰位次、射箭工具、射御技术、射毕收获，最后赞美了周宣王会同诸侯的成功。虽内容繁多，但语言浓缩，形象生动。两诗一写东都，一写西都，并突显了颂美意旨，诚如朱熹《诗集传》云："《车攻》《吉日》所以复古者，何也？盖蒐猎之礼，可以见王赋之复焉，可以见君实之盛焉，可以见师律之严焉，可以见上下之情焉，可以见综理之周焉。欲明文武之功业者，此亦足以观焉。"[①] 要之，《吉日》《车攻》二诗无论内容主旨抑或形式体制，均为后世司马相如《子虚赋》《上林赋》、扬雄《羽猎赋》《长杨赋》所祖，"所不同的是，在《诗》专为歌颂，在汉赋寓有讽谏；在《诗》为铺陈叙述，势如涓涓小溪，在汉赋则夸张扬厉，实如滔滔江海"[②]。但不管怎样，上述这些诗篇，从题材到方式，都可视为汉代畋猎赋的源头。

较早以畋猎为描写对象的赋作是司马相如《子虚赋》《上林赋》，二赋宏侈巨衍、铺张扬厉，是畋猎赋最高艺术成就的代表，具体探析详见下文。

二、《文选》所录畋猎赋文本释析

《文选》"畋猎"类选赋五篇，其中四篇均录自西汉，即司马相

① 南宋·朱熹：《诗集传》卷十，上海古籍出版社1958年版，第119页。
② 章沧授：《论汉赋与诗经的渊源关系》，载于《安庆师院学报》1990年第2期。

如《子虚赋》《上林赋》、扬雄《羽猎赋》《长杨赋》，相如二赋作为畋猎赋的首创之作，不仅代表畋猎赋创作的最高成就，亦是汉大赋风格得以完全确立的典型。扬雄作品承袭相如赋而来，于铺张扬厉的文风之外又有自己的鲜明特色。最后一篇是西晋潘岳的《射雉赋》，亦有其独特的时代特征和艺术特色。

（一）西汉司马相如《子虚赋》《上林赋》

《子虚赋》《上林赋》是司马相如的代表作之一，不仅首开畋猎赋之先河，亦是汉大赋完全定型的重要作品。

关于《子虚赋》《上林赋》的定名问题，学界一直存在两种说法：一种认为《子虚赋》作于相如游梁之时，而《上林赋》则作于汉武帝召见之日，二赋相距十年之久；另一种说法认为《子虚赋》和《上林赋》是相如为汉武帝创作的《天子游猎赋》的上下篇，而相如游梁时所作的《子虚赋》即《史记》载为武帝称善者当另有其作，非同于《文选》所录的《子虚赋》。山东大学龚克昌先生从赋本身的内容、结构及其创作背景等方面入手，对这一说法进行了翔实可靠的考察论证，笔者今从此说。

就《子虚赋》《上林赋》的内容而言，《史记·司马相如列传》云："相如以子虚，虚言也，为楚称；乌有先生，乌有此事也，为齐难；亡是公者，无是人也，明天子之义。故空藉此三人为辞，以推天子之苑囿。其卒章归之于节俭，因以风谏。"[①] 赋中，作者虚构了三个人物，即子虚、乌有先生和亡是公，它们分别代表楚、齐诸侯国和天子，围绕各自的山林苑囿之丽和畋猎之盛展开相互诘难和议论，最终亡是公大肆铺陈汉天子上林苑的壮丽和天子射猎的盛举，以更为磅礴的气势压倒子虚和乌有先生。最后作者委婉讽谏，主张修明政

① 《史记》卷一百一十七《司马相如列传》，第3002页。

治，提倡节俭。

《子虚赋》开篇写楚使子虚出使来齐，“齐王悉发境内之士，备车骑之众”，举行大规模的畋猎，以便在子虚面前显示齐国的气魄。面对齐国的夸耀，子虚不遗余力地铺叙楚国地域之广大、物产之丰富，如对云梦泽的描写和对楚王畋猎壮观场面的描写，极尽铺张夸饰之能，然而，乌有先生却以齐国的渤澥、孟诸可以“吞若云梦者八九于其胸中，曾不蒂芥”，至于其中的“珍怪鸟兽”，更是“禹不能名，契不能计”，多得“不可胜记”，以压倒楚国。齐、楚二国地域物产的辽阔丰饶和畋猎之盛足让人赞叹不已，目不暇接。接下来的《上林赋》，作者借亡是公之口，批评子虚、乌有先生“不务明君臣之义而正诸侯之礼，徒事争游猎之乐……而足以贬君自损也”，又以“君未睹夫巨丽也”为由，以更加铺排的形式和华丽的辞藻详尽地描绘上林苑的富贵壮丽和天子畋猎的盛况。赋中首先夸耀了上林苑的地域辽阔，接着描写苑中之水，先波浥，次岩拥，次坻壑，又次波沫，依次写来，然后归于无声；随后作者又写水中之鱼龙虾鳖、珍珠宝玉，水畔的各式珍禽，琳琅满目，美不胜收，可谓集天下之所有。写罢水，又写山，作者不单纯突出山之高峻，而是将崇山峻岭和平原广泽穿插起来，形成一幅鸟瞰图。不言而喻，这样一个“视之无端，察之无涯，日出东沼，入乎西彼”的辽旷壮阔地域，是楚国方九百里的云梦泽所难以比拟的。不仅如此，作者还描写了上林苑“弥山跨谷，高廊四注”的离宫别馆，它们不仅构造奇险精巧、装饰华丽，而且夹杂其中的玉石、果品、巨木、香草、奇禽、异兽，其品种之丰富足以包罗天下，囊括四海。写罢上林苑，作者开始描写天子畋猎的壮观场面，天子“乘镂象，六玉虬”，“车骑雷起，殷天动地”，声势浩大可见一斑。“生貔豹，搏豺狼，手熊罴，足野羊，蒙鹖苏，绔白虎，被斑文，跨野马，凌三嵕之危，下碛历之坻，径峻赴险，越壑厉水。椎蜚廉，弄獬豸，格虾蛤，鋋猛氏，羂騕褭，射封豕。箭不苟害，解脰陷脑，弓不虚发，应声而倒。”作者又以浓墨重彩描绘了畋猎场面的慑人心魄和雄奇奔放，相比齐楚诸侯国，这里的畋猎活动俨然是天子代天杀伐的军事演习。作者通过这一畋猎盛况的描写，“将天外与世内、想象与现实联缀融汇在一起，表达了对帝王武功的赞美和权威的敬仰；流溢着豪迈自信、昂扬乐观的情感；表现了对现实世界的热爱和生逢强盛昌明时代的无比骄矜”[①]。接下来，作者又写畋猎完毕之后的歌舞盛宴，“撞千石之钟，立万石之虡”，“奏陶唐氏之舞，听葛天氏之歌，千人唱，万人和；山陵为之震动，川谷为之荡波”。如此宏伟的场面，更是将天子的浩大声威渲染到极致。整篇《上林赋》一浪高过一浪，作者连用七个“于是乎”形容上林苑的繁华、富丽以及天子畋猎的壮观气势，非齐楚诸侯之国所能比。篇末写天子游猎完毕，茫然而思，意识到盛大的游猎宴会场面“此大奢侈”，如此下去会“恐后世靡丽，遂往而不返，非所以为继嗣创业垂统也”。天子幡然省悟，解酒罢猎，崇德尚义，改制利民，按照儒家理想和经典以治天下。作者曲终奏雅，具有一定讽谏之意。

纵观《子虚赋》《上林赋》，相如借写畋猎之题，以穷形尽貌的描写颂扬了汉王朝的强大富庶和天子的显赫威势，表现了鲜明的尊天子抑诸侯的政治思想，并且卒章显志，寓含讽谏。马积高先生评价说，《子虚赋》《上林赋》“反映着皇帝对诸侯的胜利，这就是这两篇赋的主要历史意义”[②]。由此可见，二赋在思想内涵方面具有重要的现实意义。

就艺术表现而言，《子虚赋》和《上林赋》具有如下几个特色：

第一，规模宏大、主客问答的结构体制。《子虚赋》《上林赋》在篇幅字数上已超过枚乘《七发》，由两千三百余字扩充至三千五百

① 康金声：《论汉赋在中国文学史上的地位》，载于《山西大学学报》1991年第3期。

② 马积高：《赋史》，上海古籍出版社1987年版，第75页。

余字，登上西汉时期大赋的顶峰。全篇采用主客问答方式，先是以子虚向乌有先生夸耀楚王云梦泽的广大和畋猎的壮阔，乌有先生则以齐国的形势压倒楚国，继而亡是公出面极力称赞天子上林苑规模的无与伦比，以及惊心动魄的畋猎场面，折服齐、楚，最后归于讽谏，点明题旨。作者精心构制的这一鸿篇巨作，成为汉大赋创作体制仿效的范本，对后世班固《两都》、张衡《二京》具有很大影响。

第二，行文铺张扬厉，气势宏阔。赋中描写山林苑囿极尽铺陈夸张之能事，如写云梦一段，作者先以“方九百里”概括云梦大小，然后以质地分言山、土、石，以方位分言东南西北，南北两处又细别高燥与埤湿、其上与其下四层，对云梦的地理环境做了多角度、多方位的描述。“其山……，其土……，其石……，其东……，其南……，其西……，其中……，其北……，其上……，其下……”，以一种全面的立体的空间视角，将描写对象尽收眼底。而作者对汉天子上林苑的描写更是宏侈巨衍，无以复加。或山峰耸峙，或川流奔涌，或嘉木丛生，或异卉聚集，或珍禽欢舞，或怪兽漫步，或离宫别馆，或畋猎宴饮等，令人神往心悦，目不暇接。例如写苑中林木：“黄甘橙楱，枇杷橪柿，亭柰厚朴，梬枣杨梅，樱桃蒲陶，隐夫薁棣，荅遝离支。”写河禽水族：“蛟龙赤螭，䱭䲛渐离，鰅鳙鰬魠，禺禺魼鳎。”其他如描写玉石、土色等亦采用铺陈手法，诚如程廷祚所云：“总众类而不厌其繁，会群采而不流于靡。”[①] 赋中处处都有排比和对偶的运用，尤其是《上林赋》中以“于是乎”为始的十个排比段，更使赋文获得一种纵横交错的内在张力，给人畅快淋漓之感的同时，渲染了一股磅礴的气势。作者以大为美、以多取胜的这种审美情趣，正是汉王朝在政治经济上升期所产生的以占有和征服为主的时代精神面貌的体现，表现在文学创作中就是“不断要求全面

① 清·程廷祚：《骚赋论》，《金陵丛书》本《青溪集》卷三。

地肯定、歌颂和玩味自己存在的自然环境、山岳江川、宫殿房屋、百土百物以至各种动物对象”①，所以赋中展现出来的是作为征服对象的一个琳琅满目的世界，充满宏大的气势和巨丽之美。

第三，语言瑰美华丽，错落有致。作者善于运用绚美的辞藻，带给人色彩斑斓的视觉感受，如写土，则“丹青赭垩，雌黄白附”；写石，则“赤玉玫瑰，琳珉昆吾”；写水，则“外发芙蓉菱华，内隐巨石白沙”；写树，则“扬翠叶，摇紫茎，发红华，垂朱荣”。这些五彩缤纷、精致入微的色彩描写是赋文语言瑰丽的一个重要体现。又如作者对郑女曼姬的描写：“被阿锡，揄纻缟，杂纤罗，垂雾縠。襞积褰绉，纡徐委曲，郁桡溪谷。衯衯裶裶，扬袘戌削。蜚襳垂髾，扶舆猗靡，翕呷萃蔡。下靡兰蕙，上拂羽盖。错翡翠之威蕤，缪绕玉绥。眇眇忽忽，若神仙之仿佛。”作者以华丽的辞藻描写了曼姬的衣着打扮、体态装饰，形象逼真，惟妙惟肖。在句式上，作者于描写处多用三字、四字和六字，如对天子畋猎场面的描写，三、四句式交叉使用，三言夸饰捕猎方式，四言描绘车骑阵容，齐整中有变化，变化中有齐整，从而使语言产生抑扬顿错的节奏感；叙述时则疏朗宽松，从一字句直至十七字句，长短参差，富于变化。这种错落有致的语言句式，使赋文的节奏疏密相间、浓淡相宜，或急促，或悠扬，具有一定的音乐效果。

综上所述，《子虚赋》和《上林赋》作为畋猎赋的首创之作，堪为其杰出代表。作者以宏大的体制、铺陈的手法和华美的辞藻，展示了天子上林游猎的辽阔壮观和宏伟场面，成为后世畋猎赋作仿效的范本。不仅如此，它们亦是汉大赋体制得以完全确立的典型之作，其铺张扬厉的风格和劝百讽一的特色奠定了汉大赋的创作传统，对后世描写京都、宫殿、畋猎等题材的大赋影响深远，然论规模、气

---

① 李泽厚：《美的历程》，中国社会科学出版社 1984 年版，第 79 页。

魄、辞采、神韵，后世赋作少有兼得者。明王世贞《艺苑卮言》评云：“《子虚》《上林》材极富，辞极丽，而运笔极古雅，精神极流动，意极高，所以不可及也。长沙有其意而无其材，班、张、潘有其材而无其笔，子云有其笔而不得其精神流动处。”[①] 此一评价甚为精妙。

（二）西汉扬雄《羽猎赋》《长杨赋》

继司马相如《子虚赋》《上林赋》之后，扬雄模拟之创作了另外之畋猎赋力作，即《羽猎赋》和《长杨赋》。关于二赋的写作时间，梁章钜《文选旁证》、朱珔《文选集释》、王先谦《汉书补注》、陆侃如《中古文学系年》，皆认为《长杨赋》作于汉成帝元延三年，《羽猎赋》（包括《甘泉赋》《河东赋》）作于元延二年。业师方铭先生在仔细推敲《成帝本纪》和《扬雄传》的基础上，通过翔实精密的考辨，得出《长杨赋》实际作于元延二年，《羽猎赋》以及其他二赋均作于元延元年的结论[②]，甚为可信。

据《汉书·扬雄传》载：“雄少而好学……博览无所不见……先是时，蜀有司马相如，作赋甚弘丽温雅，雄心壮之，每作赋，常拟之以为式。”[③] 扬雄继承了司马相如赋宏侈巨衍的风格，描写帝王畋猎的宏大规模和壮观场面，极尽铺陈夸张之能事，表现出对汉朝强盛局面和帝王雄壮声威的颂扬。如《羽猎赋》，作者首先颂扬了汉天子的富有和尊贵：“丽哉神圣，处于玄宫。富既与地乎作曹，贵正与天乎比崇。齐桓曾不足使扶毂，楚严未足以为骆乘。惬三王之阸僻，峨高举而大兴。历五帝之寥廓，涉三皇之登闳。建道德以为师，友仁义与之为朋。”在作者看来，汉天子富有四海，可与天比高，他

① 明·王世贞著，罗仲鼎校注：《艺苑卮言校注》，齐鲁书社 1992 年版，第 91 页。

② 方铭：《经典与传统：先秦两汉诗赋考论》，人民文学出版社 2003 年版，第 270～274 页。

③ 《汉书》卷八十七《扬雄传》，第 3515 页。

的德行功业不但可以藐视齐桓公、楚庄王，甚至三王五帝也不在话下，只有传说中的三皇才可以作为追求的榜样。接着赋文集中颂美了汉天子畋猎活动的壮观和宏大。其中狩猎场面描写得最为精彩。先写天子仪仗的威风："撞鸿钟，建九旒，六白虎，载灵舆。蚩尤并毂，蒙公先驱。立历天之旂，曳捎星之旃。霹雳烈缺，吐火施鞭。"次写围猎师旅之众："鳞罗布列，攒以龙翰。……洶洶旭旭，天动地岋。羡漫半散，萧条数千里外。"再写驰射的惊险："抛苍豨，跋犀犛，蹶浮麋，斮巨狿，搏玄猨。腾空虚，距连卷，踔夭蟜，娭涧间。莫莫纷纷，山谷为之风猋，林丛为之生尘。及至获夷之徒，蹶松柏，掌蒺藜，猎蒙茏，辚轻飞，履般首，带修蛇，钩赤豹，摼象犀，跇峦阬，超唐陂。"短短一段畋猎过程的描写，随着所猎动物的不同而变换各种不同的动词，令人眼花缭乱，场面亦火爆生动。最后写猎获的丰盛："野尽山穷，囊括其雌雄"，"禽殚中衰"。作者极写场面之宏阔、声势之浩大、名物之丰盛，从中流露出一种恢宏的大汉气象。《长杨赋》对畋猎场面的描写亦惊心动魄，气势壮阔，反映出汉帝国的繁荣昌盛。

扬雄《羽猎赋》《长杨赋》无疑是对司马相如赋的承袭，从而显示了歌功颂德的汉大赋特征。虽然如此，扬雄二赋亦表现出不同于相如赋的独特之处，那便是鲜明的讽谏意图。就《羽猎赋》而言，据《汉书·扬雄传》载："其十二月羽猎，雄从。以为昔在二帝、三王，宫馆台榭，沼池苑囿，林麓薮泽，财足以奉郊庙、御宾客、充庖厨而已。不夺百姓膏腴谷土桑柘之地。……然至羽猎，田车戎马，器械储偫，禁御所营，尚泰奢，丽夸诩，非尧、舜、成汤、文王三驱之意也。又恐后世复修前好，不折中以泉台，故聊因《校猎赋》以风。"[①] 作者认为汉成帝畋猎"尚泰奢，丽夸诩"，不合先王狩猎之

① 《汉书》卷八十七《扬雄传》，第3554页。

礼的本意，同时又担心这种奢侈的畋猎活动为后世所因袭，所以创作《羽猎赋》以起到讽谏的作用。赋中，作者于描写之处杂以微讽，与序文相呼应。如对畋猎范围的划定："御自汧、渭，经营酆、镐。章皇周流，出入日月，天与地沓。"如此广阔的猎场势必占用农民的耕田，而千军万马的畋猎队伍和车骑更是不知耗费多少人力财力，成帝如此奢侈的畋猎活动实在是劳民伤财，作者寓讽于颂，流露出对帝王荒淫无度的不满。此外，赋中又言"鞭洛水之宓妃，饷屈原与彭胥"，盖针对当时赵昭仪之得宠，谏成帝远女色重贤臣，不敢以古代亡国祸水相拟，而以神女宓妃喻之，庶无僭谤之罪，而收谲谏之效。最后帝王意识到畋猎的奢靡，遂下令"养民"，"开禁苑，散公储，创道德之囿，弘仁惠之虞"，终归于修明政治。

与《羽猎赋》相比，《长杨赋》的讽谏意味更浓。《汉书·扬雄传》载：汉成帝欲以禽兽之多夸耀胡人，征调右扶风农民进入南山，张设网罗，捕捉野兽，最后将它们置入射熊馆的网阵中，让胡人搏猎，成帝亲临观焉。"是时，农民不得收敛。雄从至射熊馆，还，上《长杨赋》。聊因笔墨之成文章，故借翰林以为主人，子墨为客卿以风"[①]。作者有感于成帝扰民于农时，遂借《长杨赋》以讽谏。同样都是写帝王畋猎，《长杨赋》已不再像《羽猎赋》那样铺张艳丽地描写狩猎过程，作者没有对畋猎场面做过多描绘，而是设子墨客卿和翰林主人的问答形式，在怀古咏史中运用夹叙夹议手法，对成帝的畋猎活动进行一番评论。作者借子墨客卿对长杨之猎的疑惑"外之则以为娱乐之游，内之则不以为乾豆之事，岂为民乎哉"，婉转地指出长杨畋猎"颇扰于农人"，对成帝提出了批评。接着翰林主人历数高祖开基创业，文帝恭俭守成，武帝平夷靖边，目的在于为成帝树立楷模，或为下文提出"平不肆险，安不忘危"的题旨做铺垫，讽谏

① 《汉书》卷八十七《扬雄传》，第3557页。

的用意十分明显。此赋中没有一字描写畋猎，但处处都是对成帝畋猎之举的批评与否定。尤其文中最后一段“意者”以下的一些文字，议论更为精彩。天子射猎于长杨，并非娱乐，“夸诩众庶”，而是“振师”兵马，检阅武功。表面上是为子墨客卿解惑，实为对提问者的看法做进一步的引申，明确阐发事隆而杀、物盛而亏、平不肆险、安不忘危之理，以讽刺成帝畋猎劳民伤财。这种力图使主、客两面都产生讽谏效果的布局，以及赋中描写篇幅的减少、叙述与议论篇幅的增多，都显示了作者在赋中以讽谏立意的苦心，正如刘勰所评价曰：“子云属意，辞义最深，观其涯度幽远，搜选诡丽，而竭才以钻思，故能理赡而辞坚矣。”[①]

总的来说，扬雄《羽猎赋》《长杨赋》承袭司马相如赋而作，作者描写帝王的畋猎活动，体制规模宏大，铺张扬厉，辞藻华美，展示了汉王朝的强大和昌盛，成为继相如《子虚赋》《上林赋》之后畋猎赋的典型代表，同时又是汉大赋的杰作，故清程廷祚《骚赋论》曰：“子云之《长杨》《羽猎》，家法乎《上林》，而有迅发之气。……大抵汉人之赋，首长卿而翼子云，至是而赋家之能事毕矣。”[②]然而扬雄毕竟处于西汉后期，当时帝王生活极其淫靡腐朽，所以扬雄赋少有相如赋中“包括宇宙”的时代精神和豪迈激情，而多了一些深刻的现实针对性。作品皆“触景为事而作，所谓‘感于哀乐，缘事而发’，立讽谏之旨”[③]，故扬雄赋尤以鲜明的讽谏意图为显著特色，用意深婉。

（三）西晋潘岳《射雉赋》

《射雉赋》是西晋描写射猎题材的名赋，作者在序中交代了作赋

① 《文心雕龙·才略》，范文澜：《文心雕龙注》，第 699 页。
② 清·程廷祚：《骚赋论》，《金陵丛书》本《青溪集》卷三。
③ 方铭：《经典与传统：先秦两汉诗赋考论》人民文学出版社 2003 年版，第 290 页。

缘由，云："余徙家于琅邪，其俗实善射。聊以讲肆之余暇，而习媒翳之事，遂乐而赋之。"所谓"媒翳"，《文选》李善注引徐爰注曰："媒者，少养雉子，至长狎人，能招引野雉，因名曰媒。翳者，所隐以射者也。"[①]赋文以射雉为中心，描写了媒翳的情景，乐趣横生。

作者以"涉青林以游览兮，乐羽族之群飞"开篇，描绘了一幅优美宁静的山林景致："于时青阳告谢，朱明肇授。靡木不滋，无草不茂。初茎蔚其曜新，陈柯槭以改旧。天泱泱以垂云，泉涓涓而吐溜。麦渐渐以擢芒，雉唯唯而朝鸲。"初夏清幽的山林为作者伏击射雉提供了良好环境。接着作者以细腻的笔触描写了媒翳的全过程，其中有对五彩野雉应声而出的细致观察，如："候扇举而清叫，野闻声而应媒。褰微罟以长眺，已踉跄而徐来。摛朱冠之艴赫，敷藻翰之陪鳃。首药绿素，身拖黼绘。青秋莎靡，丹臆兰綷。或蹶或啄，时行时止。班尾扬翘，双角特起。"又有对野雉遭遇陷阱时各种情态的生动描绘：有的落入网罗，"越壑凌岑，飞鸣薄廪。鲸牙低镞，心平望审。毛体摧落，霍若碎锦。逸群之俊，擅场挟两，栎雌妒异，倏来忽往"；有的应声而坠，"鸣雄振羽，依于其冢。捫降丘以驰敌，虽形隐而草动。瞻挺穟之倾掉，意淰跃以振踊"；有的惊警多疑，"亦有目不步体，邪眺旁剔。靡闻而惊，无见自鷩。周环回复，缭绕磐辟。戾翳旋把，萦随所历。彳亍中辍，馥焉中镝。……内无固守，出不交战。来若处子，去如激电"。作者集中大量笔墨描写了张网擒捕的射雉情景，尤其对野雉各种情态的描绘生动逼真。赋末叙写分享猎物之乐以及乐而忘归之趣，但念及老子"驰骋畋猎，令人心发狂"的告诫，终以玩物伤志、君子不为的感慨作结，寓有讽谏的深意。

此赋与汉代传统的畋猎大赋相比，内容和形式具有明显不同。

---

① 唐·李善注：《文选》，第139页。

汉代畋猎赋主要以君主狩猎活动为中心，突显演武之功，并佐以苑囿泽薮和女乐歌舞的铺张描写，衬托声势的浩大、场面的壮观；而此篇《射雉赋》则以个人射猎野禽为主，规模和声势十分弱小，然作为一种充满情趣的佚乐活动，情调格外轻松悠闲。在艺术手法上，作者将写景、咏物、叙事、抒情融为一体，写美景以衬托游猎的欢乐心情，咏禽雉之形色美以烘托射雉的无比乐趣，篇末申老氏之诫，亦情理了然。此赋受魏晋以来咏物抒情小赋的影响，篇幅不长，句式上以四、六言为主，又间以三、七言，灵活多变，抑扬顿错，语言流畅，用字凝练。

总的来说，《射雉赋》在内容风格上与传统畋猎大赋迥然有别，作者匠心独运，写景状物生动细腻，自然真切，为此曾获“射雉郎中”[①] 之美称。清人何焯评价曰：“《射雉赋》极体物之妙，虽长卿为之，亦不过尔。”[②] 作为汉代畋猎大赋发展到两晋时期的一篇优秀之作，《射雉赋》为《文选》收录，亦体现出《文选》编纂者对畋猎赋发展流变的准确把握。

三、汉魏六朝其他畋猎赋特点及流变

通过上文对《文选》所录五篇畋猎赋的分析可知，司马相如和扬雄之作以其铺张扬厉的描写和宏侈巨衍的体制，彰显出汉代强盛的国力和武功，颇有刚健雄豪之气，是汉代畋猎大赋的杰出代表；而潘岳《射雉赋》在内容体制上呈现出传统畋猎大赋在后世的转变，描写生动自然，富有休闲之趣，是魏晋时期畋猎赋的优秀之作。本节将着重考察汉魏六朝其他畋猎赋作。

① 南朝梁·庾信《春赋》，清·严可均：《全后周文》卷八，第3920页。

② 清·李调元.《赋话》引何焯语，中华书局1985年版，第64页。

表 4：汉魏六朝畋猎赋一览

年代	作者	名称	出处	备注
西汉	**司马相如**	**《子虚赋》**	**《文选》卷九**	
西汉	**司马相如**	**《上林赋》**	**《文选》卷九**	
西汉	**扬雄**	**《羽猎赋》**	**《文选》卷九**	
西汉	**扬雄**	**《长杨赋》**	**《文选》卷九**	
东汉	张衡	《羽猎赋》	《全后汉文》卷五十四	残
东汉	应玚	《西狩赋》	《全后汉文》卷四十二	
东汉	应玚	《驰射赋》	《全后汉文》卷四十二	
东汉	应玚	《校猎赋》	《全后汉文》卷四十二	残
东汉	王粲	《羽猎赋》	《全后汉文》卷九十	残
东汉	刘桢	《大阅赋》	《古文苑》卷七王粲《羽猎赋》章樵注引《文章流别论》	存目
东汉	陈琳	《武猎赋》	同上	存目
魏	曹丕	《校猎赋》	《全三国文》卷四	
魏	曹植	《射雉赋》	《全三国文》卷十四	残
西晋	卢谌	《观猎赋》	《全晋文》卷三十四	残
西晋	成公绥	《射兔赋》	《全晋文》卷五十九	残
西晋	夏侯湛	《猎兔赋》	《全晋文》卷六十八	
西晋	夏侯湛	《缴弹赋》	《全晋文》卷六十八	残
西晋	夏侯淳	《驰射赋》	《全晋文》卷六十九	残
西晋	**潘岳**	**《射雉赋》**	**《文选》卷九**	
东晋	曹毗	《马射赋》	《全晋文》卷一百七	残

（一）汉魏时期

畋猎作为汉代大赋的主要题材之一，在西汉取得了很高的艺术成就。司马相如《子虚赋》《上林赋》不仅首开畋猎赋的先河，而且奠定了汉大赋“劝百讽一”的体制传统，对于汉大赋的其他题材诸如京都、苑囿、宫殿等亦具有开拓性的启示。扬雄《羽猎赋》《长杨赋》仿效相如二赋而作，艺术成就也相当高。西汉时期的这四篇畋猎赋，以天子狩猎为中心，又佐以宫殿苑囿、歌舞声乐的铺陈描绘，宏侈巨衍，气势磅礴，显示出汉代蓬勃的气象和帝王的赫赫军威。它们作为此期仅有的畋猎赋，无疑将畋猎赋创作推向了艺术极致，后世同类赋作罕有匹敌，故《文选》将之全部收录，体现出萧统对此四赋的重视。

东汉曹魏时期，畋猎赋创作数量有所增加。据统计，此期畋猎赋共九篇（包括存目）。其中张衡《羽猎赋》是最早的一篇畋猎赋，虽仅存一节，但观其残文可知，作品集中描写皇帝出猎的阵势和打猎的场面，一改西汉畋猎赋的鸿篇巨制而为小制珍品，这一体制上的突破性尝试，对建安、曹魏的畋猎赋创作不无影响。

除张衡《羽猎赋》之外，其余八篇全部出自曹魏集团文士之手。曹氏父子率将领南征北战，在打仗之余，寓讲武于畋猎活动，以起到娱乐修整、演练武功的作用，加之他们对辞赋创作的喜好，故即事命赋的现象时有出现，在这样的风气下，畋猎赋创作较之西汉时期相对繁盛。如《古文苑》卷七王粲《羽猎赋》章樵注引挚虞《文章流别论》曰：“建安中，魏文帝从武帝出猎，赋，命陈琳、王粲、应玚、刘桢并作。琳为《武猎》，粲为《羽猎》，玚为《西狩》，桢为《大阅》，凡此各有所长，粲其最也。”[①] 其时畋猎赋创作盛况可见一斑。然而由于此期社会动荡不安，一些赋作在流传中散佚严重，其中陈琳《武猎赋》、刘桢《大阅赋》仅存篇目，应玚《校猎赋》仅存六句，曹植《射雉赋》仅存三句，其赋作的内容已难以窥知。应玚《西狩赋》、王粲《羽猎赋》和曹丕《校猎赋》保存相对完整，三赋

① 南宋·章樵注：《古文苑》卷七注引挚虞《文章流别论》，《四部丛刊初编》本。

为同题共作，均围绕跟随曹操出猎时的场面和过程来写，主要铺叙曹操出猎车骑的精良、仪仗的整肃，如“部曲按列，什伍相连。跱如丛林，动若崩山。抗冲天之素旄兮，靡格泽之修旃”（曹丕《校猎赋》）；“相公乃乘轻轩，驾四骆，驸流星，属繁弱。选徒命士，咸与竭作。旌旗云扰，锋刃林错。扬晖吐火，曜野蔽泽”（王粲《羽猎赋》），从中表现出狩猎的雄壮气势。不仅如此，三赋还集中描写了狩猎的场面，可谓惊心动魄，地动山摇。如：“尔乃徙舆并兴，方轨连质。惊飙四骇，冲禽惊溢。骋兽塞野，飞鸟蔽日”（应玚《西狩赋》；“山川于是摇荡，草木为之摧拔。禽兽振骇，亡魂气夺。兴头触系，摇足遏挞。陷心裂胃，溃脑破颊”（王粲《羽猎赋》）；“列翠星陈，戎车方毂。风回云转，埃连飙属。雷响震天地，噪声荡山岳”（曹丕《校猎赋》）。三赋通过对场面的铺陈渲染，展示了军威之盛，颂扬了曹操的武功。

汉末曹魏时期的畋猎赋，在内容上直接针对畋猎场面和过程加以铺叙，笔墨相当集中，较之西汉畋猎大赋的宏侈巨衍，篇幅明显缩短，简练活泼，这种体制上的变化与建安的社会环境、文学风尚有关。由于处在天下割据的形势中，曹操举行畋猎活动显然不及汉代大一统的承平局面下天子的奢豪，故而此期的畋猎赋难以达到西汉时的雄伟气势。再者，赋家在戎马倥偬之际，即事作赋，没有更多闲暇时间构制鸿文，所以在描写上相对集中精练，篇幅短小。此外，此期畋猎赋一改以往鸿篇巨制，而以短小灵便之面目出现，亦是建安崇尚自由通脱的文风使然。总的来说，汉末曹魏的畋猎赋大多以曹氏父子出猎活动为中心，集中描写狩猎过程，颂扬曹操的武功，篇幅简短，刚健豪迈，具有鲜明的时代特色；但从内容体制、场面气势上均难以超越西汉畋猎赋所达到的艺术成就，故不为《文选》所重。

（二）两晋南朝时期

追至两晋南朝时期，畋猎赋创作数量日趋减少。据统计，整个两晋南朝时期共有畋猎赋七篇，其中西晋六篇、东晋一篇，而南朝四代无一篇什。除潘岳《射雉赋》为《文选》所录之外，其余六篇分别是：卢谌《观猎赋》、成公绥《射兔赋》、夏侯湛《猎兔赋》《缴弹赋》、夏侯淳《驰射赋》和曹毗《马射赋》。遗憾的是这些赋作几乎全部严重散佚，实难窥知作品全貌，唯有夏侯湛《猎兔赋》保存相对完整。此赋描写猎兔的过程，情节生动有趣，先是于旷野中窥觅野兔的藏身之处，当猎物出现时，乃"弦绝箭激，惊伏并毙"。有的藏匿于洞中，则"拟以锐殳，规以良弓。睹毫末而放镞，乃殪之于窟中"；有的惊蹿逃走，则"马释控以长骋，郁腾虚而陵厉。翕习于回阻之间，绕缭于山泽之际"。作者将猎兔过程中的搜寻、射猎、布网、追踪等描绘得井然有序，又充满休闲的乐趣。最后猎毕而归，抒发"盘迂游田，其乐泄泄"之咏。《猎兔赋》将射猎野兔的过程描写得波澜迭起、妙趣横生，给人身临其境之感，语言流畅，情调轻松。相比《文选》收录的潘岳《射雉赋》，二作有某些相同之处，如射猎对象单一、集中，射猎规模狭小。此外二赋都是一种盘游佚乐活动，短小精悍，风格活泼，充满乐趣。但在艺术表现方面，《射雉赋》结构完整，刻画细致，且写景、叙事、抒情、说理巧妙融合，别具一格；《猎兔赋》难以与之媲美，故《文选》弃之未录。

由于时代环境的不同和文学风尚的转变，两晋时期出现的畋猎赋，在内容体制上较之传统赋作产生了很大变化。作品不再围绕帝王狩猎过程展开铺陈渲染，亦不再颂扬显赫武功；而是以山林中射猎单一小动物为描写对象，侧重景色的渲染、射猎情节的描绘以及猎物情态的刻画，写景、叙事、抒情融为一体，篇幅短小精悍，风格优游自然，这一变化亦是受魏晋以来咏物小赋大量涌现的影响所致。

南朝四代，政局偏安江左，文人士大夫在江南水乡柔美风光的浸染中，形成温婉善感的心态，两汉魏晋的刚健豪壮之气几被湮没。社会精神风貌的变迁，使得充满雄豪气势的畋猎赋创作大为衰落，故南朝时期畋猎赋作完全消失殆尽。

四、小结

全面考察汉魏六朝时期的畋猎赋，有助于加深对《文选》赋设“畋猎”一目及其选文标准的理解。“畋猎”不仅是天子娱乐项目之一，而且寓含讲武之意旨，具有宣上德、通讽喻的社会功用，政治意义重大。《文选》设立“畋猎”一目，正是儒家思想的体现。

作为汉大赋主要题材之一，畋猎赋在西汉一经出现便达到艺术顶峰，尤其是司马相如《子虚赋》《上林赋》，描写天子畋猎之盛，并佐以对宫苑泽薮和女乐歌舞的铺陈，结构宏伟，气势壮阔，二赋既是畋猎题材的首创，又是其典型代表，奠定了汉代畋猎赋的写作传统。随后扬雄仿效创作的《羽猎赋》《长杨赋》亦是鸿裁巨制，艺术成就不凡。《文选》将四作一并收录，足见对其价值和“正宗”的把握与认同。汉末曹魏时期，畋猎赋主要以曹氏父子出猎为中心，颂扬曹操的武功，较之西汉畋猎赋铺张扬厉，描写更为集中，规模明显缩小，篇幅简练，却仍不乏雄豪之气，不过整体艺术成就远不及前代。迨至两晋，由于时代环境和文学风尚的影响，畋猎赋在内容体制上发生很大变化，先前声势浩大的天子帝王游猎活动转为常人射猎的盘游佚乐，磅礴雄豪的气势代之以轻松休闲的情趣，题材对象单一集中，描写刻画生动形象成为此期畋猎赋的全新特点，这当是传统畋猎大赋在衰落中寻求新变的结果。《文选》于此期收录潘岳《射雉赋》，恰恰体现出萧统对畋猎赋这一流变脉搏的全面审视和精准把握。而到了南朝时期，社会精神风貌的进一步变迁使得畋猎赋创作无回天之力，自此在赋坛完全消失。

第七章

纪行类

一、“纪行”类名及溯源

“纪行”，即纪征述行，指作者历叙长征远行途中的所见所感，并抒怀写志。《文选》赋别立“纪行”一目，刘勰称之为“述行”，大体上意思相同。

关于纪行题材写作的结构方式，其源可溯至屈原《九章》中《涉江》《哀郢》等楚骚作品。清人蒋骥云：“《涉江》《哀郢》皆顷襄时放于江南所作。然《哀郢》发郢而至陵阳，皆自西徂东；《涉江》从鄂渚入溆浦，乃自东北往西南。”[①]两篇作品以地点为线索，记叙了作者流放沅湘时途中的经历。作者以空间关系为枢纽，根据行踪的变化，于不同的地点描写不同的所见所感，或借古讽今，或以景托情，借此抒发了眷恋故国、感伤境遇、忧时伤世的复杂沉痛感情，具有强烈的现实精神。《涉江》《哀郢》无论在题材内容、结构方式还是情感抒发方面对后来的纪行赋都产生了很大影响，可谓纪行赋之滥觞。

现存最早的纪行赋是西汉刘歆的《遂初赋》。《古文苑》取《汉书·刘歆传》为之序曰：“歆好《左氏春秋》，欲立于学官，诸儒不

① 清·蒋骥：《山带阁注楚辞》，上海古籍出版社1984年版，第117页。

听，歆乃移书太常，责让深切，为大臣非疾，求出补吏，徙五原太守。歆以议论见排摈，意志不得，之官，经历故晋之域，感今思古，遂作斯赋，以叹征事而寄己意。”① 此赋是汉哀帝时作者从长安出任五原太守时所作，赋名“遂初”，取作品开头“昔遂初之显禄兮，遭阊阖之开通”之“遂初”二字。赋文以一路征行为线索，既有对初仕显贵的追忆，也有对沿途景物的描写，并历叙所经之地的历史掌故，尤其是故晋之地的历史，慨叹晋自翦公族，以至亡国。作者感古思今，讽喻时事，抒发了身为王族而遭摈的愤慨。

《遂初赋》以骚体成文，结构上略仿《涉江》《哀郢》，但与《涉江》《哀郢》不同，《遂初赋》不仅记下所历之地，而且大量列举所历之地的历史掌故，故《文心雕龙·事类》称：“刘歆《遂初赋》，历叙于纪传。”② 当时的西汉王朝已是大权旁落，朝政多失，赋中所举有关朝政治乱兴亡的掌故，如周族兴衰和晋国平公以后的一系列事件，体现出作者讽喻时事之意，且语含身世不平之感，从而增强了作品的历史文化内涵和抒情深度。《遂初赋》以征行为线索，铺陈故地史实并描写沿途风景，历举各地掌故以讽喻时事，拓展了《涉江》《哀郢》纪行题材楚骚作品的表现内容，开创了纪行赋咏史抒怀的写作模式和特征，其后班彪《北征赋》、班昭《东征赋》、蔡邕《述行赋》等作，均与之一脉相承。

二、《文选》所录纪行赋文本释析

《文选》“纪行”类选赋三篇，即东汉班彪的《北征赋》、其女班昭的《东征赋》和西晋潘岳的《西征赋》。三赋在赋题上均突显出

① 费振刚：《全汉赋》，北京大学出版社1993版，第231页。
② 《文心雕龙·事类》，范文澜：《文心雕龙注》，第615页。

一个“征”字，“征”即长行、远行的意思，内容上都是以征行为线索，历叙所经之地的人文地理和历史掌故，并抒发情思和感慨。在具体的艺术表现上，三篇赋作均有其独特之处，是当时纪行赋的典型代表。尤其是潘岳《西征赋》，以其宏大的体制、完善的结构、精妙的议论和广博的历史内容，将纪行赋的创作推向了顶峰。

（一）东汉班彪《北征赋》

《北征赋》之作，据《文选》李善注引挚虞《文章流别论》曰：“更始时，班彪避难凉州，发长安至安定，作《北征赋》也。”[①] 观《后汉书》本传载：“彪性沈重好古。年二十余，更始败，三辅大乱。时隗嚣拥众天水，彪乃避难从之。”[②] 由此可知李善注引确属可信。

《北征赋》开篇亦交代了此赋的写作背景：

余遭世之颠覆兮，罹填塞之厄灾。旧室灭以丘虚兮，曾不得乎少留。遂奋袂以北征兮，超绝迹而远游。

作者从长安北行，经云阳、栒邑、义渠、泥阳等周秦故地到达安定，历叙了征行途中的所见所感，以史家的眼光，颂美历代圣帝贤臣之仁德，抨击昏君奸臣的罪状，慨叹战乱给国家带来的灾难。全篇吊古评史，旨在“达人从事，有仪则兮”“君子履信，无不居兮”，并在身世之感中对历史和现实进行了深切反思——“夫何阴曀之不阳兮，嗟久失其平度。谅时运之所为兮，永伊郁其谁诉？”作者将战乱归于时运，表达了“哀生民之多艰”的淑世情怀。

《北征赋》承续了刘歆《遂初赋》咏史抒怀的写作传统，将征史之论与自身感时伤世之情融合在一起，无论是对所经之地古人古事的议论，还是对所经之地的风物人情的描绘，都包含着一名乱世文人的情思和感慨。

---

① 唐·李善注：《文选》，第 142 页。

② 《后汉书》卷四十《班彪传》，第 1323 页。

此赋大体采用骚体之法，其间杂入一些整齐的散句或偶句，笔调深沉婉转。作者尤善于以客观景物来烘托情怀，使抒情色彩更加强烈。如：

跻高平而周览，望山谷之嵯峨，野萧条以莽荡，迥千里而无家。风猋发以漂遥兮，谷水灌以扬波。飞云雾之杳杳，涉积雪之皑皑，雁邕邕以群翔兮，鹍鸡鸣以哜哜。……抚长剑而慨息，泣涟落而霑衣。揽余涕以于邑兮，哀民生之多故。

山谷嵯峨，荒野萧条，千里不见人烟，飘摇的寒风、扬波的涧水、杳杳的云雾、皑皑的白雪，以及飞翔鸣叫的飞禽，这些景物交织出来的凄凉悲哀的情调，烘托出作者背井离乡、感时伤世的悲怆情怀，抒情意味浓烈。《北征赋》在抒情特色之外，其对所经之地历史所发表的议论，如“忿戎王之淫狡，秽宣后之失贞，嘉秦昭之讨贼，赫斯怒以北征”，具有鲜明的史论性质。不仅如此，其篇尾的乱辞部分，亦表现出与骚体乱辞注重抒情的不同，突出了理性色彩。可以说《北征赋》增强了骚体赋在抒情之外的议论、说理功能，并将议论、说理与描写、抒情有机融为一体，大大扩充了骚体赋的表现内容。浦铣《复小斋赋话》卷下云：“妙在有议论，有断制，不则，一篇‘述征记’，有何意味？”[①] 恰当地点出了《北征赋》的独特之处。

总体说来，班彪《北征赋》体制精悍，结构紧密，用语典雅，赋文兼有描写、议论、说理，夹叙夹议，又不失浓郁的抒情意味，在艺术表现方面较之《遂初赋》更胜一筹。

（二）东汉班昭《东征赋》

班昭乃班彪之女、班固之妹，嫁同郡曹世叔，早寡。《后汉书》本传称其“博学高才”，常入宫授皇后嫔妃之学，号为“曹大家”。

① 清·浦铣：《复小斋赋话》，浦铣著，何新文、陆成文校证：《历代赋话校证》，上海古籍出版社 2007 年版，第 401 页。

班固著《汉书》未成而卒，班昭续之。此外班昭还为其兄《幽通赋》作注，并撰写了古代女教的开山之作——《女诫》，讲述儒家礼教约束下的女子处世之道。

班昭作《东征赋》，《文选》李善注引《曹大家集》曰："子谷为陈留长，大家随至官，作《东征赋》。"① 可见，此赋是班昭之子为陈留郡长时，班昭随行赴任所作。其在赋文开篇云："惟永初之有七兮，余随子乎东征。时孟春之吉日兮，撰良辰而将行。"交代了此赋的写作时间，即汉安帝永初七年孟春，距其父班彪作《北征赋》近九十年。至于此赋的内容正如李善注引《文章流别论》所云："发洛至陈留，述所经历也。"② 作品叙述了自京城去陈留途中的所见所感，一方面抒写了作者去国怀乡的惆怅情怀，"遂去故而就新兮，志怆恨而怀悲，明发曙而不寐兮，心迟迟而有违"；另一方面也记叙了所经战乱之地黎庶遭受的灾难，"睹蒲城之丘墟兮，生荆棘之榛榛"，以及对沿途景物所触发的思古幽情，赞扬了古代圣贤如子路和蘧瑗的功德。最后以乱辞做结，表达了作者"正身履道""清静少欲"的处身态度。

班昭《东征赋》以征行之地为线索，感古思今，抒发情志，在体制上直效其父《西征赋》，采用骚体句式，篇幅短小，结构紧凑。相比班彪作《东征赋》时的动荡时局，班昭《东征赋》作于东汉时期的承平之世，虽然所经之地仍有战乱遗留的满目疮痍，但作者在赋中表露更多的是离开京城故地的惆怅之情，以及对所经之地古代圣贤仁德的赞颂，其对历史的反思不及《北征赋》的悲慨沉郁、厚重深刻，而且内容亦略显狭窄。然而《东征赋》在情感的表达上，朴实直率，不假雕饰。如："明发曙而不寐兮，心迟迟而有违。酌樽酒以驰念兮，喟抑情而自非。"这种极其自然坦率的叙述，把去国怀

① 唐·李善注：《文选》，第 144 页。
② 唐·李善注：《文选》，第 144 页。

乡之情描摹得十分真切。又如："怅容与而久驻兮，忘日夕而将昏，到长垣之境界，察农野之居民。睹蒲城之丘墟兮，生荆棘之榛榛。"这种自然景象的随意点染，于字里行间流露出对百姓的关切和对荒凉景物的惆怅之情。李炳海先生将其与《北征赋》比较，称"《东征赋》的感情描写更为细腻，作者把内心的矛盾和苦闷曲折而真实地反映出来，强自开解而又无可奈何，低徊往复"[①]，这一评价十分精确。作者信奉儒家礼教思想，正如其写的《女诫》一样，"有助内训"，不越儒家圣人礼教范围。故作者在赋中的这种情感表达方式，亦受此影响，不越儒家中正平和之大防。《文选》选录此赋，想必与班昭以固守的儒家思想来约束情感的抒发，使之合乎礼教有很大关系。

班昭《东征赋》体制精小，结构清晰，语言典雅，抒情回环细腻，言志婉转含蓄，实为纪行赋作之佳篇。

（三）西晋潘岳《西征赋》

潘岳《西征赋》是一篇体制宏大的优秀纪行赋作。关于此赋的创作背景，据《晋书》本传载：

杨骏辅政，高选吏佐，引岳为太傅主簿。骏诛，除名。……未几，选为长安令，作《西征赋》，述所经人物山水，文清旨诣。[②]

由史传记载可知，潘岳在经历了西晋宫廷内部残酷的权力斗争后，几遭连坐，终因旧友援救幸免于难，并复被任用为长安令。《西征赋》即作于潘岳自洛阳赴任长安令时，叙写了作者由洛阳至长安途中的所见所感。

作者在赋文开头叙述自己赴任长安令的背景，并抒写了去国怀乡之情，而此前遭遇的险恶的朝廷政变仍使其心有余悸，感慨良多：

---

① 李炳海：《中国文学史》(第二编)，高等教育出版社 1999 年版，第 247 页。

② 《晋书》卷五十五《潘岳传》，第 1504 页。

危素卵之累壳，深玄燕之巢幕。心战惧以兢悚，如临深而履薄。夕获归于外，宵未中而难作。非择木以栖集，鲜林焚而鸟存。

在经历了一场政治流血争斗之后，作者内心产生强烈震撼，命运难卜的悲凉、既往反思的危惧，使作者对社会历史人生有了更加深刻的体会和感受。接下来，作者思接千载，因地怀古，对所经之地的历史人物和事件进行评述。洛阳至长安一线，曾相继为周秦汉魏的统治中心，活动和产生于这一地域的历史人物和历史事件数不胜数，从而给作者提供了丰富的创作素材，加之作者广博的才学及当时悲苦易感的心境，作者列述所经之地七十余处，涉及历史人物和历史事件一百余个。如经西周王都叙周代之兴亡，过渑池颂蔺相如之智勇，登崤坂忆蹇叔之深识，蹑函谷叙秦凭天险称霸，至鸿门赞张良之谋略、樊哙之豪壮，至长安述西汉人才会集之盛。与此同时，全赋亦不乏对自然景色的描绘。如绘写长安一段，既写沃野千里、华实纷富的外部环境特征和地理风貌，又写城内街里萧条、宫殿涤荡的冷落境况。大凡足之所涉、目之所见、史之所有，几乎都被包罗于作者笔下，如此丰富的内容，臻于历代纪行赋之巅峰。尤其是通过对历代兴衰和人物得失的评价咏叹，最后作者提出了“积德延祚，莫二其一”的治国思想，并且表示了“杖信则莫不用情，无欲则赏之不窃”的为政态度。

《西征赋》以作者的行踪为线索，将浩繁纷杂的历史人物和历史事迹有机结合，“在抚今追昔、吊古评史时，增加了对沿途风景的描摹，使历史与现实的时空显得更为开阔”[①]。作者或就某一人物做精要的剖析，或对某类史实做概括的评议，其中穿插对关中山川风物的描绘，以及对古人古事寄发的感触。虽赓续前代班彪《北征赋》、班昭《东征赋》的写作传统，但体制更为宏巨，所叙人物事迹更为

① 曹虹：《中国辞赋源流综论》，中华书局2005年版，第43页。

广博，展示出一幅以关中古道为中心的历史画卷。《西征赋》在艺术表现上成就甚高，对历史事件的精妙议论便是其一大特色，如：作者行经杜邮故地，叙述秦国大将白起被昭王及谗臣逼死的事件后，发表议论曰“嗟主暗而臣嫉，祸于何而不有”；行经函谷关险隘，叙述战国时关东六国联军叩关攻秦终无所作为的史事后，又评价道“岂地势之安危，信人事之否泰”，言简意赅，见解精当。清人何焯为此称《西征赋》“谓之史断亦可”[①]。不仅如此，作者在评价历史事件和人物时常常运用感叹之词加以点染，如“愍汉氏之剥乱”“痛百僚之勤王”“升曲沃而惆怅”等，简洁的字眼中包含强烈的感情色彩，抒情意味浓厚。

另一方面，《西征赋》在结构形式上亦独具匠心。作者以纵横千里为经、上下千年为纬，有意识地将时间与空间、历史与地理融于同一叙述结构中，使其极具伸缩性和涵括量。与此同时，在叙述历史兴亡、成败、善恶的不同内容中，作者巧妙运用不同的语调形式，使层次转变富于变化，跌宕多姿，消融了庞大结构框架的板重和人为束缚。《西征赋》这种精密完善的结构形式，在纪行赋中可谓独树一帜。同时，《西征赋》语言轻敏流畅，时而婉转切情，时而又慷慨深切，句式方面于流丽的散句之中贯以大量的骈俪之言，参差错落，亦显示出自己的特色。

总体来说，《西征赋》洋洋五千余言，体制庞大，结构绵密，线索连贯而清晰，论述宏博而细致，笔调深沉而富有变化，历史画面壮阔，语言生动流畅。《晋书》本传称赞此赋“文清旨诣”，《文心雕龙·才略》亦评价曰：“辞自和畅，钟美于《西征》。”[②]可知，《西征赋》确为纪行赋的一篇伟构，标志着纪行类赋作已臻化境。

---

① 清·于光华：《重订昭明文选集评》卷二引何焯语，清嘉庆十一年怀德堂刻本。

② 《文心雕龙·才略》，范文澜：《文心雕龙注》，第700页。

三、汉魏六朝其他纪行赋特点及流变

行文至此，为梳理纪行赋的发展流变，总结其时代特征，特将汉魏六朝纪行赋胪列于次：

表5：汉魏六朝纪行赋一览

年代	作者	名称	出处	备注
西汉	刘歆	《遂初赋》	《全汉文》卷四十	
东汉	**班彪**	**《北征赋》**	**《文选》卷九**	
东汉	**班昭**	**《东征赋》**	**《文选》卷九**	
东汉	应玚	《撰征赋》	《全后汉文》卷四十二	残
东汉	应玚	《西征赋》	《全后汉文》卷四十二	残
东汉	崔骃	《大将军西征赋》	《全后汉文》卷四十四	残
东汉	杨修	《出征赋》	《全后汉文》卷五十一	残
东汉	葛龚	《遂初赋》	《全后汉文》卷五十六	残
东汉	蔡邕	《述行赋》	《全后汉文》卷六十九	残
东汉	王粲	《初征赋》	《全后汉文》卷九十	残
东汉	王粲	《述征赋》	《全晋文》卷一百二陆云《与兄平原书》	存目
东汉	阮瑀	《纪征赋》	《全后汉文》卷九十三	残
东汉	徐干	《序征赋》	《全后汉文》卷九十三	残
东汉	徐干	《西征赋》	《全后汉文》卷九十三	残
东汉	繁钦	《征天山赋》	《全后汉文》卷九十三	残
东汉	繁钦	《述征赋》	《全后汉文》卷九十三	残
东汉	繁钦	《述行赋》	《全后汉文》卷九十三	残
东汉	繁钦	《避地赋》	《全后汉文》卷九十三	残
东汉	崔琰	《述初赋》	《全后汉文》卷九十四	残
魏	曹丕	《述征赋》	《全三国文》卷四	残

（续表）

年代	作者	名称	出处	备注
魏	曹植	《述征赋》	《全三国文》卷十三	残
魏	曹植	《述行赋》	《全三国文》卷十三	残
魏	曹植	《东征赋》	《全三国文》卷十三	残
西晋	卢谌	《征艰赋》	《全晋文》卷三十四	残
西晋	傅玄	《叙行赋》	《全晋文》卷四十五	残
西晋	袁宏	《东征赋》	《全晋文》卷五十七	残
西晋	袁宏	《北征赋》	《全晋文》卷五十七	残
西晋	孙绰	《遂初赋》	《全晋文》卷六十一	残
西晋	张载	《叙行赋》	《全晋文》卷八十五	
西晋	**潘岳**	**《西征赋》**	**《文选》卷十**	
西晋	陆云	《南征赋》	《全晋文》卷一百	残
宋	傅亮	《征思赋》	《全宋文》卷二十六	残
宋	谢灵运	《撰征赋》	《全宋文》卷三十	残
宋	谢灵运	《归途赋》	《全宋文》卷三十	
梁	萧纲	《述羁赋》	《全梁文》卷八	残
梁	沈约	《愍途赋》	《全梁文》卷二十五	
梁	江淹	《去故乡赋》	《全梁文》卷三十三	
梁	丘迟	《还林赋》	《全梁文》卷五十六	
梁	张缵	《南征赋》	《全梁文》卷六十四	残

（一）汉魏时期

据上表统计可知，现存汉魏时期的纪行赋作（包括残篇、存目）共二十三篇，其中西汉一篇，即刘歆《遂初赋》；东汉有十八篇之多；曹魏四篇。

纪行这一题材由西汉后期刘歆创作《遂初赋》首发其端，以征行为线索，叙写所经地域之历史掌故，并描绘沿途自然风景，“历叙于纪传”，感古思今，开创了纪行赋咏史抒怀的写作模式。在东汉的纪行赋中，蔡邕《述行赋》也较为重要。作者记叙了自己从陈留至偃师途中的见闻感受，结合所经之处的有关历史故事，揭露并抨击了东汉后期腐败的政治现实与统治阶级上层的骄奢荒淫，体现出强烈的现实批评精神。顾农先生说：“《述行赋》直接写到作者对社会问题的观感，特别是相当尖锐地写到民间的疾苦，因而在中国赋史上具有重大的意义。”与班彪、班昭的纪行赋相比，其“怀古的比重已有所减少，直接反映现实生活的笔墨则有所增加，使辞赋因贴近社会现实生活而恢复了它的生机，而且抒情意味十分浓厚”。[①]蔡邕《述行赋》直接批判当时的社会现实，用词沉痛激切，在萧统看来似不合温柔敦厚传统，故不被选录。但它以现实生活为铺叙的主要内容，在纪行题材的赋作中明显具有新的色彩，并对后世纪行赋产生影响，这是它的价值所在。

建安至曹魏时期，出现大量以军旅行役为题材的纪行赋作。据统计，此期创作军旅纪行赋的作家有十一人，赋作达十九篇，如应玚《撰征赋》、杨修《出征赋》、王粲《初征赋》、徐干《序征赋》《西征赋》、阮瑀《纪征赋》、繁钦《述征赋》《述行赋》、曹丕《述征赋》、曹植《述征赋》《述行赋》《东征赋》等，其数量之多丰富了纪行赋的创作，同时也拓展了纪行赋的体制内容。

此期军旅纪行赋的产生及创作繁荣，与当时的时代背景密不可分。建安时期，时局动荡，政治军事斗争尖锐，赋家忧患时事，而少发幽古之思，对历史的反思被直面社会现实所取代，因此整个建安时期没有一篇以咏史抒怀为主的传统纪行赋出现。随着赋家陆续

① 顾农：《蔡邕论》，载于《扬州师院学报》1994年第1期。

为曹操所用，并随之南征北战，军事斗争成为他们的政治生活内容之一，所以以军旅行役为题材的纪行赋便应运而生了。加之曹氏父子对赋体文学的爱好和提倡，以及建安赋家同题共作的创作习惯，军旅纪行赋繁荣一时。

然而，令人惋惜的是，这些产生于戎马倥偬战乱年代的赋作大都散佚残缺，窥其残篇可知，此类赋大多通过军队征途情况的描写，展示军容军威，表现对一方之主的颂扬，场面壮阔，气概昂扬，抒发了作者建功立业和统一祖国的豪迈情怀。如曹丕《述征赋》写建安十三年随曹操南征荆楚之行，其描写行军场面：“伐灵鼓之硼隐兮，建长旗之飘摇，跃甲卒之皓旰，驰万骑之浏浏。”作者在壮观的场面中寄托了豪情壮志。又如曹植《东征赋》，作者在留守城邑未能随军的情况下，发挥丰富的想象，铺叙威武之师一路征行的情状，“想见振旅之盛”，极写锐不可当的强大军事阵容，表达了“神武一举，东夷必克”的必胜信心。

整体观之，汉魏时期的纪行赋作在题材内容上可分为两类：一是刘歆开创的“历叙于纪传”咏史抒怀纪行赋，经班彪、班昭、蔡邕承绪扬波。尤其是班彪和班昭两篇赋作，以其出色的艺术表现手法奠定了纪行赋的写作体式，即以征行为线索，历叙所经之地的历史掌故，描绘沿途风景，感古思今抒发情志，并运用骚体之法，融叙事、描写、议论、说理、抒情为一体，这类作品可以看作是纪行赋的传统“正体”。另一种是以描写军事行役为题材的纪行赋，即军旅纪行赋，此类纪行赋的产生发展深受建安时代战乱的影响，其基本特征大体上是描写征战行役的壮阔场面，侧重气势的渲染，展示军队神威，以表达豪迈情怀，颇能反映建安的时代精神，体制上大都篇幅短小，描写较为集中，这类作品较之传统的纪行赋可以看作是“变体”。

（二）两晋南朝时期

汉魏时期纪行赋的创作处于开端阶段，其内容和体制尚待进一步的拓展。迨至两晋南朝，纪行赋迎来了创作上的成熟期。

六朝时期，诸代文宗、才俊之士涉足纪行赋的创作，名篇佳作不断涌现。据笔者统计，现存六朝时期的纪行赋有十六篇，其中两晋时期八篇、南朝宋三篇、南朝梁五篇。此期的纪行赋内容丰富，体制宏大，题材上既有对汉魏咏史纪行赋和军旅纪行赋的继承，又有各种写景抒情纪行赋的新开创。

咏史抒怀的传统纪行赋在六朝受到名家高手的重视，名篇巨著接踵问世。整个两晋南朝时期有此类纪行赋九篇，除潘岳《西征赋》为《文选》收录保存完整外，其中保存相对完整或影响较大的有袁宏《北征赋》《东征赋》、张载《叙行赋》、谢灵运《撰征赋》和张缵《南征赋》，其余如卢谌《征艰赋》、傅玄《叙行赋》、孙绰《遂初赋》等，俱仅残存数句，难窥全貌。

袁宏以文章称美于世，其《北征赋》，史传和《世说新语·文学》均有时人推重的记载，认为“此赋方传千载”，为其“文之高者”[①]。可惜现存仅见两节残文，咏孔子绝笔于获麟，赞叹其忧时伤世之情怀，但不脱借征行之地咏史抒怀的传统体式。《东征赋》保存亦不完整，此赋叙写作者东行路上过武昌、登樊山、访遗老，集中咏颂吴越之地立国兴霸的诸代贤君良臣。作者统览古今，称颂先贤与赞扬东晋开国功臣相结合，通融古今，颂扬了江南悠久历史文化和济济人才，为东晋立国树立信心。据史传和《世说新语·文学》载，桓彝之子桓温和陶侃之子胡奴，都曾因《东征赋》未将他们的父祖列于过江诸名臣中，而向袁宏表示强烈不满，反映出时人对“历叙于纪传”之纪行赋内容的重视。

① 《世说新语·文学》，余嘉锡：《世说新语笺疏》，第320页。

张载《叙行赋》作于晋太康初至蜀省父途中，赋文描写了从京城至蜀郡的所见所感，前半部侧重记叙所经之地的历史掌故，如：践周墟而述楚王问九鼎，过二崤而“想姬文之避雨”，出潼关至龙门而追忆大禹治水之艰辛。后半部主要描写沿途的自然景观：景美则卉木璀错，长松青青；路险则绝崖悬阁，壁立切天；景欢则山鸡晨鸣，玄猿夜吟；景奇则峻山峥嵘，青天如带。景致层层迭现，美不胜收，表现出作者探父的欣喜之情。结构清晰，语言简洁流畅。

谢灵运《撰征赋》是南朝纪行赋的长篇巨制。此赋记叙了晋义熙十二年冬，作者奉命自建康至彭城慰劳刘裕北伐大军路上的所见所感。历叙所经之地的历史和人物，尤以晋事为主，一方面将歌颂时俊与赞美先贤相结合，以史迹衬托时事，歌颂了刘裕的功德；另一方面，作者在记叙历史掌故，评价历史人物中，追述了自己先祖的显赫功业和不朽美德，表现了对祖德家风的自豪和赞叹。此赋在构思上基本沿袭潘岳《西征赋》，但侧重描写时事，抒发了对北伐节节胜利的欣喜之情，赋末寄托了对东晋王室的讽谏和希望。作者对此赋相当重视，认为“俾事运迁谢，托此不朽”[①]。然而，此赋虽然在体制内容上更加丰富，但在结构安排、议论风格和语言技巧等方面却略逊色于《西征赋》，不过在南朝时期的纪行赋中仍属佳作。

张缵《南征赋》亦是一篇纪行大赋，《梁书》本传载：“大同九年，为使持节，都督湘桂南宁三州诸军事，湘州刺史，述职经途，乃作《南征赋》。”[②]此赋记叙作者从建康到湘州赴任途中的所见所感。作者溯长江而上达于长沙，江湘名城皆所经历，故东吴、东晋下迄齐、梁的许多史实和人物都包罗于赋中。作品开篇以“人之寓于宇宙也，何异夫栖蜗之争战”的感叹领起，次言“追晋氏”“访遗迹兮宣武”“挟仲谋之雄气”，作者行走在江湘大地，所经地域的历

---

① 《宋书》卷六十七《谢灵运传》，第1744页。

② 《梁书》卷三十四《张缵传》，第494页。

史事迹和历史人物皆荟萃于笔端，如追溯吴越争霸、三国鼎立、东晋建国等，咏叹孙权和周瑜、刘备和孔明的佳话美谈，赞贾谊之才识，叹屈原之忠直等。作品在叙江南历史的同时，亦有对自然山水的描写，咏史与写景结合，从而展示了江南深厚的历史文化，表达了对本朝历史地理的赞美以及报效君主的信念。此赋构思亦与潘岳《西征赋》大体相同，但在思想内涵上多以颂美为重，所叙史事，仅做一般之议论，并无深刻寄寓。但值得称道的是，此赋语言多用四字，颇显四言典雅庄重之意，在纪行赋中颇具特色。

纵览南朝时期咏史纪行赋，在继承两汉咏史抒怀题材和体制的基础上，又有新的开拓和发展。它们普遍篇幅宏大，内容丰富，时空纵横，在对事迹的叙述中，或发表议论，或描绘风景，或参照时事，或追慕祖德，或表达赞颂……咏史、记叙、议论、写景、抒情高度融合。相比两汉时期运用骚体之法，咏史抒情的单一体式和内容，此期纪行赋在巨大的篇幅中包罗了更加广博的历史内涵和时代精神，结构完善，形式多样，议论充分，历史感十分厚重，充分显示了咏史纪行赋的发展活力。

关于军旅题材纪行赋，此期仅陆云《南征赋》一篇。赋序曰：太安二年八月，羊玄之作乱，天子蒙难在外，大将军奉命征讨，四方义军云集，众以百万，“于是美义征之举，壮师徒之盛，乃作《南征赋》，以扬匡霸之勋”。此赋描写了南征义军一路征行情况，至朝歌安营扎寨进行军演的场景，作者极写军队浩大声势、赫赫声威，场面壮阔，气势雄伟，表达了对“义征之举”的歌颂和克敌制胜的信心。《南征赋》通过整肃威武的军行场面的铺叙和气势壮阔的军事演习活动的描写，表现了对武功的积极颂扬。相比建安时期军旅纪行赋，此赋在题材和构思上并无新意，但与建安赋的短小体制相比，规模更大，气势更壮观，描写也更震撼，是军旅纪行赋中的鸿篇巨制。

南朝时期，纪行赋在咏史题材和军旅题材的基础上出现了新的突破，产生了以描写征途中的山水自然景物为主，从而借此抒发个人情思的一类纪行赋，可称之为写景抒情纪行赋。据统计，南朝时期，此类写景抒情纪行赋有六篇，其中宋两篇，即傅亮《征思赋》、谢灵运《归途赋》；梁四篇，即简文帝萧纲《述羁赋》、沈约《愍途赋》、江淹《去故乡赋》、丘迟《还林赋》。由于题材内容的创新，此类纪行赋表现出独特的风貌。

谢灵运《归途赋》叙写辞官归隐路中的所见所感，其赋序曰："今量分告退，反身草泽，经途履运，用感其心。"作品主要描绘沿途所见的秀美景色，如：

观鸟候风，望景测圆。背海向溪，乘潮傍山。凄凄送归，愍愍告旋。……云上腾而雁翔，霜下沦而草腓。含阴漠之旧浦，去阳景之芳蕤。林承风而飘落，水鉴月而含辉。发青田之枉渚，逗白岸之空亭。路威夷而诡状，山侧背而易形。

作者通过对山水景致的细致描绘，表达了对大自然的赞美，流露出归途中轻松喜悦的心情。其中"漾百里之清潭，见千仞之孤石，历古今而长在，经盛衰而不易"一句，传达出作者对人生的独特感受，颇具哲思。赋文全用偶句，语言清新自然。

此外，萧纲《述羁赋》写作者述职荆楚，通过对行役途中景物的描写，抒发了孤独凄凉之感以及对家乡的思恋之情。江淹《去故乡赋》亦与之相似，作者叙写离别故乡赴任途中的悲感，通过景物描写表达哀惋惆怅之情。沈约《愍途赋》自叙舟行赴任一路的所见所感，通过对风烟苍茫、波涛浩荡的道路山川景致的描写，抒发了作者的羁旅之思及其对仕途的隐忧，"叹余途之屡蹇，奚前芳之可慕"，沉重的感喟中流露出强烈的企望。丘迟《还林赋》写作者由京城返归林泉一路行程的景致，内容与谢灵运《归途赋》相似，但却没有《归途赋》中的轻松愉快心情。作者亦仕亦隐，感情复杂，其中亦有“依稀子陵之钓，仿佛沧浪之歌”潇洒情怀的寄托。

总体来说，南朝时期出现的写景抒情纪行赋拓展了纪行赋的内容题材，赋作通过对征途景致的描写，或抒写辞官归隐之情，或抒写羁旅思乡之愁，或抒写仕途隐忧之患，丰富了纪行赋的表现内涵。在艺术特色上，明显受南朝骈俪文风的影响。赋体短小精悍，景致描写优美，技巧娴熟，用字精练，如丘迟《还林赋》：“出入风霞，游昔云路。阶自禽飞，窗高月度”，体现出南朝赋追求唯美的艺术特点。

纵观整个两晋南朝时期的纪行赋创作，有如下两方面的总结：一是汉魏的咏史纪行赋和军旅纪行赋在此期的创作均得到相当充分的发展，咏史类如潘岳《西征赋》、谢灵运《撰征赋》、张缵《南征赋》等，军旅类有陆云《南征赋》，它们普遍篇幅体制宏大，内容形式丰富，表现手法多样，突破了前代纪行赋的单一体制和表现内容，大大增强了纪行赋的创作活力。尤其是潘岳《西征赋》，以其精妙的议论和完美的结构形式等艺术特色，代表着纪行赋创作的最高成就，为《文选》所录流传至今。二是南朝写景抒情纪行赋新题材的出现，如谢灵运《归途赋》、萧纲《述羁赋》、沈约《愍途赋》、丘迟《还林赋》等，作品完全以描写沿途景物为主，抒发一己之情思，感情细腻，景致优美，语言风格流丽，为纪行赋开创了新领域，表现出新风貌。总之，与汉魏时期相比，六朝的纪行赋已发展到最丰富完善的阶段，开创出纪行赋创作繁荣的新局面。

四、小结

通过对汉魏六朝纪行赋的考察可知，纪行赋在题材上分为三类，即咏史纪行赋、军旅纪行赋和写景抒情纪行赋。据统计，整个汉魏六朝有纪行赋（包括存目）三十九篇，其中咏史纪行赋十五篇、军旅纪行赋十八篇、写景抒情纪行赋六篇。

就数量而言，军旅纪行赋在全部纪行赋中所占比重最大，此类作品受时代背景的影响很大，集中出现在建安、三国时期的动荡战乱时局中。赋家跟随军队南征北战，作品亦主要是通过对征战行役壮阔场面的描写，以展示军队神威，颂扬武功，表达壮志豪情。此期军旅纪行赋虽多达十七篇，但创作质量却不尽如人意，散佚十分严重，惜已难窥全貌。不仅如此，军旅纪行赋受题材限制，无论其思想内容还是情感表达都相对单一，缺少深刻寄寓。因此笔者推测，军旅纪行赋虽然数量可观，却难受《文选》编者青睐。

汉魏六朝的咏史纪行赋有十五篇，创作数量仅次于军旅类，其中西汉一篇、东汉五篇、两晋七篇、南朝两篇。此类纪行赋出现的时间最早，创作范围最广，成就最高，影响最大，是纪行赋的正统大宗。《文选》列“纪行”一目，其三篇选文均录自此类，体现出一定的合理性。这类赋由刘歆《遂初赋》“历叙于纪传”首开其端，经东汉班彪、班昭和蔡邕赓续，逐渐形成特定的写作体制，即以征行为线索，历叙所经之地的历史掌故，感古思今，抒发情志。两汉时期是此类纪行赋的成型期，其中班彪《北征赋》和班昭《东征赋》在艺术表现上独具特色，成为此期纪行赋的典型代表，故为《文选》所录，反映出编者的慧识。两晋南朝时期，此类纪行赋的创作获得长足发展，体制宏大，内容丰富，形式多样，记叙、咏史、议论、描写、抒情高度融合，历史底蕴浓厚，现实精神增强。尤其是潘岳《西征赋》，更是以其完美的结构、精妙的议论和高超的艺术手法，标志着纪行赋已臻化境，故为《文选》所录，亦体现出编者的识见和眼光。

写景抒情纪行赋，作为纪行赋的新题材，出现时间最晚，创作数量最少，六篇赋作全部集中于南朝。此类纪行赋着重描写征途中的自然风景，抒发一己之情，或愉悦、或惆怅、或隐忧，景致秀美，情感真切，语言华丽，体现出南朝的唯美文风。但与咏史纪行赋相比，篇幅短小，缺乏深刻的思想内涵和历史意蕴，价值和影响均不如咏史纪行赋。与军旅纪行赋一样，不为《文选》所收录。

综上所述，汉魏六朝共产生三十九篇纪行赋，基于这一数量，萧统《文选》于十五类赋中专列“纪行”一目，是十分必要的。萧统唯独选录三篇咏史纪行类作品，一方面表明他对纪行赋发展流变趋势的把握，另一方面也体现出他的审美情趣。

第八章

游览类

一、“游览”类名及溯源

所谓“游览”，即游观临览。此类赋作以“登”或“游”为线索，通过对眼前景致的描写，抒发感慨情志。游览赋与纪行赋在题材内容上较为类似，二者都有对所到之处的描绘，并兼有咏史抒怀或写景抒情的表现方式。但二者又有明显不同：纪行赋以长征远行为线索，突出行程的长度，其活动空间较大，所以描绘的内容更加丰富，而典型的纪行赋历叙所经之地的历史掌故，侧重咏史抒怀；游览赋以“登”或“游”为线索，突出单个地方，其活动空间较为固定，所以描绘的内容较为集中，一事一咏，主题鲜明，游览赋篇幅简短，不似纪行赋多长篇巨制，而典型的游览赋以描写所见景致为主，侧重写景抒情。如果说纪行赋描写的是一条线，相对应的，游览赋描写的则是线上的一个点。由此可见，游览赋是在纪行赋基础上的进一步细化和分流。

现存最早的游览赋是东汉班彪的《冀州赋》。《艺文类聚》卷二十八人部十二“游览”门收之，题曰“后汉班彪《游居赋》”[①]。其

---

① 唐·欧阳询：《艺文类聚》，中华书局1965年版，第506页。

他类书有引《冀州赋》者，其文则一。《全汉赋》亦标《冀州赋》，今从之。赋作篇始云："夫何事于冀州，聊托公以游居。"作者起首点明游览主题，接着描写所见的风光景致："瞻淇澳之园林，美绿竹之猗猗。望常山之峨峨，登北岳而高游。……遍五岳与四渎，观沧海以周流。"由残存的文字可知，作品以游览山水风光、寻胜探幽为内容，从而开创了游览赋的写作题材。此赋已残缺不全，无法展开具体分析。其后，游览赋创作数量渐趋增多，至两晋达到高峰。

二、《文选》所录游览赋文本释析

《文选》"游览"类选赋三篇，即东汉王粲《登楼赋》、西晋孙绰《游天台山赋》和南朝宋鲍照《芜城赋》。三赋都是以"游览"为线索，通过景物描写，着重抒发作者感慨。在具体的思想内容和艺术表现方面，特色鲜明，成就突出，是游览赋的最高代表，尤其是王粲《登楼赋》，更是久负盛名，千古传诵。

（一）东汉王粲《登楼赋》

王粲《登楼赋》，继承了古代士大夫登高而赋的传统，以登高远眺的方式，触物兴怀，抒发作者的复杂情感，开创了游览赋以登览为中心的新视角。不仅如此，《登楼赋》亦是当时最优秀的抒情小赋，被刘勰赞为"魏晋赋首"[①]。

关于此赋的创作背景，《后汉书》本传载，汉献帝初平三年，粲因董卓之乱而避居荆州，依附刘表，渴望为天下统一成就一番大业，然刘表以其"体弱通侻"不甚重用。至建安九年，粲淹留荆州已长达十多年，仍功业无成，内心产生极其复杂的感受。就在这样的矛

① 《文心雕龙·诠赋》，范文澜：《文心雕龙注》，第 136 页。

盾和痛苦的困扰中，作者登当阳城楼[①]，骋目极望，感物兴情，援笔写下了这篇千古传诵的名作《登楼赋》。

作品起首以“登兹楼以四望兮，聊暇日以销忧”发端，一个“忧”字奠定了全文的基调。接着，作者放眼远望，描写江南水乡一派富庶美丽的景象，不禁触景生情，产生强烈的思乡之情：

挟清漳之通浦兮，倚曲沮之长洲。背坟衍之广陆兮，临皋隰之沃流。北弥陶牧，西接昭丘。华实蔽野，黍稷盈畴。虽信美而非吾土兮，曾何足以少留。遭纷浊而迁逝兮，漫逾纪以迄今。情眷眷而怀归兮，孰忧思之可任。

异乡虽好却终不比自己对故乡的深情，作者因中原战乱流寓江南十几年，“悲旧乡之壅隔兮，涕横坠而弗禁”，由前文之乐景衬托此处的哀情，更加渲染了作者笃厚的思乡之情和羁旅之悲。继而作者进一步抒写渴望建功立业却壮志难酬的悲慨：

惟日月之逾迈兮，俟河清其未极。冀王道之一平兮，假高衢而骋力。惧匏瓜之徒悬兮，畏井渫之莫食。

作者希望为天下统一成就一番大业，然而时事艰难，有才不受重用，随着岁月的流逝，理想抱负付诸东流，故而忧思难禁，悲愁抑郁。在描写了日暮原野的凄凉萧条景致后，作者循阶而下，悲慨之气仍郁结于胸，最后在“夜参半而不寐兮，怅盘桓以反侧”的孤苦中收束全篇。

《登楼赋》以登楼、下楼之行动先后为线索，描写景物，渲染气氛，由思乡之情继而表达建功立业的愿望和对时局的忧虑，抒写出动荡时代的慷慨之音以及积极进取的时代精神。在艺术表现方面，此赋线索明朗，结构缜密。穆克宏先生说：“从登楼写到下楼，从白天写到傍晚，以时间和游览活动为顺序，段落分明，脉络清晰，并

① 《文选》李善注引盛弘之《荆州志》曰：“当阳县城楼，王仲宣登之而作赋。”一般从此说。

注意前后照应，充分表现了本篇结构紧密、写情细腻的特点。”[1]的确，作者从“登楼”写起，然后写登楼之所见所感，最后写下楼之所思，归结全篇，从而使时间的推移和人物的活动及人物的感受紧密结合。尤其是赋中两处对景物的描绘，使作者的情感发展前呼后应，极富层次。前幅写景是因景生情，作者描写江南的富庶优美，由此生发出“虽信美而非吾土”“情眷眷而怀归”的思乡之情；后幅写景则是以情观景，作者身遭离乱而渴望有所作为，他乡失意而理想抱负尚未泯灭，理想与现实的尖锐矛盾，激发了作者的忧愤苦闷，所以后幅描写黄昏原野景象，无不染上作者的主观色彩，凄凉萧条，“风萧瑟而并兴兮，天惨惨而无色。兽狂顾以求群兮，鸟相鸣而举翼。原野阒其无人兮，征夫行而未息。心凄怆以感发兮，意忉怛而憯恻”。在一系列惨淡的意象中，作者孤独、苦闷、哀伤、忧患的复杂感情得到充分体现，从而使全赋收到情景交融的效果，抒情气氛十分浓厚。

此外，全赋在语言上已有明显的骈偶倾向，平易清丽，字里行间饱含深厚的感情，一段一转韵，较好地配合了作者的情绪转换。清李元度《赋学正鹄》评价此赋曰：“因登楼而四望，因四望而触动其时感事去国怀乡之思，凡三易韵，段落自明，文意悠然不尽。”[2]可谓贴切生动。

总之，《登楼赋》思路清晰，章法缜密，文气从容，不露筋骨。全篇虽仅三百余字，但辞密意足，情景交融，语言清丽流转，情感跌宕起伏。清浦铣《复小斋赋话》曰：“王仲宣《登楼赋》，情真语至，使人读之泪下。文之能动人如此。”[3]可知此赋蕴含的真挚情感，

① 穆克宏：《刘勰论“建安七子”》，载于《福建师范大学学报》1990年第4期。
② 清·李元度：《赋学正鹄》，清同治十年爽溪书院刻本。
③ 清·浦铣：《复小斋赋话》，浦铣著，何新文、陆成文校证：《历代赋话校证》，上海古籍出版社2007年版，第394页。

读之回肠荡气，长留余思。《登楼赋》久负盛名，备受历代文人推崇。如曹丕称其“虽张（衡）、蔡（邕）不过也”[①]。陆云曰：“《登楼》名高，恐未可越尔。”[②]朱熹亦有与之相似的评价：“《登楼赋》尤过曹植、潘岳、陆机愁咏闲居怀旧众作，盖魏之赋极此矣。”[③]由上述评价可知，王粲《登楼赋》不愧为当时最优秀的抒情小赋，同时亦是游览赋的一篇佳作。

（二）西晋孙绰《游天台山赋》

孙绰《游天台山赋》是一篇优秀的游览赋作。由赋序可知，作者并未亲身游历天台山，而是向往此山的神秀奇美，“所以驰神运思，昼咏宵兴”，“不任吟想之至，聊以奋藻散怀”。作者生性喜好山水游览，曾久居会稽，又任永嘉太守，常游放于这一带“千岩竞秀，万壑争流，草木蒙笼其上，若云兴霞蔚”[④]的美丽的大自然中，积累了丰富的登山涉水经验，故此赋虽虚拟游山，以虚写实，仍能给人以真切的感受。

作者在赋序中总体概括了天台山“峻极之状，嘉祥之美，穷山海之瑰富，尽人神之壮丽”的美景特征以及“奋藻散怀”的创作缘由。正文先从侧面构象，写天台山的高大奇美，“结根弥于华岱，直指高于九疑”，其中描写南门二奇之“赤城霞起而建标，瀑布飞流以界道”两句，出类拔萃，乃千古不磨之名句。作者接着以“游”为线索，描写一路上呈现的不同景观，既写出景点繁多，游览不及，又突出奇趣无穷，美不胜收。先是攀援险峰峻岭，如“披荒榛之蒙茏，陟峭崿之峥嵘。济楢溪而直进，落五界而迅征。跨穹隆之悬蹬，

① 三国魏·曹丕《典论·论文》，清·严可均：《全三国文》卷八，第1098页。
② 西晋·陆云《与兄平原书》，清·严可均：《全晋文》卷一百二，第2041页。
③ 南宋·朱熹：《楚辞后语》，上海古籍出版社1979年版，第261页。
④《世说新语·言语》，余嘉锡：《世说新语笺疏》，中华书局1983年版，第170页。

临万丈之绝冥。践莓苔之滑石，搏壁立之翠屏”；险峰巉岩过后是秀美的平林，“恣心目之寥朗，任缓步之从容。藉萋萋之纤草，荫落落之长松。睹翔莺之裔裔，听鸣凤之嗈嗈。过灵溪而一濯，疏烦想于心胸”；这一派纤草萋萋、流水潺潺、莺歌燕舞、风光妩媚的景色使人涤胸荡虑，陶冶情操，从中获得极大的美感享受。由此，作者进而“迄于仙都”，琼台玉堂，彤云曒日，琪树醴泉，以及飘然的羽毛神仙，给山林蒙上浓郁的神异色彩，并充分展示了天台山景致的壮丽瑰奇。最后作者由游山写游仙，“出有入无”，体悟佛理玄道，如“泯色空以合迹，忽即有而得玄”，“浑万象以冥观，兀同体于自然”，从而表达了忘怀世务，同体自然的人生追求。

《游天台山赋》以“游山”为线索，描写天台山的奇美瑰丽之景致，并于其中寓含对佛道之理的体悟，表达了作者“方解缨络，永托兹岭”的超然情怀。作品的艺术特色首先表现在对自然景致的描绘，层次非常鲜明。作者紧扣“游”字，“先从险处游起，写其一路艰危”，“后复从平处游起，写其一路闲旷”。[①] 随着作者游踪所及，景物不断变换，层出不穷，天台山景物的雄奇、秀美以及作者丰富的兴致和内心感受，随着攀援节奏逐渐展现出来，运笔极有次序。在具体的描写方面，亦不失生动传神。如描写“仙都”一段：

双阙云竦以夹路，琼台中天而悬居。朱阙玲珑于林间，玉堂阴映于高隅。彤云斐亹以翼棂，曒日炯晃于绮疏。八桂森挺以凌霜，五芝含秀而晨敷。惠风伫芳于阳林，醴泉涌溜于阴渠。建木灭景于千寻，琪树璀璨而垂珠。

在作者笔下，山林、屋宇、清风、流水、彤云、白日，形的描绘、色的描绘、声的描绘，构成优美而深邃的艺术境界，从而使天台山于清幽之中染上一层灵异不凡的色彩。

---

① 清·于光华：《重订昭明文选集评》卷二引方伯海语，清嘉庆十二年怀德堂刻本。

不仅如此，作品在语言上亦表现出色彩鲜明、骈对工致的艺术特点。作者以眼前景物入对，完全突破了骈赋自形成以来多从典籍取资，一味排比堆砌故实的传统，从而在骈赋创作领域引入一股自然清新的风气。在句式上也一改以往骈赋多用四、六句式的常态，而代之以七言，音韵流利，文辞极富表现力，充分显示出作者对语言的锤炼。

另外，此赋的又一突出特色是辞理相称。作者在篇末引入了对佛理玄道的体悟，但是不同于玄言诗的“理过其辞，淡乎寡味”，作者能够在赋中将理和辞结合得恰到好处，原因在于作者“以博丽之体表现出蕴含着‘神明’之理的山川之美，其中的理趣是生动而形象化的”[1]，有效地避免了文体偏枯和溺于理窟之失。虽然清人刘熙载认为：“至云：‘悟遣有之不尽，觉涉无之有间，泯色空以合迹，忽即有而得玄，释二名之同出，消一无于三幡。’则落理障矣。”[2]然整体观之，作者描写山水俱佳，写玄理尚不托空，在其笔下，天台山的“神秀”与游者“遗世玩道”“笃信通神”的精神相映成趣，故不失为一篇优秀的游览赋作。

《晋书·孙绰传》载：“（孙绰）尝作《游天台山赋》，辞致甚工。初成，以示友人范荣期（启）云：‘卿试掷地，当作金石声也。’”[3]范启亦爱读此赋，“每至佳句，辄云‘应是我辈语’”[4]。近人刘师培评此赋曰：“词旨清新，于晋赋最为特出。”[5]《游天台山赋》的不俗成就可见一斑。

① 曹虹：《中国辞赋源流综论》，中华书局2005年版，第47页。
② 清·刘熙载：《艺概·赋概》，上海古籍出版社1978年版，第103页。
③ 《晋书》卷五十六《孙绰传》，第1544页。
④ 《世说新语·文学》，余嘉锡：《世说新语笺注》，中华书局1983年版，第316页。
⑤ 刘师培：《中国中古文学史》，人民文学出版社1959年版，第61页。

（三）南朝宋鲍照《芜城赋》

《芜城赋》是鲍照的一篇名作。此赋作于宋孝武帝大明三年至四年间，钱仲联《鲍参军集注》云："此赋自注云：'登广陵城作'。以诗证赋，可知是在大明三、四年间客江北时也。"[①] 当时刘宋政治时局动荡，皇族内部为争权夺势相互杀戮。据清人汪中在《补宋书宗室世系表序》中统计说，刘宋一代，皇族129人，被杀者121人，而骨肉自相屠害者达80人[②]。屠戮之惨绝，前所少见。鲍照长期担任诸王的幕僚，对这样的险恶局势深有感触，加之作为寒门庶族跻身官场的艰难处境，使其对黑暗现实有着清醒认识，对人生忧危有深切体验。在这样的情形下，作者登上广陵城，创作了这篇《芜城赋》[③]，通过广陵昔盛今衰的对比描写，表达了对世事沧桑的强烈感慨。

此赋以描写城市为主，《历代赋汇》列之为"都邑"一类，而《文选》却将其归入"游览"类，似乎略显归类不当。然这种归类方式并非由《文选》编纂者失误造成，究其原因，盖此赋虽写城市，在主旨和风格上却与以班固《两都赋》为代表的京都大赋显有不同。作者通过对一座历史名城昔盛今衰的鲜明对比，抒发了千秋万代盛衰无常的感慨，与京都大赋润色鸿业、颂美政治相比，此赋完全侧重作者对社会人生的体认和对个人情感的表达，忧生意识强烈，抒情意味浓厚。再加上作者自注"登广陵故城"，此一"登"字直接点出登临游览之意。所以，仅从题目看《芜城赋》虽属都邑赋，但在

---

① 南朝宋·鲍照著，钱仲联集注：《鲍参军集注》，上海古籍出版社1980年版，第15页。

② 清·罗振玉：《补宋书宗室世系表》，《二十五史补编》（三），中华书局1955年版，第4233页。

③ 此赋写广陵城，却以《芜城赋》定名，据朱珔《文选集释》引《寰宇记》曰：广陵"汉以后荒圮，谓之芜城"。（转引自郭维森、许结：《中国辞赋发展史》，江苏教育出版社1996年版，第281页。）由此可知广陵故城早称芜城。其后又经兴衰，至鲍照登临之时，则更为荒芜。

创作模式和主旨上却以登临故城、写景抒情为主，《文选》将之列入“游览”一目，体现出萧统的独特艺术眼光和审美情趣。

《芜城赋》开篇总写广陵城地理形势之胜：重江复关，四会八达。然后描写广陵昔日全盛时期的繁荣景象：“廛闬扑地，歌吹沸天。孳货盐田，铲利铜山。才力雄富，士马精研。”历代统治者侈秦法，佚周令，建筑坚固城池，设防森严。然而一切已成为过去，广陵遭受两次战乱，“出入三代，五百余载，竟瓜剖而豆分”。由此作者又描写了眼前广陵城荒凉残破的景象：杂草丛生，一片废墟，遍地都是山鬼、野鼠、饥鹰、寒鸱，“灌莽杳而无际，丛薄纷其相依。通池既已夷，峻隅又已颓。直视千里外，唯见起黄埃”。如此荒芜、凄凉、恐怖的惨象，使人不寒而栗。接着作者直接对比今昔，突显广陵城的变迁：昔日歌堂舞阁而今已烬灭消失，过去佳人美姬而今已埋魂幽石。最后作者又以“歌曰”点明主题，抒发了千秋殆尽的无限慨叹之情：

天道如何？吞恨者多。抽琴命操，为芜城之歌。歌曰：边风急兮城上寒，井径灭兮丘陇残。千龄兮万代，共尽兮何言！

《芜城赋》在艺术上的突出成就是运用盛衰并置的对比手法，借助夸饰以渲染气氛，从而在极盛极衰的强烈对比中形成鲜明的印象，“足令怀旧者为之堕泪，雄恣者见而心灰”[①]。尤其是描写芜城衰败景象这一段：

坛罗虺蜮，阶斗麏鼯。木魅山鬼，野鼠城狐。风嗥雨啸，昏见晨趋。饥鹰厉吻，寒鸱吓雏。伏暴藏虎，乳血餐肤。崩榛塞路，峥嵘古馗。白杨早落，塞草前衰。稜稜霜气，蔌蔌风威。孤蓬自振，惊沙坐飞。

清代桐城派大家姚鼐评曰：“驱迈苍茫之气，惊心动魄之词，皆赋家

① 清·于光华：《重订昭明文选集评》卷二引孙执升语，清嘉庆十二年怀德堂刻本。

绝境也。”[①] 与其他赋作不同，作者在篇末系歌，抒发了沉重的历史感伤和生命悲慨，在艺术表现上既起到深化主题的作用，又增进了以情动人的效果，为此清人许梿称：“收局感慨淋漓。每读一过，令人辄唤奈何。”[②] 此赋在句式上多用四字，对偶精工，语言苍凉遒劲，“俯仰苍茫，满目悲凉之状，溢于纸上”[③]。

《芜城赋》以“登”广陵城为起点，“入手盛言广陵形胜及其繁盛，后乃写其凋敝衰飒之形”[④]，今昔盛衰对比鲜明，动人心魄，感人至深，抒发了作者世事沧桑的沉重历史感慨。此赋结构清晰，逐层渲染，属对精工，语言苍劲，不仅为都邑赋开创了崭新境界，同时亦是游览赋的佳篇杰作。

三、汉魏六朝其他游览赋特点及流变

通过上文对《文选》游览赋三篇选文的分析探讨，我们可以了解到三篇赋作虽然都被列入游览类，但根据其具体的题材内容又可细分为两类：一是登览类，以登临为线索，如王粲《登楼赋》、鲍照《芜城赋》；二是游览类，以游踪为线索，如孙绰《游天台山赋》。三篇赋作无论在思想内容还是艺术成就上，都各具特色，深受世人赞誉。此节将对汉魏六朝存留的其他游览赋进行一番探讨。

表 6：汉魏六朝游览赋一览

年代	作者	名称	出处	备注
东汉	班彪	《冀州赋》	《全后汉文》卷二十三	残

① 清·姚鼐著，高步瀛笺：《古文辞类纂笺》，吉林大学出版社 1997 年版，第 2029 页。
② 清·许梿评选，黎经诰笺注：《六朝文絜笺注》卷一，中华书局 1962 年版，第 5 页。
③ 清·姚鼐著，高步瀛笺：《古文辞类纂笺》，吉林大学出版社 1997 年版，第 2030 页。
④ 清·姚鼐著，高步瀛笺：《古文辞类纂笺》，吉林大学出版社 1997 年版，第 2030 页。

（续表）

年代	作者	名称	出处	备注
东汉	杨修	《节游赋》	《全后汉文》卷五十一	
东汉	**王粲**	**《登楼赋》**	**《文选》卷十一**	
魏	曹操	《登台赋》	《全三国文》卷一	残
魏	曹丕	《登台赋》	《全三国文》卷四	
魏	曹丕	《登城赋》	《全三国文》卷四	
魏	曹植	《节游赋》	《全三国文》卷十三	
魏	曹植	《登台赋》	《全三国文》卷十三	
魏	曹植	《游观赋》	《全三国文》卷十三	残
西晋	卢谌	《登邺台赋》	《全晋文》卷三十四	残
西晋	李充	《春游赋》	《全晋文》卷五十三	残
西晋	傅咸	《登芒赋》	《全晋文》卷五十一	
西晋	孙楚	《登楼赋》	《全晋文》卷六十	
西晋	**孙绰**	**《游天台山赋》**	**《文选》卷十一**	
西晋	枣据	《登楼赋》	《全晋文》卷六十七	
西晋	谢万	《春游赋》	《全晋文》卷八十三	残
西晋	张协	《登北芒赋》	《全晋文》卷八十五	
西晋	束皙	《近游赋》	《全晋文》卷八十七	残
西晋	潘岳	《登虎牢山赋》	《全晋文》卷九十	
西晋	陆云	《登台赋》	《全晋文》卷一百	
东晋	欧阳建	《登橹赋》	《全晋文》卷一百九	
东晋	郭璞	《登百尺楼赋》	《全晋文》卷一百二十	
东晋	殷仲堪	《游园赋》	《全晋文》卷一百二十九	残
宋	傅亮	《九月九日登陵器馆赋》	《全宋文》卷一二十六	
宋	傅亮	《登龙冈赋》	《全宋文》卷二十六	

（续表）

年代	作者	名称	出处	备注
宋	**鲍照**	**《芜城赋》**	**《文选》卷十一**	
齐	谢朓	《游后园赋》	《全齐文》卷二十三	
梁	裴子野	《游华林园赋》	《全梁文》卷五十三	
梁	吴均	《吴城赋》	《全梁文》卷六十	
梁	萧詧	《游七山寺赋》	《全梁文》卷六十八	

（一）汉魏时期

《文选》所录第一篇游览赋即是汉末建安王粲的《登楼赋》，此赋属于游览赋的登览类。据统计，汉魏时期游览赋共九篇（包括残篇），其中登览类有五篇，占此期游览赋作的一半之多，除王粲《登楼赋》外，还有曹操《登台赋》、曹丕《登台赋》《登城赋》和曹植《登台赋》。

曹丕《登台赋》曰："建安十七年，春游西园，登铜雀台，命余兄弟并作。"可知曹氏父子的三篇《登台赋》乃同题共作。铜雀台是曹操于建安十五年在邺都建造的一座规模宏伟的建筑，供歌舞娱乐所用，同时展示出曹魏的实力和声威。曹操《登台赋》仅存一句，难窥全貌。曹丕之作亦只残存一节，格调明朗，主要描写铜雀台的壮丽以及登台游目所见的优美景致。曹植《登台赋》保存较为完整，作品用骚体写成，描绘铜雀台高耸的姿态、飞动的气势以及周围春意盎然的景致，着重表达了对父王德威的颂扬。与应命之作相比，曹丕《登城赋》描绘初春城郊原野景象，勾勒出一幅真实的华北平原春色图，篇末以"永优游而无为"告诫自己，反映出作者积极进取态度。语言简洁明快，笔调柔和轻盈，其中"水幡幡以长流，鱼裔裔而东驰"一句，更是全篇的点睛之笔。此赋虽然写景清新，但较之王粲《登楼赋》，在思想意蕴和情感抒发上稍逊一筹。王粲《登楼赋》是此期亦是整个汉魏六朝时期第一篇以“登”为表现方式的游览赋，是登览赋的首创。作品以登楼、下楼为线索，写景抒情，感情真挚，语言清丽，有“魏晋之赋首”的赞誉。

汉魏时期除登览类之外，还有班彪《冀州赋》、杨修《节游赋》、曹植《节游赋》《游观赋》四篇。杨修《节游赋》云：“游乎北园”，而曹植《节游赋》亦有“步北园”之言，可知二赋乃同时而作，内容上都是描写偕友同游观北园之乐。其中曹植之作，语言更为清新可爱：“仲春之月，百卉丛生，萋萋蔼蔼，翠叶朱茎。竹林青葱，珍果含荣。凯风发而时鸟欢，微波动而水虫鸣。”作品最后点明游乐极欢不足慕，反映出对功名事业追求的强烈愿望。《游观赋》保存不全，主要写游览北观，寄寓了作者对建功立业的渴望。

总的来说，汉魏时期游览赋创作主要集中于建安文人和曹氏父子，以登览题材为主，如《登楼赋》《登台赋》《登城赋》等，其基本特征是以登临远眺为构思线索，描写眼前所见景致，重在表达对建功立业的追求和渴望，或积极昂扬，或感伤悲怆，是建安时代精神的反映。尤其是王粲《登楼赋》情真语至，催人泪下，具有更高的艺术成就，是此期游览赋的杰出代表，故为《文选》所录。汉魏时期游览赋的另一支主要是描写游观园林，景物明朗，格调清新，其中亦寄托了对功业的追求。整体而言，汉魏时期的游览赋篇幅短小精悍，语言清丽流畅，思想上蕴含着鲜明的时代精神。

（二）两晋时期

《文选》游览赋的第二篇选文是西晋孙绰的《游天台山赋》，此赋紧扣“游”字，移步换景，玄理层出，意蕴无穷。两晋时期游览赋蓬勃发展，据统计，此期游览赋作有十四篇，其中侧重以“游”为线索的有五篇，即李充《春游赋》、孙绰《游天台山赋》、谢万《春游赋》、束皙《近游赋》和殷仲堪《游园赋》。

李充和殷仲堪的作品均残存一句，难窥全貌。谢万《春游赋》只有一节，主要描写春日优美景色以及与宾朋同游娱乐之欢畅。束皙《近游赋》则是描写郊区田园景致以及村民的勤劳朴实，语言平易，无出新之处。在这些赋作中孙绰《游天台山赋》可谓一枝独秀，作品描写游山景致，并结合游仙，美景与玄理融合，辞理相称，语言偶对工丽，风格明快清新，开拓了游览赋的崭新境界，是此期乃至整个汉魏六朝时期游览赋之杰作，故收录于《文选》而流传至今。

两晋时期登览赋的创作较之前代明显增加，据统计共有九篇作品，即卢谌《登邺台赋》、傅咸《登芒赋》、孙楚《登楼赋》、枣据《登楼赋》、张协《登北芒赋》、潘岳《登虎牢山赋》、陆云《登台赋》、欧阳建《登櫓赋》、郭璞《登百尺楼赋》，在内容上较之前代更加丰富。自建安王粲《登楼赋》开创登览题材以来，此期继承这一传统的赋作有三篇。其中孙楚《登楼赋》以"聊暇日以娱心"为目的，描写与君王登长安城楼赏景饮酒的娱乐活动，缺乏深刻思想内涵。枣据《登楼赋》脱胎于王粲，作者登楼骋目，主要表达思君恋阙的怀乡之情，然比较王粲在身处乱世、他乡羁旅、功业未遂的境况中所表现的强烈的悲慨和浓郁的怀归之情，此赋与之相去甚远。郭璞《登百尺楼赋》以登楼遐思为线索，感怀古人的贤德，可谓怀古叹今，抒发了对当世混乱局面的悲慨和对人生处境的忧患。与王粲《登楼赋》写景抒情相比，此赋侧重登楼怀古，富有深沉的历史内涵，与之有异曲同工之妙，但篇幅短小，艺术表现上稍逊色于王赋。

由于西晋在太康盛世以后又经历八王之乱，治乱迭更、兴衰变幻的社会现实引起当时赋家强烈的心灵震撼，加深了他们对现实的忧患和对人生的感伤。在这样的社会形势下，此期登览赋表现出迥异于建安曹魏时的思想内涵，赋家通过登临古迹，吊古述先，表达无限的兴亡慨叹，历史沧桑感十分浓厚。

如陆云《登台赋》，此赋描写作者游览邺宫三台，从不同角度展现了台观的宏伟壮丽，昔日之盛如今已成一片萧条。作者咏史抒怀，通过今昔盛衰的历史变迁，引发出世事沧桑、人命短暂的感怀，格调苍凉悲慨。卢谌《登邺台赋》主要描写被战火焚毁的邺台残破景象，亦对比今昔，表达历史感慨。傅咸《登芒赋》和张协《登北芒赋》都是描写登上芒山的所见所感。芒山在洛阳北郊，汉魏以来，王公贵族的坟陵多建于此。作者于登临之际，面对王侯的坟陵和永恒的天地，吊古抒怀，表达了人生危浅、世路多艰的深沉感慨。郭璞《登百尺楼赋》同样是咏史抒怀之作，具有丰富的历史内涵。

整体而言，两晋时期游览赋创作较为繁荣（主要集中于西晋），其中孙绰《游天台山赋》在表现方式上开拓了游览赋的崭新境界，艺术手法高妙，思想内蕴丰富，是此期游览赋的代表。以登览为线索的游览赋较之汉魏时期又有充分发展，不仅创作数量增多，而且题材上也有新突破。由于西晋治乱兴衰交替变幻，此期赋家颇有怀旧情绪和对历史兴亡感慨，所以与建安曹魏时期鲜明的时代精神相比，此期登览赋的显著特征是咏史抒怀、吊古讽今。作品大多登临景观，通过今昔盛衰对比，表达对社会人生的深刻思考，具有浓厚的历史沧桑感。

（三）南朝时期

追至南朝，游览赋创作渐趋减少。据统计，整个南朝共有七篇游览赋，宋三篇，齐一篇，梁三篇。

梁吴均有《吴城赋》，效仿鲍照《芜城赋》而作，描写吴城（今江苏苏州）衰落与凄凉，引发出作者的“千悲亿恨”。此赋在写景抒情上稍事点染，语言简洁，较之《芜城赋》于逼真渲染中取得的感人艺术效果略逊一畴。此外，傅亮有《九月九日登陵器馆赋》和《登龙冈赋》两篇，前者为重阳登高、感物情怀之作，在自然景物的观览中表达作者羁旅思乡之情；后者主要写登临龙冈，于自然景物的观照中产生的人生感悟。南朝以“游”为线索的游览赋有谢朓《游后园赋》、裴子野《游华林园赋》和萧詧《游七山寺赋》。其中《游后园赋》写园中景色之美及饮酒诵典之乐，志趣高雅，意境优美；《游华林园赋》主要描写皇家园林的美景，无足称甚；《游七山寺赋》以“游”为线索，采用多种艺术手法描绘沿途景致，真切可感，境界优美。

总的来说，南朝时期的游览赋不仅在数量上不多，而且其登览赋在思想内蕴上亦少有建安的时代精神或西晋的历史沧桑，游园赋亦无特别称道之处。唯鲍照《芜城赋》特色鲜明，表现手法超群，成为此期游览赋最优秀代表，故为《文选》收录。

四、小结

《文选》游览赋有三篇选文，它们虽然都属于游览类这一大的范畴，但在具体内容题材上又有明显不同，其中有的侧重登临抒怀，如王粲《登楼赋》、鲍照《芜城赋》；有的侧重游览娱心，如孙绰《游天台山赋》。而《芜城赋》较之《登楼赋》亦有鲜明的特色。

据统计，整个汉魏六朝共有游览赋三十篇，其中汉魏九篇、两晋十四篇、南朝七篇。可见，游览赋创作经由汉魏的发展后至两晋达到高峰，及至南朝时期日趋消歇。根据内容题材的不同，汉魏六朝时期的游览赋又可分为以登临抒怀为主的登览类和以游览娱心为主的游览类两种。其中登览类有十八篇，可谓游览赋创作的大宗；游览类有十二篇，数量上稍次于登览类。

在全部登览类赋作中，汉魏有五篇，两晋有九篇，南朝有四篇。王粲《登楼赋》写登楼骋目，通过对眼前景物的真切描绘，表达浓郁的怀乡之情，抒发了对功业未遂的沉痛悲慨，结构清晰，写景逼真，感情真挚，语言流畅。此赋是登览类赋的开山之作，但却以其卓越的艺术成就，被誉为“魏晋之赋首”，对后世影响很大。西晋枣据效仿王粲亦创作了《登楼赋》，却未能将之超越。受时代背景影响，汉魏登览类赋主要抒发对建功立业的强烈渴望，或激昂，或悲怆，反映了建安的时代精神。两晋时期，登览类赋创作数量达到最高，由于西晋治乱兴衰更迭变幻，此期作品表现出迥异于前代的思想内涵，以吊古述先、借古讽今为主，表现出赋家对社会人生的思考，具有浓郁的历史沧桑感。南朝时期此类赋作较少，或抒发羁旅之情，表达人生体验，无甚称道。唯鲍照《芜城赋》一枝独秀，作者于都邑赋中独辟蹊径，登临故城，描写今昔盛衰，情真语至，感人至深。《文选》将之收录“游览”类，体现出编者的独特审美情趣。

在全部游览类赋作中，汉魏有四篇，两晋有五篇，南朝有三篇。此类赋发端于东汉班彪《冀州赋》（又称《游居赋》），以游览景致、寻胜探幽为内容。统观汉魏六朝游览类赋，游园、游春是其创作主流，作品紧扣“游”字，描绘园林景物或郊区春景，表达赏心悦目之情或娱乐之欢畅，格调清新，语言优美。其中西晋孙绰《游天台山赋》以游山为线索，美景迭现，玄理层生，景、情、理融为一炉，表达了作者的超然情怀。其辞理相称，造语清新，语言工丽，不仅开拓出游览赋的新境界，而且当属游览类赋作中的佳篇杰构，故为《文选》收录，广为流传。

综上所述，在汉魏六朝三十篇游览赋创作的基础上，《文选》设立“游览”一目是合理而必要的，不仅如此，其三篇各具特色的选文，在代表游览赋不同题材最高成就的同时，亦反映出萧统独到的鉴赏眼光和审美趣味。

《文选》赋专设“游览”一目的做法，为后代大型文学选本所继承，如宋代《文苑英华》分赋四十二类，其中亦设有“游览”一目。

第九章
宫殿类

一、“宫殿”类名及溯源

宫殿赋，顾名思义，是指专门以帝王宫殿建筑为描写对象的一类赋作。“宫殿”这一题材的出现最早可上溯至先秦的《诗经》，清程廷祚《骚赋论》曰：“《斯干》《灵台》，宫殿、苑囿之始也。”[①]程氏将《诗经·小雅·斯干》一篇视作宫殿题材的发端，这一见解值得肯定。《斯干》一诗共九章，其中前五章集中描写周王建造的宫殿建筑，曰：

秩秩斯干，幽幽南山；如竹苞矣，如松茂矣。兄及弟矣，式相好矣，无相犹矣。似续妣祖，筑室百堵，西南其户。爰居爰处，爰笑爰语。约之阁阁，椓之橐橐，风雨攸除，鸟鼠攸去，君子攸芋。如跂斯翼，如矢斯棘；如鸟斯革，如翚斯飞。君子攸跻。殖殖其庭，有觉其楹。哙哙其正，哕哕其冥。君子攸宁。[②]

作者首先描写了宫殿周围的自然环境：涧水清清，南山幽幽，绿竹苍翠，青松茂密，可谓形胜佳境；然后写宫殿的建设过程及其落成；

① 清·程廷祚：《骚赋论》，《金陵丛书》本《清溪集》卷三。

② 西汉·毛亨传，东汉·郑玄注：《毛诗正义》，中华书局影印《十三经注疏》1957年版，第933页。

接着描写宫殿的雄伟外观，作者连用四个比喻，生动地表现出宫殿的高耸、檐角的飞动以及色彩的艳丽，流露出强烈的赞美之情；最后又描写了宫殿内部的装饰，突显出宽敞明亮。《斯干》以周王宫殿为描写对象，虽然艺术表现尚未成熟，但在内容和方式上为后世宫殿赋所祖式，堪为后世宫殿赋之滥觞。汉代许多畋猎赋、都邑赋中亦有对宫殿建筑的描写，如司马相如《上林赋》、扬雄《甘泉赋》、班固《两都赋》等，但这些描写仅作为片段出现，它们只是整篇大赋的一个组成部分，本身不具有独立意义。不过这些对宫殿建筑的描写片段，不乏生动细致之处，对宫殿赋创作不无启发和影响。

现存第一篇真正意义上的宫殿赋是西汉刘歆的《甘泉宫赋》，可惜此赋保存不全。观其残文，作者主要描写甘泉宫所处的重要地势以及周围的优美环境，其中有曰："翡翠孔雀，飞而翱翔，凤凰止而集栖。甘醴涌于中庭兮，激清流而泶泶。黄龙游而蜿蟺兮，神龟沈于玉泥。"作者通过孔雀、凤凰、黄龙、神龟这些祥瑞之物，渲染出甘泉宫的嘉祥和神圣，可谓此赋的独特之处。《甘泉宫赋》虽仅存残文，我们无法窥其全貌，但就题材而言，它开创了宫殿赋之先河，具有重要的首创意义。

二、《文选》所录宫殿赋文本释析

《文选》"宫殿"类选赋两篇，即东汉王延寿《鲁灵光殿赋》和曹魏何晏《景福殿赋》。两赋极力描绘宫殿建筑的雄伟宏丽，并借此表达对王朝政治文化的弘扬和颂美，体现了传统赋学观念的新变。在具体内容和表现方式上，两赋各具特色，堪为宫殿赋的杰作，尤其是《鲁灵光殿赋》，更以其高超的艺术技巧，久负盛名，广为称颂。

（一）东汉王延寿《鲁灵光殿赋》

鲁灵光殿乃西汉景帝之子鲁恭王刘余所建，经汉末战火，西汉时期的宫殿大多遭到毁坏，而此殿历时二百多年，“岿然独存”。王延寿“观艺于鲁”，亲睹灵光殿，以为“神明依凭支持，以保汉室”，遂作《鲁灵光殿赋》。[①]《后汉书·文苑传》载：“蔡邕亦造此赋，未成，及见延寿所为，甚奇之，遂辍翰而已。”[②]能使蔡邕辍笔，可见此赋之非同一般。

作者在赋序中交代作赋缘由后，于正文专力描绘灵光殿之雄伟华丽。由灵光秘殿之建立写起，然后着力描绘“瞻波灵光之为状”：先极写灵光殿厅堂之宽敞宏大，“嵯峨崔嵬”，“迢绕倜傥，丰丽博敞”，屹山峙，隆青云，“状若积石之锵锵，又似乎帝室之神威”，朱阙岩岩，高门耸立；然后形容其厢廊之幽邃深秘，以及栋宇之奇异结构，如：“西厢踌躇以闲宴，东序重深而奥秘”“察其栋宇宙，观其结构，规矩应天，上宪觜陬，倔佹云起”。接着作者集中描绘梁栋轩窗藻井的雕刻以及各种画图，生动细致：其雕刻，因木生姿，如奔虎倚仡、虬龙蜿蜒、朱鸟舒翼、狡兔跧伏、猿狖攀椽等，生动传神，栩栩如生，令人赞不绝口；其绘画，品类群生，如五龙比翼、人皇九头、伏羲麟身等，形随类象，三后嫱妃、乱主忠臣、孝子烈士、贞女贤愚等，皆载诫世。精美逼真，琳琅满目，令人目不暇接。最后，以“乱”总括全文，盛赞灵光殿穷奇极妙之不朽，实乃“神之营之，瑞我汉室”。《鲁灵光殿赋》用铺陈夸饰的大赋手法，借对宫殿雄奇华美的描绘，重现了汉帝国的声威和气象，流露出对汉室的颂美之情。其宏丽的形式及颂圣的情感，无疑是对两汉以来京都大赋的继承。但是此赋又摈弃了大赋曲终奏雅，以否定靡丽奢华表

① 唐·李善注：《文选》，第168页。

② 《后汉书》卷八十《文苑传》，第2618页。

达讽喻的传统方式，直接对宫殿之巨丽加以正面讴歌和赞美，正如赋文所言："何宏丽之靡靡，资用力之妙勤，非夫通神之俊才，谁能克成乎此勋?"这种形式及内容特征，体现出宫殿赋不同于京都大赋的新变之处，并在后世的宫殿赋中得到继承与发展。

《鲁灵光殿赋》长达一千三百七十余字，且序乱兼备，篇制宏大，结构完整。此赋突出的艺术成就在于其描绘的生动细致，刻画的形象逼真。大到整座宫殿的外观，小到一处雕刻、一幅壁画的局部，作者均以"图形写貌"之才能，或大刀阔斧勾勒，或精工细镂雕琢，成功地再现了鲁灵光殿这座艺术殿堂。如对灵光殿堂的描写，"皓壁暠曜以月照，丹柱歙赩而电烻。云骇霞蔚，若阴若阳"，通过气氛的渲染，显现灵光殿的宽敞宏大。尤为精彩的是作品对殿宇梁柱上雕刻和图画的描绘，更是千姿百态，"随色象类，曲得其情"。如："白鹿孑蜺于欂栌，蟠螭宛转而承楣。狡兔跧伏于柎侧，猿攀椽而相追。……神仙岳岳于栋间，玉女窥窗而下视，忽瞟眇以响像，若鬼神之仿佛。"描写立体动感，神采逼真。作者把对灵光殿建筑艺术的体验，诉诸文学形式，从而引发读者的艺术想象力，漫游于宏伟而又奇丽的灵光殿中，欣赏并领略它的艺术风采和能工巧匠的精湛技艺，这是《鲁灵光殿赋》所产生的巨大艺术魅力。

此赋在句式上以四、六言为主，间以七言长句。尤值得注意的是赋末的"乱"，每一完整的长句都由三个四字句组成，后加"兮"以为拖声，用韵十分巧妙，这种形式早在王褒《洞箫赋》中即已出现，对后世赋中系诗现象产生一定的启示。

《鲁灵光殿赋》气象宏阔，文辞典雅，雄劲苍古，描写细致生动，形象逼真，甚为时人所重。据《三国志·刘琰传》载，刘琰"有风流，善谈论，……车服饮食，号为侈靡，侍婢数十，皆能为声乐，又悉教诵读《鲁灵光殿赋》"[①]。不仅如此，历来评论家对此赋

① 《三国志》卷四十《刘琰传》，第1001页。

亦有相当高的赞誉，如葛洪《抱朴子·钧世》云："若夫俱论宫室，而奚斯路寝之颂，何如王生之赋《灵光》乎？"[①] 刘勰《文心雕龙·诠赋》称："延寿《灵光》，含飞动之势。"[②] 清人陆棻云："此赋描模刻画，笔如犀燃，而雄厉之气运乎其腕，犹班马之余勇也。"[③]

（二）三国魏何晏《景福殿赋》

何晏《景福殿赋》作于魏明帝太和六年。据《三国志·明帝纪》载，是年九月，明帝"行幸摩陂，治许昌宫，起景福、承光殿"[④]。又李善注引《典略》云："魏明帝将东巡，恐夏热，故许昌作殿，既成，命人赋之，平叔（何晏字）遂有此作。"[⑤] 此赋为应诏之作，一起同题作赋的还有韦诞、夏侯惠，而以何作最佳。

《景福殿赋》开篇先颂美明帝建景福殿的政治功用："不壮不丽，不足以一民而重威灵。不饬不美，不足以训后而永厥成。故当时享其功利，后世赖其英声。"作者认为宫殿之巨丽，对于弘扬君主声威、功烈有积极的意义，建立景福殿乃是"备皇居之制度"，尽圣帝之美政。又总叙景福殿室宇殿堂鳞次栉比、层楼叠嶂之势，华饰丹彩之金碧辉煌，展示其"兼苞博落，不常一象"、雄伟壮丽的总体状貌："远而望之，若摛朱霞而耀天文；迫而察之，若仰崇山而戴垂云。"然后对局部建筑做面面俱到的描述：写宫殿飞宇之形，则"鸟企山峙，若翔若滞"；写宫殿结构之巧，则"桁梧复迭，势合形离。赩如宛虹，赫如奔螭"；写宫殿装饰之美，则缭以红葩芳草，结以香木宝玉。在精雕细绘中展示了宫殿建筑之富丽、奇巧。之后，作者又对外部灵沼、四周环境加以铺叙，"清露瀼瀼，绿水浩浩。树以嘉

---

① 东晋·葛洪著，杨明照校笺：《抱朴子外篇校笺》，中华书局1991年版，第70页。
② 《文心雕龙·诠赋》，范文澜：《文心雕龙注.》，第135页。
③ 陈去病：《辞赋学纲要》第十一章引，上海国光书局1927年版，第48页。
④ 《三国志》卷三《明帝纪》，第99页。
⑤ 唐·李善注：《文选》，第172页。

木，植以芳草”，景色迷人，衬托出宫殿建筑的壮丽。赋文最后归结于对明帝功德的颂扬。此赋继承了《鲁灵光殿赋》开创的直接以颂美宫殿之巨丽、显示帝国声威的创作特征，并在写作中将其进一步深化，从而体现了大赋创作在三国时期的新变。作者不认为“宫殿巨丽”和“规矩制度”相抵牾，宫殿不仅合乎制度，而且宫殿的营造还可显扬君威，有助风教。所以此赋直言不讳地歌咏景福宫殿之巨丽，以讴歌承平，颂圣颂美，其开头和结尾均有明显的溢美之辞。不仅如此，作者还流露出对魏氏统一天下的期望：“历列辟而论功，无今日之至治。彼吴蜀之湮灭，固可翘足而待之。”

《景福殿赋》洋洋一千九百九十余言，为专赋宫殿之空前长篇。作者采用大赋铺张夸饰的手法，分层描写了宫殿外部形状之壮丽、内部结构装饰之奇美、外围建筑群之全备及周边环境之幽雅，层次清晰，描写细致。与《鲁灵光殿赋》相比，此赋在艺术表现上的突出之处在于讲究语言的骈偶。语言骈偶，是铺陈赋体之长，在汉赋中已露端倪。刘勰称“自扬马张蔡，崇盛丽辞”[①]，即指这种情况。曹植《七启》《洛神》二赋，骈语连篇，举不胜举，历来被视为早期骈赋的代表作。何晏又承风向影，扬波助澜，更加着意追求赋的语言形式美，所以《景福殿赋》多用俪词偶句，句式更趋整饬，并且还出现了一些工整精美的长隔对句型，如“故其华表，则镐镐铄铄，赫奕章灼，若日月之丽天也；其奥秘，则翳蔽暧昧，仿佛退概，若幽星之丽连也”等，从而把骈赋艺术向前推进了一步。此外，作品虽然沿袭汉大赋铺排传统，但语言上奇僻字眼较少，描写中时见流丽轻灵之笔，如“清露瀼瀼，绿水浩浩。树以嘉木，植以芳草”，描写景色流丽轻盈，较《鲁灵光殿赋》虽少了苍劲壮大，却更显得华美严整，叠词频现，生动流畅，显然融汇吸收了建安以来抒情小赋的

① 《文心雕龙·丽辞》，范文澜：《文心雕龙注》，第588页。

艺术特点，可以说是骋辞大赋与抒情小赋二体合流的一种表现。刘勰云："何晏《景福》，克光于后进。"[1]可知此赋在六朝时颇负盛名。

三、汉魏六朝其他建筑赋特点及流变

无论在内容体制上抑或艺术表现上，《鲁灵光殿赋》与《景福殿赋》都各具特色，堪为宫殿赋的佳篇伟构。本节将着重考察汉魏六朝时期其他宫殿赋，以及除宫殿以外的其他建筑类赋作，并将其与《鲁灵光殿赋》和《景福殿赋》进行比较，以梳理此期建筑类赋作的发展流变，并在大的创作背景中寻绎《文选》的立目意旨。

表7：汉魏六朝建筑赋一览

年代	作者	名称	出处	备注
西汉	刘歆	《甘泉宫赋》	《全汉文》卷四十	残
东汉	黄香	《九宫赋》	《全后汉文》卷四十二	
东汉	李尤	《德阳殿赋》	《全后汉文》卷五十	残
东汉	**王延寿**	**《鲁灵光殿赋》**	**《文选》卷十一**	
东汉	边让	《章华台赋》	《全后汉文》卷五十一	
东汉	马融	《梁将军西第赋》	《全汉赋》辑两句	残
东汉	繁钦	《建章凤阙赋》	《全后汉文》卷八十四	
东汉	杨修	《许昌宫赋》	《全后汉文》卷九十三	残
魏	夏侯惠	《景福殿赋》	《全三国文》卷二十一	残
魏	卞兰	《许昌宫赋》	《全三国文》卷三十	
魏	韦诞	《景福殿赋》	《全三国文》卷三十二	残
魏	缪袭	《许昌宫赋》	《全三国文》卷三十八	存序

[1]《文心雕龙·才略》，范文澜：《文心雕龙注》，第700页。

（续表）

年代	作者	名称	出处	备注
魏	何晏	《景福殿赋》	《文选》卷十一	
魏	孙该	《三公山下神祠赋》	《全三国文》卷四十	
西晋	庾阐	《狭室赋》	《全晋文》卷三十八	
西晋	孙楚	《韩王故台赋》	《全晋文》卷六十	
西晋	张协	《玄武馆赋》	《全晋文》卷八十五	残
西晋	潘岳	《狭室赋》	《全晋文》卷九十一	
西晋	潘尼	《东武馆赋》	《全晋文》卷九十四	
宋	孝武帝	《华林清暑殿赋》	《全宋文》卷五	残
宋	王义恭	《华林清暑殿赋》	《全宋文》卷十一	残
宋	何尚之	《华林清暑殿赋》	《全宋文》卷二十八	残
齐	王彬	《旧宫赋》	《南史》卷二十二《王彬传》	存目
梁	萧统	《殿赋》	《全梁文》卷十九	残
梁	王规	《新殿赋》	《梁书》卷四十一《王规传》	存目

（一）两汉时期

据上表统计，现存两汉时期所有建筑赋作共八篇，西汉一篇，其余皆出自东汉。在这些建筑赋作中宫殿赋数量最多，有五篇，即西汉刘歆《甘泉宫赋》、东汉黄香《九宫赋》、李尤《德阳殿赋》、王延寿《鲁灵光殿赋》和杨修《许昌宫赋》。

《甘泉宫赋》保存不全，就残句来看主要描写宫殿的外观，并用凤凰、神龙、神龟等祥瑞加以渲染。《九宫赋》描绘了道家宫殿建筑，作者先写宫殿的整体气势，“握璇玑而布政，总四七而持纲，和日月之光曜，均节度以运行”；然后着重描写宫内图画仙女骖乘，龙飞蛇腾，显现出缥缈仙气。此赋虽非巨制，但辞藻华丽，铺张夸饰。《德阳殿赋》和《许昌宫赋》皆残缺，窥其片段可知亦是对二宫殿之壮丽的描写，其中《许昌宫赋》有言曰："俭则不陋，奢则不盈。黎民子来，不督自成。于是天子乃具法服，戒群僚……"承汉大赋曲终奏雅的传统，表达了对天子的讽喻之意。两汉时期的宫殿赋，多数已散佚不全，然统览其所存片段，无非是对宫殿建筑的描绘，或崇仙，或讽喻，总体上较《鲁灵光殿赋》为平易。

此期赋作还有对其他建筑的描写，如边让《章华台赋》、马融《梁将军西第赋》和繁钦《建章凤阙赋》。其中马融之作仅存残句，无从考察全貌。繁钦之作专赋建章宫东面之凤阙，运用夸张和想象形容凤阙的高峻外形，全赋仅百余字，体制短小，句式工整，语言秀丽，然又不失大赋夸饰摹写之技巧，可视为宫殿赋的一个局部缩影。《章华台赋》比较特殊，作者借楚灵王建章华台，于其上日夜宴饮享乐以致荒废国政这一史实，假托伍举作赋进行讽谏。作品铺陈楚王欢宴佚乐，着力描绘音乐的优美动听和舞女的婀娜多姿，末尾曲终奏雅，归结于"罢女乐，堕瑶台"，肃恭仁明，以求永世太平。此赋借古讽今，表达了作者对汉灵帝大兴土木、荒淫奢侈的讽谏。单从赋题来看，《章华台赋》似乎是描写章华台这一建筑的赋作，然赋文对建筑未做任何摹写，实非真正意义上的建筑赋作。

纵观两汉时期的建筑赋，宫殿赋创作占主流，大多专力描绘宫殿外观布局等，体现宫殿的雄伟气势，但较之《鲁灵光殿赋》富含"飞动"之势的逼真描摹和细致刻画，诸赋在艺术成就方面显然难以比肩。更重要的是，王延寿赋予宫殿赋新的创作特征，其《鲁灵光殿赋》直接肯定和称颂灵光宫殿之雄奇巨丽，并以此显示君主声威，此种不同于汉大赋"曲终奏雅"的赋观，在三国时期的赋家尤其是何晏那里得到了继承和体现。

（二）三国时期

此期现存建筑赋作有六篇，其中宫殿赋五篇，均集中于对许昌宫和景福殿的描写。《许昌宫赋》除建安杨修最早创作外，此期卞兰和缪袭亦有同题之作。《景福殿赋》为何晏、夏侯惠和韦诞三人同题应诏之作。此期其他建筑赋仅有一篇，即孙该《三公山下神祠赋》。

魏明帝即位后，政治承平，国势强盛，遂大兴土木，于太和六年“治许昌宫，起景福、承光殿”①，曹魏的五篇宫殿赋均作于此时。卞兰、缪袭二人之《许昌宫赋》作于许昌宫重修之后，与杨修同题之作时间相距近四十年。其中缪袭《许昌宫赋》仅存序，从中可知，此赋以颂扬承平之治为旨意。卞兰《许昌宫赋》保存较为完整，此赋极力铺叙宫殿飞栋雕梁的精巧结构，富丽堂皇的气派，宫殿四周的奇花异木、珍禽猛兽和君主歌舞游观之乐，最后归为“论稽古，反流俗，退虚伪，进敦朴，宝贤良，贱朱玉”。作者取法汉大赋曲终奏雅的传统体式，反对靡丽以进敦朴、依制度，表达了对君主的讽谏之意。

何晏《景福殿赋》乃应诏之作，又陆侃如《中古文学系年》载夏侯惠、韦诞之赋与何晏同作于太和六年，由此可知夏侯惠、韦诞二赋亦是应诏之作。惜二赋均有散佚，观其残篇，韦诞之赋集中写景福殿建筑之巍峨华丽，周围离宫别馆之精巧奇美，以及教坊讲肄活动和歌舞游宴之乐；夏侯惠之赋集中描绘景福殿建筑之奇巧。二赋从不同的角度描绘景福殿，表现出对它的赞美与惊叹，其保存下来的赋文较短，然描写集中，结构紧凑，可知其原有篇幅不长。而何晏《景福殿赋》洋洋一千九百九十余言，描写景福殿更加细致周全，面面俱到，实为此期宫殿大赋创作的代表。

此期描写其他建筑的赋作仅一篇，即孙该《三公山下神祠赋》，作品先写三公祠特异地势，并以溪水之急、山谷之深衬托其高峻，然后描绘三公祠殿内装饰结构之华美，最后写祀神祈福的情景。此

① 《三国志》卷三《明帝纪》，第99页。

赋以庙宇建筑为描写对象，取材不同于宫殿，亦未有宫殿赋之壮丽，但作品恰似游记形式，依目击的先后顺序逐层描写，语言典雅清丽，可谓宫殿赋之变体的开端。

由于政治清明，国力强盛，曹魏时期的宫殿赋创作相对繁荣，较之两汉时期，形成了一定的创作模式。其中描绘宫殿的角度更加丰富，除了从外部形势到内部结构之外，还增加了从主殿到侧厢、从群落到周边等角度，有的还描写了歌舞游宴，丰富了描绘宫殿的内容，增强了宫殿的宏大华美气势。尤其值得注意的是，这一时期的宫殿大赋受体物抒情小赋的影响，较之两汉时期，语言清丽，句式齐整，体现出大赋与小赋二体合流的趋势。

另一方面，当社会进入一个相对安定繁荣的时期，人的审美趣味和鉴赏风尚有时会出现怀旧的倾向，京都、宫殿等大赋的复苏，多少意味着对建安以来盛行于赋坛的体物抒情小赋的美学倾向的反拨。魏初这些大赋，语言上奇僻字眼较少，句式上趋于整饬，描写中时见流丽轻灵之笔。这是融汇并吸收了建安以来抒情小赋的一些艺术特点的结果。如卞兰《许昌宫赋》描写舞蹈："进鼓舞之秘伎……若飞龙之游天"，即以小赋之笔作大赋之文。在抒情小赋兴起以后，大小赋的交融已是大势所趋，"魏晋之际京都宫殿大赋在企图反拨抒情小赋的美学倾向的同时，也对自身做了某些修正，这正是二体赋汇流的一种表现"①。

（三）两晋南朝时期

两晋时期，社会动荡不已，政局缺乏安定，宫殿赋创作失去了赖以存在的承平稳定的政治土壤，故宫殿赋在此期销声匿迹。据统计，现存两晋时期的建筑赋作共五篇，且全部集中在西晋，分别是

① 程章灿：《汉魏六朝赋史》，江苏古籍出版社2001年版，第97页。

孙楚《韩王故台赋》、张协《玄武馆赋》、潘尼《东武馆赋》、庾阐《狭室赋》和潘岳《狭室赋》。

《韩王故台赋》是写酸枣寺门外的两个故台，相传是韩王听讼之观。作品通过对比，想象并描写故台之高峻雄伟，虚拟其建筑的过程以及宫殿里宴乐奢靡的生活。作者借古戒今，批判了当时国小而骄盈的社会现实。张协《玄武馆赋》散佚不全，观其残文可知此赋描写天子之离宫别馆，在内容和技巧上沿袭汉魏宫殿赋，无甚创新可言。潘尼《东武馆赋序》曰："东武馆者，盖东武阳侯之馆也。俄而迁居，谓余曰：'吾将老焉，故有终焉之志，而无移易之意，子且为我赋之。'"可见此赋乃承东武阳侯之命而作，赋中由东武阳侯迁居此馆写起，描绘此馆之便利交通、险固地势、周边美景和宴饮之乐。由于是承命之作，故此赋仅就东武阳侯馆邸及其闲适生活做客观描述，颇乏情趣。庾阐和潘岳分别作有《狭室赋》，两赋未对狭室做过多描写，而是借狭室表达个人情志。潘岳以其室之狭陋为苦而羡慕广厦荣居，庾阐则更为坦率，认为居处饮食不必求其简陋，可见二人之《狭室赋》，均一反传统，不以居陋室为美德，实属社会风尚所致。此期建筑赋受体物抒情小赋影响，篇幅短小，句式齐整，文辞清丽。

由于时代环境的影响，宫殿赋虽然丧失赖以存在的政治土壤走向式微，但却并未从根本上消失，而是做出相应的改变和调整，以适应新的文学发展要求。此期的建筑赋实际是宫殿赋的变体：就题材而言，由先前富丽堂皇之帝王宫殿变为帝王之离宫台观，进而变为相侯之私人公馆，直至最后变为士人之简屋陋室，虽然建筑结构逐层缩小，但却丰富了建筑赋作的题材；就描写技巧而言，由先前宫殿赋之夸饰铺采变为适当描绘甚至简单勾勒；就立意而言，由先前宫殿赋之颂扬赞美变为或寓含规戒或表述情志；就体制和风格而言，亦由先前宫殿赋之宏大雄壮变为短小精丽……所以此期的建筑赋呈现出迥然不同的全新面貌，这可以说是汉魏以来宫殿赋调整自身以求新变的结果。但统观此期的建筑赋作，除辞尚清丽、对偶工整之外，整体艺术成就不及汉魏是显而易见的。

南朝时期的建筑赋都是宫殿赋，这与当期暂时的政治稳定是分不开的。据统计，此期宫殿赋（包括存目）共六篇，其中宋三篇，为宋孝武帝君臣三人同题共作之《华林清暑殿赋》。三赋皆为残篇，窥其片段可知，孝武帝之赋主要描写清暑殿建筑过程及其体势，王义恭与何尚之二赋主要描写宫殿周围之清凉景致，从而衬托宫殿作为避暑胜地之佳妙。齐仅有一篇存目，即王彬《九宫赋》。梁除王规《新殿赋》存目外，仅有萧统《殿赋》，亦是残篇。此赋主要描写“高殿之丽”，沿袭了汉魏宫殿赋的创作格局，层次清晰，刻画细致。统观南朝这四篇宫殿赋的残文，缺少了汉魏宫殿赋雄壮宏伟之气势，但南朝的宫殿赋讲究藻饰，对偶精工，韵律和谐，是当时崇尚绮丽赋风的体现。

四、小结

全面考察汉魏六朝的建筑赋，有助于我们加深对《文选》赋专设“宫殿”类的了解。整个汉魏六朝时期有建筑赋作（包括存目）共二十五篇，专门描写宫殿建筑的赋作有十六篇（包括两篇存目），占全部建筑赋的五分之三强，是建筑赋创作的大宗。除创作数量上的优势以外，宫殿本身的雄壮华美，不仅可以激发赋家对艺术美的追求，而且还能体现帝王的声威并有助于社会教化，所以宫殿赋创作将艺术美和社会功用结合在一起，意义重大。考虑到上述两点，便不难理解《文选》为何专设“宫殿”一目了。在十六篇宫殿赋中，九篇集中出现在东汉曹魏时期，可见东汉曹魏是宫殿赋创作的繁荣时期,《文选》“宫殿”类赋的两篇选文均出自此期，亦契合宫殿赋创作的发展趋势。

对宫殿的描写在苑猎京都大赋中必不可少，如司马相如《上林赋》、扬雄《羽猎赋》《长杨赋》、班固《两都赋》、张衡《二京赋》等，描绘宫殿之雄奇华美极尽铺张夸饰之能事，但其目的却是在最后以反对宫殿之靡丽，讽喻君主归节俭、守礼度。所以在汉大赋中，赋家对宫殿的描写实际上是曲终奏雅的铺垫，尚未成为作品的主要描写对象。随着赋体的发展，逐渐派生出专门描写宫殿题材的赋作，即宫殿赋。宫殿赋创作起于西汉，经东汉末至魏明帝时期达到高潮，形成了相对固定的写作模式，即作者总写宫殿的体势外观，再写宫殿的内部结构装饰，然后写左右厢廊侧宫，最后写宫殿周边景致。宫殿赋基本上保持了汉大赋的铺排风格，但是宫殿赋亦开创了自己的特征，将宫殿作为描写对象，专力描绘其宏大雄壮和富丽堂皇，直言不讳地表达对它的肯定和赞美，并且将其纳入礼制的一部分，使之起到扬君威、助风教的积极作用。这种赞叹宫殿的巨丽之美并将其与社会政治功用结合起来的创作方式，与汉大赋以反对宫殿靡丽来寓政教迥然有别，体现了赋学观念的新变。宫殿赋在汉魏达到创作高峰之后，迅速衰落，西晋时期出现的描写宫馆室宇的小赋虽可看作宫殿赋的变体，但宫殿赋之原有体势已无处可寻，而南朝时期出现的几篇宫殿赋，气势上亦有明显退化。

另一方面，作为一种文学传统最顽固的题材，宫殿赋中虽然多了一点夹叙夹议的笔墨，但基本上还是走着汉代京都赋“劝百讽一”的路数，即赋中大部分的文字花在对宫殿的铺陈描写上，讽谏之意几被淹没。这不是作家个人的局限，而主要是题材的局限。写作这种具有“顽固性”的传统的大赋题材，高明的赋家也难以突破它的基本程式。由于汉人已将这类赋的夸饰艺术发挥到后人无以复加的境地，所以此赋虽间有一些清词丽句，而文势之苍劲壮大已难企及前贤之作，唯可注意者是它的语言形式比以往的作品更趋整饬，俪词偶句的使用更加普遍。

《文选》“宫殿”类赋的两篇选文《鲁灵光殿赋》和《景福殿赋》，可谓宫殿赋的杰出代表。二赋体制宏大，极力描绘宫殿的宏大雄伟及内饰的精美绝伦，表达作者的赞美之情及对君主的颂扬，刻画细致逼真，角度丰富多彩，语言或苍劲或清丽，带给读者真切的艺术享受，从而完美体现了宫殿赋的体式特征，堪称宫殿赋中的佼佼者，故萧统将其选入“宫殿”类赋。

《文选》赋奠定了设立“宫殿”类目的这一传统，并为后代大型文学选集所继承，如宋代《文苑英华》分赋四十二类、清代《历代赋汇》分赋三十八类，均设有“宫殿”一目。

第十章
江海类

一、“江海”类名及溯源

“江海”类名，仅就《文选》选文来看，是指长江和大海，“江海”类赋即以长江或大海为赋题和描写主体，并对其进行艺术上的自然审美观照的赋作。但江海赋又包含在“水”类赋这一大的范围中，是水赋的重要部分。除江海以外，水赋亦包括描写黄河或其他河流湖泊并以之为创作主体的赋作。

古人对水的描写可上溯至《诗经》。《周南·汉广》云：“汉之广矣，不可泳思，江之永矣，不可方思。”①《小雅·沔水》云：“沔彼流水，其流汤汤。”②这些都是最早对水的咏叹。正如隋人杜台卿在其《淮赋序》中指出的：“《邶风》云：‘泾以渭浊，湜湜其沚。’《卫风》云：‘河水洋洋，北流活活。’……此皆水赋滥觞之源也。”③

产生于战国时期的楚辞，“书楚语，作楚声，纪楚地，名楚

① 西汉·毛亨传，东汉·郑玄注：《毛诗正义》，中华书局影印《十三经注疏》1957年版，第99页。

② 西汉·毛亨传，东汉·郑玄注：《毛诗正义》，中华书局影印《十三经注疏》1957年版，第913页。

③ 隋·杜台卿《淮赋序》，清·严可均：《全隋文》卷二十，第4133页。

物"[1]，对南方的自然风貌多有描绘，其《九歌》中的《湘君》《湘夫人》就有对湘水的描写以渲染气氛，《九章》中的《涉江》《哀郢》亦有很多类似的对水的描写，铺叙的篇幅较《诗经》更长。但是，无论《诗经》还是《楚辞》，其对水的咏叹和描写，仅是片段而已，在诗词中起到比兴或衬托作用，并不是以水为主要描写对象的独立篇章，不过它们作为后世水赋的源头却是毋庸置疑的。

对水的描写，最出色的文字当数枚乘《七发》中专门描绘"观涛"的一段："其始起也，洪淋淋焉，若白鹭之下翔。其少进也，浩浩溰溰，如白素车马帷盖之张。其波涌而云乱，扰扰焉如三军之腾装。其旁作而奔起也，飘飘焉如轻车之勒兵。……诚奋厥武，如振如怒。沌沌浑浑，状如奔马。混混庉庉，声如雷鼓。"这里运用比喻和夸张的修辞手法，不仅写波涛的洁白美丽，而且还以行军作战写波涛奔腾贯注的气势，想象丰富奇特，使人如闻其声，如睹其状，不免惊心动魄。《七发》中对观涛的叙述达百余句，铺排夸饰，辞采宏丽，气魄壮大，在艺术表现上对后世水赋产生很大影响。然而其毕竟只是全赋的一个片段，尚未成为独立的完全意义上的水赋。

现存第一篇水赋乃咏叹大海之作，即东汉初班彪的《览海赋》。此赋开篇云："余有事于淮浦，览沧海之茫茫，悟仲尼之乘桴，聊从容而遂行。"作者面对沧海，有感于孔子"道不行，乘桴浮于海"之叹，心向往之，于是想象与孔子同游海上胜景，会见赤松子等仙人，通过对沧海景象的描绘，抒写"原结侣以自托，因离世而高游"的情怀。作者把大海作为客观自然景物的同时，更是将其作为一种想象中的仙界灵境加以描绘，谭家健先生认为："此赋名为览海，实则游仙。"[2]不过，赋中颇有精彩之句展现出大海的雄姿："驰鸿濑以缥骛，翼飞风而回翔。顾百川之分流，焕烂熳以成章，风波薄其裔裔，

① 北宋·黄伯思：《东观余论·校定楚辞序》，中华书局1988年版，第344页。
② 谭家健：《汉魏六朝时期的海赋》，载于《聊城师范学院学报》2000年第2期。

邈浩浩以汤汤。指日月以为表，索方瀛与壶梁。”作者勾画出长风回翔、百川分流、波涛浩荡、日月映衬的大海的壮丽景象，实开后世咏海大赋之先河。

二、《文选》所录江海赋文本释析

《文选》“江海”类选赋两篇，即西晋木华《海赋》和东晋郭璞《江赋》。两赋一写大海一写长江，均从多个角度加以铺陈描写，气势雄奇，境界开阔，然在具体的表现方式上两赋又各具特色，从而将江海赋的创作推向了艺术巅峰。

（一）西晋木华《海赋》

西晋木华《海赋》是汉魏以来咏海的一篇杰构，久负盛名。李善注引傅亮《文章志》称：“文甚儁丽，足继前良。”①

此赋开篇从大禹启龙门、引百川归海写起，引用有关大海形成的神话传说，赞叹了大海体势的宏阔：“群山既略，百川潜渫。泱漭澹泞，腾波赴势。江河既导，万穴俱流。”笔力遒劲，呈现出大海的神奇非凡。然后从多个角度描写大海“为广、为怪、为大”的特征。其中作者善于捕捉其随时异观的动态特征，刻画海浪的奇形异状，如“波如连山，乍合乍散。嘘噏百川，洗涤淮汉”“于是鼓怒，溢浪扬浮。更相触搏，飞沫起涛。状如天轮胶戾而激转，又似地轴挺拔而争回”，运用比喻，描绘细致，气势非凡。接着作者通过描写泛舟海上的不同情景，显示出大海风云变幻威力无穷的神奇性格：

若乃偏荒速告，王命急宣。飞骏鼓楫，泛海凌山。于是候劲风，揭百尺。维长绡，挂帆席。……一越三千，不终朝而济所届。

① 唐·李善注：《文选》，第179页。

这里作者描写“王命急宣”之时，劲风鼓帆、疾流飞舟之状，笔势流动跌宕，一幅茫茫海上扬帆迅航之图画跃然纸上。不仅如此，作者还铺陈了大海的丰富物产，“何奇不有，何怪不储”，水府栖百灵、居鲛人，鱼有吞舟之大，物有瑕石、螺蚌之丽；海岸飞鸟成群，诡色殊音；海上神山群立，群仙缥缈。赋文最后赞颂了大海“含形内虚”、“卑以自居”、包容万物的品格和胸怀。

《海赋》从众多角度对大海做了全方位的审美观照，显示出大海的宏阔富有和瑰奇绚丽，其中也表达了作者对正义力量的歌颂和对博大胸襟抱负的赞美，给人以丰富的生命启示。赋文气势雄壮，诡异奇幻，奥博翔实，极赋家之能事。尤其是对大海形态的描写，作者连续以层层比喻夸张形容，以神话传说因虚显实，以幻想舟人远航从侧面烘托，形象生动地再现了大海千变万化、多姿多彩的情态。不仅如此，作者还运用近乎汉大赋的铺叙手法向人展示大海丰富物产，同时又能革除汉人碓垛罗列的陈规。如写海边景物，仅捕捉沙岸贝壳熠熠闪光的缤纷色彩；写海中之鱼，仅以“横海之鲸”为代表；写岛屿洲渚景观，仅刻画初生之小鸟群飞并戏、关关嘤嘤的景象……这些描写生动传神，让人目不暇接，而无繁冗累赘之感。清人何焯称赞此赋“奇之又奇，相如、子云无以复加”[①]，并不过分。谭家健先生说：“作者运用铺陈、渲染、比拟、夸张等众多手法，全方位超时空描绘了大海的各个方面，文笔光昌流丽，音节自然和谐，克服了汉大赋呆滞板重之嫌和堆垛辞藻之弊。”[②]这一评价十分中肯。

《海赋》不仅在艺术描写上表现突出，其体式结构亦十分独特，甚至会给人以结构混乱的印象。明王世贞《艺苑卮言》就认为：“玄虚《海赋》，人谓未有首尾，尾诚不可了，首则如是矣。或作九河乃

---

① 清·何焯：《义门读书记》卷四十五，中华书局1987年版，第875页。
② 谭家健：《汉魏六朝时期的海赋》，载于《聊城师范学院学报》2000年第2期。

可用此首，今却不免孤负大海。”[1] 批评其无首无尾之弊。而清人孙月峰却认为《海赋》一再强调写海不从海说起，而从洪水先说，乃是“借洪水发端来”，指出：“文体原无定，或由本及末，或自末归本，或借小形大，或举大及小。随人变化，结构必若所云，恐反涉拘板。”[2] 笔者认为，《海赋》在体式上的无首无尾，不仅没有影响其表现，反而更为之增添了艺术魅力。试想《海赋》无首无尾、浑茫一片的体式，十分贴合大海无边涯际、壮阔波澜的自然风貌。所以《海赋》不仅在内容上描写包罗海的一切，尽显海的宏阔广博，而且在表面体式上亦做到与大海的完美拟像，这种双重形式的结合，正是《海赋》绝妙之佳处。

总之，此赋取法汉大赋全方位铺陈、细腻描绘之长，境界开阔，气势宏伟，体式独特，文辞雅丽，将海赋的创作推向了至高点，故钱钟书先生评价此赋：“远在郭璞《江赋》之上，即张融《海赋》亦无其伟丽。”[3]

（二）东晋郭璞《江赋》

郭璞《江赋》创作于东晋太兴元年，与《海赋》一样，是魏晋江海赋的奇构，且篇幅较《海赋》更长。作者细致描绘了长江的浩大声势、丰饶物产和壮美风光，向人展现出一幅万里长江的壮丽画卷。

赋文先纵观长江，从长江之源头落笔，统览其汇聚百川，“呼吸万里，吐纳灵湖”的气势，接着总叙江流穿山越岭、奔流决荡的壮观景象，其写三峡一带形势：

---

① 明·王世贞著，罗仲鼎校注：《艺苑卮言校注》，齐鲁书社 1992 年版，第 128 页。
② 清·于光华：《评注昭明文选》引孙月峰语，上海扫叶山房民国十二年（1923）石印本。
③ 钱钟书：《管锥编》，三联书店 2007 年版，第 1919 页。

若乃巴东三峡，夏后疏凿。绝岸万丈，壁立赮驳。虎牙桀竖以屹崒，荆门阙竦而盘礴。圆渊九回以悬腾，湓流雷响而电激。骇浪暴洒，惊波飞薄。迅澓增浇，涌湍迭跃。

形容三峡形势之险，水流之急，漩涡之深，浪涌之猛，惊心动魄，使人印象深刻。继写江入平川，浩瀚茫茫，波涛不兴，水光轻漾，另有一番景象。动静相宜，张弛有致，表现了长江雄奇变幻之姿。作者又分层描写了长江的富饶物产、风土人情和历史传说。其中写江中的水产矿藏，江边的鸟兽林木，并且旁及与长江水脉相通的云梦、雷池、彭蠡、洞庭等诸多湖泊泽薮的物产与景观，奇珍异宝，美不胜收，极尽铺陈之能事。而写江面行船之景观，亦生动而富有变化，其中有风平浪静“万里连樯”的场面，也有风浪“疾而不猛”之时，“鼓帆迅越”“千里俄顷”的情景。此外，还有“芦人渔子，摈落江山”“忽忘夕而宵归，咏采菱以叩舷”的放旷潇洒之风情。不同的景观，不同的风情，突显了长江的丰富内涵。最后作者列举与江水有关的神话传说，虚写长江之妙境，结尾曰：

焕大块之流形，混万尽于一科。保不亏而永固，禀元气于灵和。考川渎而妙观，实莫著于江河。

以玄理观照长江，又以长江之性状体悟玄理，从而赞美了长江博大超迈的品格。

《文选》李善注引《晋中兴书》曰：“璞以中兴，三宅江外，乃著《江赋》，述川渎之美。”① 可知郭璞写《江赋》，称述长江流域川渎之美，对东渡士人起到稳定人心的政治意义。也正因为如此，作者继承发扬了汉大赋铺陈排比的传统，在描写上务求“汪濊博富”，尤其是对长江水域物产富饶的铺写，几占全篇五分之二的篇幅。作者在有些地方连续使用联边字多达二十几个，制造出视觉上的美感

① 唐·李善注：《文选》，第183页。

效果，同时还将《山海经》《博物志》中本为长江所无的事物融入描写，“虚张异类，托有于无”，开启新的创作倾向。这些不仅体现了作者作为古文字学家的学识，而且还体现了他极貌写物、穷力追新的勇气。此外，作者对于江面行船和渔人生活的景致，描写上却是尽显细腻传神，文辞精丽：

长风飂以增扇，广莫飔而气整。徐而不飚，疾而不猛。鼓帆迅越，趠涨截泂。凌波纵柂，电往杳溟。霵如晨霞孤征，眇若云翼绝岭。倏忽数百，千里俄顷。飞廉无以睎其踪，渠黄不能企其景。于是芦人渔子，摈落江山。衣则羽褐，食惟蔬鱼。栫淀为涔，夹潨罗筌。筩洒连锋，罾罶比船。或挥轮于悬碕，或中濑而横旋。忽忘夕而宵归，咏采菱以叩舷。傲自足于一呕，寻风波以穷年。

前半“长风”四句写江上风起，笔致细腻而有分寸；“鼓帆”十句写船行之疾，设譬丰富而新颖，其“晨霞孤征”四字尤为奇警，钱钟书先生称其“可以适独坐而不徒惊四筵也”[①]。后半转写芦人渔子的生活情景，摈落江山，悬岸垂钓，中濑撒网，乐而往返，他们吟咏渔歌，傲然自足，顺应自然，以穷天年，纯是一派隐者风神。此种描写，为长江壮阔画卷增加了几分潇洒超脱的情韵。但《江赋》未能克服罗列过甚的弊端，而且生奇僻字的运用亦使赋文稍有板重之嫌。就描写角度来看，《海赋》的角度转换大多对比强烈，如动与静、善与恶，故其内容显得瑰奇，文势富于跌宕，而《江赋》大多是环环相扣，转换相对平缓，文势起伏不大，所以，清人孙月峰认为郭赋“典丽有之，不及《海赋》之壮”[②]。何焯亦指出《江》不如《海》，“才力悬绝”[③]。

总体上说，《江赋》洋洋一千六百八十余言，从纵向和横向描

① 钱钟书：《管锥编》，三联书店 2007 年版，第 1945 页。
② 清·于光华：《重订昭明文选集评》，清嘉庆十二年怀德堂刻本。
③ 清·何焯：《义门读书记》卷四十五，中华书局 1987 年版，第 875 页。

绘长江，层次分明，境界阔大，内容富赡，夸张和比喻的手法层出叠现，描写细致，句式骈对，文辞宏丽，故有“其辞甚伟，为世所称”[①]的赞誉。《江赋》展现长江奇异壮丽的巨幅画卷的同时，在东晋初期，对于稳定民心、增强统治者立国江东的信心，亦起到一定的积极作用。

三、汉魏六朝其他水域赋特点及流变

通过前述可知，无论在内容上还是艺术表现上，《海赋》和《江赋》都达到了极高的艺术水平，堪称描绘江海之力作，故为《文选》“江海”类赋所收。为了加强论证，本节将着重考察汉魏六朝时期其他描写江海的赋作，以及描写除长江大海以外其他水域的赋作，将其与《海赋》和《江赋》进行比较的同时，总括汉魏六朝水赋的创作特征及流变，寻绎《文选》“江海”类赋立目意旨。

表 8：汉魏六朝水域赋一览

年代	作者	名称	出处	备注
东汉	班彪	《览海赋》	《全后汉文》卷二十三	
东汉	班固	《览海赋》	《全后汉文》卷二十四	残
东汉	张衡	《温泉赋》	《全后汉文》卷五十二	
东汉	蔡邕	《汉津赋》	《全后汉文》卷六十九	
东汉	应玚	《灵河赋》	《全后汉文》卷四十二	
东汉	王粲	《游海赋》	《全后汉文》卷九十	残
东汉	王粲	《浮淮赋》	《全后汉文》卷九十	
魏	曹操	《沧海赋》	《全三国文》卷一	残

① 《晋书》卷七十二《郭璞传》，第 1901 页。

（续表）

年代	作者	名称	出处	备注
魏	曹丕	《济川赋》	《全三国文》卷四	
魏	曹丕	《临涡赋》	《全三国文》卷四	残
魏	曹丕	《沧海赋》	《全三国文》卷四	
魏	曹丕	《浮淮赋》	《全三国文》卷四	残
吴	杨泉	《五湖赋》	《全三国文》卷七十五	残
西晋	王彪之	《水赋》	《全晋文》卷二十一	残
西晋	应贞	《临丹赋》	《全晋文》卷三十五	残
西晋	庾阐	《海赋》	《全晋文》卷三十八	残
西晋	庾阐	《涉江赋》	《全晋文》卷三十八	
西晋	傅咸	《神泉赋》	《全晋文》卷五十一	
西晋	袁乔	《江赋》	《全晋文》卷五十六	存序
西晋	成公绥	《大河赋》	《全晋文》卷五十九	残
西晋	成公绥	《大海赋》	《全隋文》卷二十杜台卿《淮赋序》	存目
西晋	孙绰	《望海赋》	《全晋文》卷六十一	残
西晋	张载	《濛汜池赋》	《全晋文》卷八十五	残
西晋	潘岳	《沧海赋》	《全晋文》卷九十	
西晋	**木华**	**《海赋》**	**《文选》卷十二**	
西晋	江统	《徂淮赋》	《全晋文》卷一百六	残
东晋	曹毗	《涉江赋》	《全晋文》卷一百七	残
东晋	曹毗	《观涛赋》	《全晋文》卷一百七	残
东晋	曹毗	《水赋》	《全晋文》卷一百七	残
东晋	**郭璞**	**《江赋》**	**《文选》卷十二**	
东晋	郭璞	《咸池赋》	《全晋文》卷一百二十	
东晋	伏涛	《望涛赋》	《全晋文》卷一百三十三	残

（续表）

年代	作者	名称	出处	备注
东晋	顾恺之	《观涛赋》	《全晋文》卷一百三十五	残
东晋	顾恺之	《湘川赋》	《全晋文》卷一百三十五	残
宋	谢灵运	《长溪赋》	《全宋文》卷三十	残
宋	谢庄	《曲池赋》	《全宋文》卷三十四	残
齐	张融	《海赋》	《全齐文》卷十五	
齐	谢朓	《临楚江赋》	《全齐文》卷二十三	残
梁	萧纲	《海赋》	《全梁文》卷八	残

（一）汉魏时期

如前所论，虽然在《诗经》《楚辞》中已有对水的描写，但仅是全篇的片段和衬托，未构成作品的描写主体。汉大赋中出现大段描写水的赋文，如枚乘《七发》描写波涛汹涌起伏，司马相如《上林赋》绘述上林山水之胜，都比较完整，自成首尾。但就整个作品而言仍不过是铺写帝王苑囿的组成部分，并且侧重从政治角度加以赞颂，而非出于纯粹的自然审美观照。

真正意义上的水域赋到东汉才出现。据笔者统计，汉魏时期共有水赋十三篇，其中东汉七篇、魏五篇、吴一篇。在这些作品中，有一半是描写大海的海赋，如东汉班彪《览海赋》、班固《览海赋》、王粲《游海赋》、曹操《沧海赋》和曹丕《沧海赋》。

班彪《览海赋》是现存第一篇描写大海的赋作，赋文描写大海的文字不多，但对海上仙境的幻构却是体现了大海的深秘和瑰奇，内容上主要是由览海引向游仙。它不仅是第一篇海赋，亦是汉魏六朝时期水赋的开山之作。班固《览海赋》和曹操《沧海赋》仅存一两句，今已无从考察其具体面貌。王粲的《游海赋》描写大海吐星出日、天与水接之深广以及怀珍藏宝、隐神匿怪之富赡，赋文略乏文采，描写亦显板滞，其中以大海喻人君，通过对百川宗朝、万壑归海的咏叹，表达他对曹魏政权统一天下的期望和赞颂。惜此赋为残篇，尚难概观全貌。曹操的《沧海赋》仅存一句，曹丕《沧海赋》先描写沧海“百川独宗”之壮阔及“惊涛暴骇”之声势，然后写巨鱼、鼋龟、鸿鸾、孔鹄等物衬托沧海的奇美，最后写海边之美景：“振绿叶以葳蕤，吐芬葩而扬荣。”此赋非同于班彪《览海赋》之虚构幻境，而是从海的壮观写到海的美物又旁及海边美景，多面构象，具体真切。此赋体制稍短，与木华《海赋》还有一定距离。

除上述五篇海赋以外，汉魏时期还有描写黄河、淮河、汉水、济水以及五湖等的水域赋，赋作大多为曹氏父子及邺下文人集团所作，如曹丕《济川赋》《临涡赋》《浮淮赋》、王粲《浮淮赋》、应玚《灵河赋》等。由于赋家大多随曹操南征北战，登山临水，因此以江海湖水为题材的赋作应运而生。有些写征行所经，与军事活动相联系，歌颂文事武功，抒发豪迈情怀，如王粲、曹丕同题的《浮淮赋》，更似军旅行役之作。应玚《灵河赋》是现存第一篇描绘黄河的赋作，作品先写黄河源于“昆仑之神丘”，“衔积石之重险兮，披山麓而溢浮”，然后写黄河之气势：“肇乘高而迅逝兮，阳侯怖而振惊。”自“有汉中叶”以下，又写了汉武帝治理黄河之事。此赋虽仅存片段，然可窥见作者描写黄河水流的壮观和威力，并由此联系到对黄河的治理，以及对黄河功用的赞美，具有一定的价值和意义。曹丕《济川赋》写济水泛游之景观与乐趣，描写济水广阔气势和水中动植物，体制短小，文辞流畅。杨泉《五湖赋》，序中称名山大泽必有记颂之章，而五湖“独阙然未有翰墨之美”，故“述而赋之”，具有题材的开拓意义。此赋以其他川流衬托五湖形胜和美丽，语言较为质朴。

纵览汉魏时期的水域赋创作，自东汉班彪父子首开其端之后，影响甚微，直至建安时期，由于战事频仍，赋家在客观上增多了接触山水自然的机会，眼界开阔，见识丰富，才使得描写各江河湖海的水域赋相应增加。与此同时，受政治统一事业氛围的影响，此时的水域赋多表现出作者对武功的颂扬以及个人的豪迈情怀。汉魏时期的水域赋，除残篇之外，普遍篇幅短小，描写技巧一般，无论内容的丰富性还是表现的艺术性，皆处于起步阶段，少有出色之作，但它们在水域赋题材上的开拓意义是不容忽视的，直接促成了两晋水域赋的兴盛。

（二）两晋时期

受时代环境影响，两晋时期玄风流诞，士人放游山水渐成风尚。尤其是司马氏政权南渡之后，对南方优美自然风光的体验，大大激发了文人的创作欲望，从而促成了水域赋创作的繁荣。《文选》“江海”类选赋两篇，均出于两晋时期，可见编者对此期水赋创作的重视。据统计，两晋时期水赋有二十一篇，是汉魏六朝水赋创作数量最多的时期。不仅如此，此期水赋题材更加丰富，技巧日趋娴熟，预示着汉魏六朝水赋创作进入了成熟期。

其中描写大海和长江的江海赋共八篇（不计存目），几占此期全部水赋的一半，海赋和江赋等量齐观，均有四篇。就海赋创作而言，除木华《海赋》外，还有庾阐《海赋》、孙绰《望海赋》和潘岳《沧海赋》。

庾阐《海赋》和孙绰《望海赋》皆残缺，前者主要是模拟木华《海赋》而成，毫无创新可言；后者对大海的描写，亦不如木华《海赋》有气势。潘岳《沧海赋》较为完整，描绘沧海的广阔雄奇和富饶景色，如其“徒观其状也，则汤汤荡荡，澜漫形沈。流沫千里，悬水万丈。测之莫量其深，望之不见其广”一段，极写沧海之深广，气魄宏大，并取法大赋铺陈手法，写其山、其鱼、其虫兽、其禽鸟。

此赋描写大海景观虽有气势，但境界不如木华《海赋》开阔，描写角度亦不如其丰富多样，而且文字上略带板滞之嫌。就江赋创作而言，除郭璞《江赋》外，另有庾阐《涉江赋》、袁乔《江赋》和曹毗《涉江赋》。庾阐《涉江赋》是现存第一篇描写长江的赋作，赋文先写长江之水势，"总百川之殊势，集朝宗乎沧浪"，然后写"水物含灵"，篇幅不长，描写平易，但作者通过对长江"体含弘而弥泰，道谦尊而逾光。齐山海以比量，冠百谷而称王"的咏叹，以水性喻人格修养甚或为君之道，极富理致，与王粲《游海赋》相类。袁乔《江赋》和曹毗《涉江赋》均残缺严重，今已无法考知全貌。

较汉魏时期，两晋又有一些新的水域赋题材出现，如《水赋》《观涛赋》《濛汜池赋》等。王彪之的《水赋》目的是"寂闲居以远咏，托上善以寄言"，通篇借咏水表达道家之玄理，如"泉清恬以夷淡，体居有而用玄。浑无心以动寂，不凝滞于方圆"等，体现出东晋玄风之盛。曹毗亦有《水赋》，惜仅存两句。以"涛"为主题的赋作有三篇，分别为曹毗、伏涛和顾恺之所作，但均残佚。张载《濛汜池赋》写濛汜池优美景致及天子于此遨游垂钓之乐，风格简淡，文辞清丽。此外傅咸《神泉赋》写居所涌泉冬暖夏凉之神妙，较张衡《温泉赋》只写夏凉之美更胜一畴，且叠字频用，特色突出。成公绥《大河赋》承应玚《灵河赋》，描写黄河之壮美及其奔腾不息之个性，惜赋文残缺。

统览此期的水域赋，就江海赋而言，无论内容形制抑或表现手法均不及《文选》选文所达到的艺术成就。而其他水域赋创作亦难充当此期之典型代表。与汉魏时期相比，此期水域赋不仅题材上进一步扩大，而且形式内容更加完善，形成描写"水势——物产——景观"的基本创作格局。同时，在寄托方面上，除以水性喻人德之外（如庾阐《涉江赋》），有些赋作还将玄理寄寓其中（如王彪之《水赋》），郭璞《江赋》也有言玄的迹象，丰富了水域赋的内涵。另外，此期的水赋，除个别作品（如傅咸《神泉赋》）属精巧奇珍之外，其余或沧海江河，或濛汜丹淮，境界宏阔，气势雄壮，体现出赋家审美视野中的水域气象。

（三）南朝时期

水域赋经过两晋时期的创作高潮之后，到南朝逐渐颓落。据统计，此期仅有水赋六篇，其中海赋两篇，即齐张融《海赋》和梁简文帝萧纲《海赋》。

这里值得一提的是张融的《海赋》。此赋为张融早年浮海至交州，于海中所作。作者对这篇赋充满自信，也受到时人的赞赏。赋中有一些称道的特色：一是铺陈海中物产的文字较简洁，体现出作者不因袭前人、勇于新变的创作精神；二是颇多新颖奇秀之句，如写海涛汹涌澎湃的景象："湍转则日月似惊，浪动则星河如覆。既烈太山与昆仑相压而共溃，又盛雷车震汉破天以折毂。"气势之宏大雄奇，可与木华《海赋》媲美；三是在写景中隐喻玄理，作者描绘天上景物倒映水中云："照天容于鯷渚，镜河色于鲨浔，括盖余以进广，浸夏洲以洞深，形每惊而义维静，迹有事而道无心。"钱钟书先生称此数句"盖拟海于玄虚、禅定之心境"，又说："王弼尝谓：'圣人之情，应物而无累于物'，取融语说之：应物者，照容镜色也，无累于物者，形惊而义静、迹有而心无也。"[①] 但总体上看，此赋终不及木华《海赋》"伟丽"。除此之外，这一时期还有谢灵运《长溪赋》、谢朓《临楚江赋》、谢庄《曲池赋》，均已残缺不全，难窥全貌；但它们都是被引入的全新题材，丰富了水域赋的创作内涵，对这一时期水赋的创作起到了一定的促进作用。

① 钱钟书:《管锥编》，三联书店2007年版，第2097页。

四、小结

全面考察汉魏六朝时期的水域赋，有助于我们加深对《文选》赋专设“江海”一目的了解。据统计，整个汉魏六朝有水赋三十九篇，其中东汉七篇、魏五篇、吴一篇、两晋二十一篇、南朝五篇。

水域赋由东汉兴起，经三国时期的发展，在两晋达到创作高潮，后于南朝诸代迅速衰落。而在汉魏六朝所有的水域赋作品中，描写大海的海赋数量最多，有十二篇，占全部水赋的三分之一，是水域赋的重要组成部分，其中东汉三篇、魏两篇、两晋五篇、南朝两篇，可见两晋是海赋创作数量最多的时期。描写长江的江赋数量位居第二，有四篇，全部是两晋时期的作品。

就创作数量来看，海赋和江赋明显多于其他水域赋，而且两晋的海赋和江赋亦多于其他各个时代。基于上述统计分析，《文选》于水域赋创作的大背景中专设“江海”一目是合理而必要的，并且其两篇选文均出自两晋，亦契合水域赋创作的发展流变趋势。

两晋承袭汉魏水域赋创作特点，并在此基础上通过大量创作，基本形成水域赋的形式格局，即“水势——物产——景观”三段式(有的是两段式)，或赞扬水德，或寄托玄理，或颂扬政治，描写技巧娴熟，境界开阔，气势宏伟，从而将水域赋的创作引向高潮。其中木华《海赋》和郭璞《江赋》，体制宏大，内容富赡，描写角度异常丰富，视野极为开阔，发掘出江海更多的审美内涵，雄奇磅礴，跌宕有致，表现出对水域赋原有创作内容与格局的超越，把水域赋的创作推上了一个时人乃至后人难以企及的新高度。总之，江海赋在创作数量上较其他水域赋占优势，而木华《海赋》和郭璞《江赋》在创作体制、描写内容以及表现艺术上，皆是江海赋作中最高成就的代表，甚至是整个汉魏六朝水域赋创作中的巨制佳作，所以《文选》于“江海”类赋中独取此二篇。

第十一章

物色类

一、“物色”类名及溯源

“物色”一词，最早出自《礼记·月令·仲秋之月》，曰：“是月也，乃命祝宰循行牺牲，视全具，案刍豢，瞻肥瘠，察物色，必比类，量大小，视长短，皆中度，王者备当，上帝其飨。”疏云：“‘察物色’者，骍黝之别也。”[①] 这里的“物色”指牲畜毛色，是词的本义。类似记载和相关词义在《淮南子·时则训》中亦有出现：“仲秋之月，……乃命宰祝，行牺牲，案刍豢，视肥臞全粹，察物色，课比类，量大小，视少长，莫不中度。”[②]《吕氏春秋》东汉高诱注云：“物，毛也。”词义与《礼记》大体相同。后来“物色”一词的意思有所演变，如《西京杂记》卷二云：“高帝既作新丰，并移旧社，衢巷栋宇，物色惟旧。”[③] 这里的“物色”是指东西的样子和形状。《后汉书·逸民传》云：“及光武即位，（严光）乃变姓名，隐身不见。帝思其贤，乃另以物色访之。”唐太子李贤注曰：“以其形貌求之。”[④]

① 东汉·郑玄注，唐·孔颖达疏：《礼记正义》，中华书局影印《十三经注疏》1957 年版，第 774～775 页。

② 西汉·刘安著，何宁集释：《淮南子集释》，中华书局 1998 年版，第 416 页。

③ 东晋·葛洪：《西京杂记》卷二，三秦出版社 2006 年版，第 88 页。

④《后汉书》卷八十三《逸民传》，第 2762 页。

这里的“物色”则指人的形象容貌。至南朝时期，“物色”一词在诗歌中常有出现，是指自然景物。如颜延之《秋胡行》：“日暮行采归，物色桑榆时。”[①]任昉《奉和登景阳山》：“物色感神游，升高怅有阅。”[②]

《文选》于十五类赋中设立“物色”一目，“物色”一词的含义又有所扩大。李善注云：“四时所观之物色而为之赋。”然观其选文又有《风赋》，为此，李善注云：“有物有文曰色。风虽无正色，然亦有声。《易》曰：‘风行水上，涣。’涣然即有文章也。”[③]由此可知，《文选》“物色”是指包括声响在内的四季自然物象和景色。特别需要提及的是，刘勰《文心雕龙》专有《物色》一篇，主要是围绕自然万物的声色状貌展开文学批评，其“物色”一词的内涵与《文选》相同。

早在《诗经》《楚辞》中，有关风、云、雪、月、雨等“物色”的描写不断涌现，然而它们大都起到比兴的点染作用，并非作品摹写刻画的主要对象。不过其中也有少数特例，如《小雅·信南山》“上天同云，雨雪雰雰，益之以霢霂，既优既渥，既沾既足，生我百谷”之句，以云为主题，写云聚雨降，润泽万物，有利于百谷生长，借此表达了对云泽被万物之功德的赞颂，然而对于云的状貌描写尚显薄弱。

现存最早以物色为题材的赋作是战国荀卿的《云赋》，作者用隐语的方式对云的特征进行了概括性描述，曰：“有物于此，居则周静致下，动则又綦高以巨”“精微乎毫毛，而充盈乎大宇，忽兮其极之远也”[④]等。作者以云为赋题，目的却是借物托喻，以表达政治理

---

① 南朝宋·颜延之《秋胡行》，逯钦立:《先秦汉魏晋南北朝诗》，中华书局 1983 年版，第 1229 页。

② 南朝梁·任昉《奉和登景阳山》，逯钦立:《先秦汉魏晋南北朝诗》，中华书局 1983 年版，第 1596 页。

③ 唐·李善注:《文选》，第 190 页。

④ 战国·荀卿《云赋》，清·严可均:《全上古三代文》卷九，第 70 页。

想，其中“大参天地，德厚尧禹”“功被天下而不私置”[①]等语，具有明显的道德比附之意。虽然此赋对云的描写刻画尚未能尽生动宛转之趣，但作为第一篇物色赋，其题材上的首创意义不容忽视。

二、《文选》所录物色赋文本释析

《文选》“物色”类选赋四篇，即战国宋玉《风赋》、西晋潘岳《秋兴赋》、南朝宋谢惠连《雪赋》与谢庄《月赋》。这几篇赋作通过对自然物象和景色的细致描绘，或写物寓意，或触物兴怀，即景抒情，在艺术表现方面各具特色，成就不凡。除宋玉《风赋》产生于战国时期以外，其余三篇均出自晋宋时期，从而表明萧统对晋宋时期物色赋的重视和推崇。

（一）战国宋玉《风赋》

《风赋》是战国后期楚国宋玉所作，是现存第一篇咏风的赋作。《文选》吕向注曰：“《史记》云：‘宋玉，郢人也，为楚大夫。时襄王骄奢，故宋玉作此赋以讽之。’”[②]

赋作开篇以“楚襄王游于兰台之宫，宋玉景差侍”发端，当时有风飒然而至，作者由此展开对风的描写，先总写风由小而大、从盛到衰的形成消长过程：“夫风生于地，起于青蘋之末。侵淫溪谷，盛怒于土囊之口。缘太山之阿，舞于松柏之下。”然后将风分为“大王之雄风”和“庶人之雌风”两类，并分别对雄风和雌风的不同情状加以描绘。如写大王之雄风，“徘徊于桂椒之间，翱翔于激水之上，将擊芙蓉之精。猎惠草，离秦衡”，“清清泠泠，愈病析酲。发

① 战国·荀卿《云赋》，清·严可均：《全上古三代文》卷九，第70页。
② 南朝梁·萧统编，唐·六臣注：《文选》，《四部丛刊初编》本。

明耳目，宁体便民”；而庶民之雌风则“塕然起于穷巷之间，堀堁扬尘。勃郁烦冤，冲孔袭门。动沙堁，吹死灰。骇浑浊，扬腐余。邪薄入瓮牖，至于室庐”，雌风所及，“驱温致湿，中心惨怛，生病造热”，与“雄风”相比，别若宵壤。当时社会中，君王与百姓之间，贵与贱、高与下、生活之优与劣，壁垒分明，难以“共之”。作者别出心裁，巧借大王“雄风”和庶民“雌风”的对比，表达出讽谏君王体恤下民之用意，寄托可谓深妙。明陈第《屈宋古音义》云：“人君苟知此意，则加志穷民，又乌能已。故宋玉此赋大有裨于世教也。”①

在艺术表现上，作者对风的描写已具铺陈雏形：

夫风生于地，起于青蘋之末。侵淫溪谷，盛怒于土囊之口。缘太山之阿，舞于松柏之下。飘忽淜滂，激飏熛怒。耾耾雷声，迴穴错迕。蹷石伐木，梢杀林莽。至其将衰也，被丽披离，冲孔动楗，眴焕粲烂，离散转移。

风本是无行无貌的，这里作者择用了“生、起、侵淫、怒、缘、舞、飘、飏、迴、错、蹷、伐、杀、冲、动”等动词，其中不乏拟人化的动词，描写细致精彩，使人仿佛可以看到它的形貌。元郭翼《雪履斋笔记》云：“古来绘风乎，莫如宋玉雌雄之论。”② 对《风赋》的艺术价值予以充分肯定。

总之，宋玉《风赋》借大王之雄风和庶民之雌风的铺陈，对风的描写极尽工妙之能事，生动逼真，出神入化。此赋是继荀卿《云赋》之后的第二篇物色赋，不仅弥补了荀卿《云赋》疏于刻画之不足，而且其写物寓意之法，对后世物色赋在“象其物宜则理贵侧附”方面的发展，亦具有先导作用。

---

① 明·陈第：《屈宋古音义》，中华书局1985年版，第259页。

② 元·郭翼：《雪履斋笔记》，清·李调元《函海》第十三函，清光绪八年刻本。

(二)西晋潘岳《秋兴赋》

潘岳《秋兴赋》作于晋咸宁四年，作者在赋序中交代自己“摄官承乏，猥厕朝列”，遂产生“江湖山薮之思”，于是“染翰操纸，慨然而赋。于时秋也，故以《秋兴》名篇”。这里的“慨然”，李善注引《说文》曰：“慨，太息也。”又引《字林》曰：“慨，壮士不得志也。”[①] 由此可知，作者对仕宦不达的慨叹和失意确立了此赋的悲秋基调。

作品开篇即云：“四时忽其代序兮，万物纷以回薄。”由一“忽”字所反映的四季迁转的不定感，发自作者在现实生活中被失落感缠缚的心境，这种心境在秋天飘零萧瑟的景象中更易找到对应物。作者览花盛衰，感秋零落。接着作品在广阔的空间铺陈秋悲景象，劲风吹，树洒落，蝉寒吟，雁南飞，微阳日短，凉夜方长，月含光而凄冷，鸿晨吟而离哀。悲凉摇落之秋景与作者失落苦闷之心境融为一体。在这样的氛围中，“宵耿介而不寐兮”，“慨俯首而自省”，作者感慨年华流逝，人生易老，归隐之心油然而生。所以赋的后半部分主要是借助对老庄哲学的体悟，以道家从容乐道之精神消解悲秋之情，进而描绘了一幅田园秋乐——“泉涌湍于石间兮，菊扬芳于崖澨。澡秋水之涓涓兮，玩游鯈之潎潎。”最后，作品以“逍遥乎山川之阿，放旷乎人间之世”的优游之志收束全篇。

《秋兴赋》在艺术表现上有两大特色。一是融情于景，即作者将描写秋景与抒发悲情紧密结合，感人深切。如描写秋悲一段云：“庭树槭而洒落兮，劲风戾而吹帷。蝉嘒嘒以寒吟兮，雁飘飘而南飞。天晃朗以弥高兮，日悠阳而浸微。何微阳之短晷，觉凉夜之方永。月朣胧以含光兮，露凄清以凝冷。熠燿粲于阶闼兮，蟋蟀鸣乎轩屏。听离鸿之晨吟兮，望流火之余景。”作者对景物的描写逐层展开，渲

---

① 唐·李善注：《文选》，第 192 页。

染了秋天的悲凉萧瑟。在这样的境况中，作者“宵耿介而不寐兮，独展转于华省。悟时岁之遒尽兮，慨俯首而自省。斑鬓髟以承弁兮，素发飒以垂领”，将个人的失意悲慨与秋景的萧索悲凉融为一体，作者之心即秋之愁，秋天之萧瑟即作者之零落，元祝尧《古赋辨体》评价曰：“篇中徒慕感节，惜老嗟卑，深情莅于辞表。”[①]

此赋的另一个特色是两种秋景的不同展示，从而衬托出作者两种截然不同的心情。如果说上述对秋天的描绘是凄冷飘落的，那么作者在进行自我反思和对老庄哲理的体悟之后，眼前的秋景则呈现出别样的情趣，如：“泉涌湍于石间兮，菊扬芳于崖澨。澡秋水之涓涓兮，玩游儵之潎潎。”这里的“秋水”和“游儵”意象均出自《庄子・秋水》，蕴含道的永恒和物我归一的理念。作者尊奉老庄“齐天地”的无为之道，“澡秋水”，“玩游儵”，高蹈远逝，放旷优游。在虚无的怀道之心的牵引下，作者对秋天景象做出渗透哲理的审美观照。总的来说，作品由“感物”到“应物”，不仅描绘了不同层次的秋景，同时也表现了作者不同层次的心境。同一作品包含两种表现，可谓潘岳之独创。

《秋兴赋》采用骚体之法写成，前半部分以秋景的无处不凄冷，衬托作者沉落下僚之无处不哀叹，即景抒情，感情真切；后半部分则以悟道之心，描绘另一番秋乐之景，表达归隐之志。两种秋景，两种心情，构思别致，语言生动，堪称物色赋之佳作。

（三）南朝宋谢惠连《雪赋》

《雪赋》是南朝宋谢惠连的压卷之作，《宋书》本传曾称赞此赋“以高丽见奇”[②]。赋文虚构汉梁王宴集宾客吟咏雪景的故事，共分三层：第一层写当时的场面，交代咏雪的背景。作品开篇以“岁

---

① 元・祝尧《古赋辨体》，《四库全书》本。
② 《宋书》卷五十三《谢惠连传》，第 1525 页。

将暮，时既昏；寒风积，愁云繁”四个三字句发端，从节奏上呈现出大雪将至的气氛。接着写“梁王不悦，游于兔园”，置酒命宾，召邹阳、枚乘、司马相如，“俄而密雪下”，梁王遂命相如骋辞赋雪。第二层写司马相如对雪的铺陈描绘，是全赋的中心。先是写雪的形成过程，然后写雪的形状性质，比喻瑰奇，形象绚丽。最后一层是邹阳的《积雪之歌》和《白雪之歌》以及枚乘的“乱”辞。邹阳二歌咏雪夜与闺中佳人饮酒话别，触景伤情，从而抒发“怨年岁之易暮，伤后会之无因”人生感慨之情。枚乘以“乱”结束全篇，从中蕴含玄学佛理的思辨，认为雪质性洁白，然却能够随风飘落、因时兴灭，借此表达了“纵心皓歌，何虑何营”之不拘名节、委运随化的人生态度和处世哲学。

此赋在艺术表现方面的最大亮点是构思极为巧妙，作者分别托三位文人而驰骋才华，处处紧扣赋雪的题旨而又各不雷同，他假司马相如展示写景状物的技巧，假邹阳二歌以抒情，假枚乘“乱”辞以说理，景、情、理三者浑融一体，可谓珠联璧合。另外，此赋刻画雪景的一个片段尤其精巧工致，鲜明地体现出元嘉文风“情必极貌以写物，辞必穷力而追新”的特色，历来脍炙人口：

其为状也，散漫交错，氛氲萧索。蔼蔼浮浮，瀌瀌奕奕，联翩飞洒，徘徊委积。始缘甍而冒栋，终开帘而入隙。初便娟于墀庑，末萦盈于帷席。既因方而为珪，亦遇圆而成璧。眄隰则万顷同缟，瞻山则千岩俱白。于是台如重璧，逵似连璐。庭列瑶阶，林挺琼树，皓鹤夺鲜，白鹇失素。纨袖惭冶，玉颜掩姱。

作者描绘雪之轻盈飘洒之状，又采用视线的转移，通过不同的角度展现出一个万类披素、瑰丽晶莹的世界。进而作者又摹写雪霁日出、素色璀璨的情景，如“白日朝鲜，烂兮若烛龙衔耀照昆山”“缘雷承隅，粲兮若冯夷剖蚌列明珠”，比喻瑰奇绚丽。作者对雪的描写细致优美，历来咏雪之作罕有匹及。元人祝尧在《古赋辨体》中对这一节赋文亦做出很高评价，云："此赋中间极精丽，后人咏雪皆脱胎焉。盖琢句练字，描画细腻，自是晋宋间所长。"①

总的来说，谢惠连之《雪赋》运用巧妙的构思，在情节的发展中赋予雪丰富的审美内涵，最后表达了作者不拘名节、顺任自然的人生态度。赋文将景、情、理三者有机结合，铺排连篇，骈偶华丽，描写逼真生动，意境优美旷达，脱尽前人浓重之气，是南朝时期物色赋之名作。

（四）南朝宋谢庄《月赋》

谢庄《月赋》与谢惠连《雪赋》并为南朝刘宋时期咏物赋之双璧。此赋在构思上基本规仿《雪赋》，假托的故事是曹植月夜不寐，伤怀病逝的文友应玚、刘桢，与王粲等游于园林，对月沉吟，而命王粲作赋，抒发怨遥伤远之情。赋的开头写曹植初丧应、刘，中夜忧思，览园伤怀，面对"白露暖空，素月流天"的情景，遂命王粲赋月以慰情，从而交代了咏月的背景。接下来写王粲答辞，引出赋月的主体，以秋夜的景色衬托月色之美，同时对亡友的缅怀之情亦使月光月景蒙上凄婉哀伤之色。赋文最后以二歌做结，如："美人迈兮音尘阙，隔千里兮共明月。临风叹兮将焉歇，川路长兮不可越。……月既没兮露欲晞，岁方晏兮无与归。佳期可以还，微霜霑人衣。"这里托以思念美人、盼望佳期之情，构成了幽思远怀、情调凄绝的意境，在委婉含蓄中将痛失挚友、无所归依之情表达得淋漓尽致。清人许梿评云："以二歌总结全局，与'怨遥''伤远'相应。深情婉致，有味外味。"②

《月赋》虽然在构思上蹈袭《雪赋》，但在描写技巧方面却略胜一筹。《雪赋》对雪的描绘极尽巧构形似之言，曲极毫芥，主要在

---

① 元·祝尧《古赋辨体》，《四库全书》本。
② 清·许梿评选，黎经诰笺注：《六朝文絜笺注》卷一，中华书局1962年版，第9页。

"状貌"上下功夫；比较而言，《月赋》写月则遗貌而写神，作者没有正面刻画月色，而是从天上地下、水中树梢、花香雁鸣等的渲染中，创造出一个清幽的月夜意境，以"神采"出奇制胜。如：

若夫气霁地表，云敛天末，洞庭始波，木叶微脱。菊散芳于山椒，雁流哀于江濑。升清质之悠悠，降澄辉之蔼蔼。列宿掩缛，长河韬映。柢柔雪凝，圆灵水镜。连观霜缟，周除冰净。

许梿评此段云："数语无一字说月，却无一字非月。清空澈骨，穆然可怀。"[①] 那微风中飘落的木叶，那若断若续的鸿雁哀鸣，是景语，亦是情语。在明月清辉的映衬下，主人公哀伤惆怅之情愈发浓郁。此段情景交融合一，意境清幽深邃，是全赋的点睛之处。另外，此赋精美工致的骈语散句，情韵流转的诗歌语言，都对作品意境的构成和抒情性的增强起到了一定的积极作用。

《月赋》与《雪赋》同为体物之名赋，然《雪赋》侧重咏赋说理，《月赋》侧重即景抒情；描写上，《雪赋》善于绘"貌"，《月赋》善于写"神"；风格上，《雪赋》于朗健中见清丽，《月赋》于忧伤中见飘逸；体式上，《雪赋》对景、情、理的展示层次分明，《月赋》则更好地表现出写景和抒情的紧密融合，并且在意境上更为凄清深邃。但是总的来说，《月赋》和《雪赋》"都已跳脱汉以来以咏物为主、抒情寓理受到拘限的局面，而回到宋玉《风赋》的道路，以人对雪月的感受去写雪月，产生更强的艺术魅力，达到幽怨而清空的境界"[②]。二赋表现技巧纯熟，代表了物色赋的最高成就。

三、汉魏六朝其他物色赋特点及流变

本节试对汉魏六朝时期其他物色赋作进行全面考察，与《文选》

① 清·许梿评选，黎经诰笺注：《六朝文絜笺注》卷一，中华书局1962年版，第7页。
② 简宗梧：《赋与骈文》，台湾书店1998年版，第140～141页。

“物色”选赋对比，一方面可以突显《文选》选文的标准，另一方面拟梳理整个汉魏六朝物色赋的发展，并从中寻绎《文选》的立目意旨。

表 9：汉魏六朝物色赋一览

年代	作者	名称	出处	备注
西汉	贾谊	《旱云赋》	《全汉文》卷十五	
西汉	公孙乘	《月赋》	《全汉文》卷十九	残
东汉	赵壹	《迅风赋》	《全后汉文》卷八十二	残
东汉	蔡邕	《霖雨赋》	《全后汉文》卷六十九	残
东汉	应玚	《愁霖赋》	《全后汉文》卷四十二	残
东汉	王粲	《大暑赋》	《全后汉文》卷九十	
东汉	王粲	《愁霖赋》	《全晋文》卷一百二陆云《与兄平原书》	存目
东汉	刘桢	《大暑赋》	《全后汉文》卷六十五	残
东汉	陈琳	《大暑赋》	《全后汉文》卷九十二	残
东汉	繁钦	《暑赋》	《全后汉文》卷九十三	
魏	曹丕	《愁霖赋》	《全三国文》卷四	残
魏	曹丕	《喜霁赋》	《全三国文》卷四	残
魏	曹植	《愁霖赋》	《全三国文》卷十三	残
魏	曹植	《喜霁赋》	《全三国文》卷十三	残
魏	曹植	《大暑赋》	《全三国文》卷十三	
魏	缪袭	《喜霁赋》	《全三国文》卷三十八	
西晋	王凝之	《风赋》	《全晋文》卷二十七	残
西晋	卢谌	《朝霞赋》	《全晋文》卷三十四	残
西晋	傅玄	《风赋》	《全晋文》卷四十五	残
西晋	傅玄	《喜霁赋》	《全晋文》卷四十五	

（续表）

年代	作者	名称	出处	备注
西晋	傅玄	《阳春赋》	《全晋文》卷四十五	残
西晋	傅玄	《述夏赋》	《全晋文》卷四十五	残
西晋	傅玄	《大寒赋》	《全晋文》卷四十五	
西晋	傅咸	《喜雨赋》	《全晋文》卷五十一	
西晋	傅咸	《患雨赋》	《全晋文》卷五十一	
西晋	李充	《风赋》	《全晋文》卷五十三	残
西晋	李颙	《雪赋》	《全晋文》卷五十三	残
西晋	李颙	《雷赋》	《全晋文》卷五十三	
西晋	成公绥	《天地赋》	《全晋文》卷五十九	
西晋	成公绥	《云赋》	《全晋文》卷五十九	
西晋	成公绥	《阴霖赋》	《全晋文》卷五十九	残
西晋	成公绥	《时雨赋》	《全晋文》卷五十九	残
西晋	孙楚	《雪赋》	《全晋文》卷六十	残
西晋	夏侯湛	《寒雪赋》	《全晋文》卷六十八	
西晋	夏侯湛	《雷赋》	《全晋文》卷六十八	
西晋	夏侯湛	《电赋》	《全晋文》卷六十八	
西晋	夏侯湛	《大暑赋》	《全晋文》卷六十八	
西晋	阮修	《患雨赋》	《全晋文》卷七十二	残
西晋	陆冲	《风赋》	《全晋文》卷八十六	
西晋	杨乂	《云赋》	《全晋文》卷八十九	
西晋	**潘岳**	**《秋兴赋》**	**《文选》卷十三**	
西晋	潘尼	《苦雨赋》	《全晋文》卷九十四	残
西晋	陆机	《浮云赋》	《全晋文》卷九十六	
西晋	陆机	《白云赋》	《全晋文》卷九十六	

（续表）

年代	作者	名称	出处	备注
西晋	陆云	《愁霖赋》	《全晋文》卷九十六	
西晋	陆云	《喜霁赋》	《全晋文》卷九十六	
东晋	曹毗	《秋兴赋》	《全晋文》卷一百七	
东晋	伏系之	《雪赋》	《全晋文》卷一百三十三	残
东晋	顾恺之	《雷电赋》	《全晋文》卷一百三十五	
东晋	徐广	《秋赋》	《全晋文》卷一百三十六	
东晋	湛方生	《风赋》	《全晋文》卷一百四十	
东晋	周祗	《月赋》	《全晋文》卷一百四十二	
宋	王义恭	《感春赋》	《全宋文》卷十一	残
宋	傅亮	《喜雨赋》	《全宋文》卷二十六	
宋	何偃	《月赋》	《全宋文》卷二十八	残
宋	谢灵运	《怨晓月赋》	《全宋文》卷三十	残
宋	**谢惠连**	**《雪赋》**	**《文选》卷十三**	
宋	**谢庄**	**《月赋》**	**《文选》卷十三**	
宋	卞伯玉	《大暑赋》	《全宋文》卷四十	
宋	袁淑	《秋晴赋》	《全宋文》卷四十四	残
齐	王融	《拟风赋》	《全齐文》卷十二	残
齐	褚渊	《伤秋赋》	《全齐文》卷十四	残
梁	萧纲	《晚春赋》	《全梁文》卷八	
梁	萧纲	《秋兴赋》	《全梁文》卷八	
梁	萧纲	《临秋赋》	《全梁文》卷八	
梁	萧绎	《春赋》	《全梁文》卷十五	残
梁	沈约	《拟风赋》	《全梁文》卷二十五	残
梁	江淹	《赤虹赋》	《全梁文》卷三十三	

（续表）

年代	作者	名称	出处	备注
梁	江淹	《四时赋》	《全梁文》卷三十三	
梁	陆云公	《星赋》	《全梁文》卷五十三	
梁	张瓒	《秋雨赋》	《全梁文》卷六十四	

（一）汉魏时期

汉魏时期物色赋创作开始兴盛。据笔者统计，此期作品共十六篇，其中西汉两篇，其余十四篇全部出自建安曹魏时期。

西汉贾谊创作的《旱云赋》保存较为完整，南宋章樵注称："贾谊负超世之才，文帝将大用之，乃为大臣绛灌等所阻，卒弃不用，而世不被其泽，故托旱云以寓其意焉。"[①] 此赋虽题为旱云，但内容上主要是描写旱灾给百姓造成的苦难，文末将这种"阴阳错位"的自然现象与"政治失中而违节"的情况相联系，从而宣泄了政治失意的忧愤之情。赋文采用骚体，具有强烈的现实批判精神。赵壹《迅风赋》是东汉现存首篇物色赋，赋文着力描写风无所不入又不可捉摸的性状特征，然文甚简短，语言平易。

至建安曹魏时期，物色赋创作出现了描写雨、暑、霁的三种新题材，据统计，此期此类作品多达十三篇，是整个汉魏时期物色赋创作的高峰。赋家全部围绕这三种题材展开创作，其中不乏同题共作现象，如王粲、应玚、曹丕、曹植均有《愁霖赋》，王粲、陈琳、刘桢、曹植均有《大暑赋》，曹丕、曹植、缪袭均有《喜霁赋》。大体观之，《愁霖赋》之作大多篇幅短小，作者主要描写霖雨之状以及给出行造成的不便，表达了对霖雨的愁闷和对晴天的渴盼。《大暑赋》则主要是描写酷暑"赫赫炎炎，烈烈晖晖"之情状，无论是物还是

① 南宋·章樵注：《古文苑》，《四部丛刊初编》本。

人都饱受炎热的煎熬。在刘桢和曹植的作品中都有对下层百姓艰难生活的描写，表现出作者正视现实、关心民情的创作态度。《喜霁赋》主要是描写雨过天晴之状，如缪袭之作，先描写霖雨的泛滥，然后颂美皇帝的圣明之德，在天人感应之中，最终天空放晴，一片喜悦之情溢于言表。

总的来说，汉魏时期物色赋在沿袭战国时期出现的云和风两种题材的基础上，又有新的拓展，主要以描写霖雨和酷暑为主，此期大多数作品集中于建安曹魏时期。受建安文学时代精神的影响，这些作品在内容上对现实政治多有涉及，表现出作者对社会现实的关心和对百姓苦难的同情。除残篇以外，大多数作品篇幅短小，这在一定程度上限制了描写技巧的发挥，然语言朗健，文气高爽，不失为此期物色赋的一个共同特征。

（二）两晋时期

两晋时期是物色赋创作的高峰期。据统计，此期物色赋作共三十六篇，数量上是汉魏时期的两倍，其中仅西晋就达三十篇，其创作之盛可见一斑。两晋的物色赋不仅数量上十分繁盛，在题材内容上较之前代亦有新的拓展，如描写雪、雷、电、霞、天地、大寒、阳春、秋兴等的赋作，都是首次出现。

纵观两晋时期的物色赋，以雨为描写对象的作品有九篇，数量上居于首位。在这些作品中，有些散佚严重，难窥全貌，如成公绥《时雨赋》《阴霖赋》、阮修《患雨赋》和潘尼《苦雨赋》。其中保存相对完整的有傅玄《喜霁赋》、傅咸《喜雨赋》《患雨赋》、陆云《愁霖赋》《喜霁赋》。统观诸文，或描写霖雨成灾之情状，表达无可奈何的苦闷和对百姓的同情；或描写久旱得雨之情形，赞美天人感应之福德。与前代同一题材物色赋相比，思想内容上无甚变化，艺术表现方面亦无称奇之处。所以纵使写雨的物色赋比重很大，但就其整体创作价值而言，未能吸引《文选》编者的目光。

此期描写风的赋作有四篇，如王凝之《风赋》描写风行水上，“无川不涉、靡流不往”之威力；陆冲《风赋》从风“配无形于大象，化万物于烟煴”之至德的角度，描写了风聚散无定的特性；傅玄《风赋》和李充《风赋》皆只留存数句，观其残文，亦都是描写风“寻之莫见其终，迎之莫见其来”的性状。较之战国宋玉《风赋》，不仅篇幅简短，内容单一，而且艺术表现上亦不及宋玉之描写工致细腻。

两晋描写云的赋作相比前代荀卿《云赋》和贾谊《旱云赋》而言，刻画尤为传神，如成公绥《云赋》着力渲染云卷云舒的形状，“龙伸蠖屈，蜿蝉逶迤。连翩凤飞，虎转相随”，作者巧用比喻，将云变幻莫测的特性描绘得生动逼真。然而这些作品在思想内容上除了以云比附道德之外，尚缺少深刻内涵。

两晋时期首次出现的描写雪、天地、雷电、霞等天象的赋作，对于物色赋题材具有很大开拓意义。其中较有特色的是成公绥的《天地赋》。此赋在序文中交代：“天地之盛，可以致思。历观古人，未之有赋，遂为之。”作者先写天地的形式和造化万物之功，然后分别描写天和地各自的特征，如天“悬象成文，列宿有章”，地“风乖俗异，神人纷纭”等，最后称颂天地的功德，结构严密，想象丰富，以天地入赋体现出当时赋家对前人未涉及题材领域的积极开创意识。夏侯湛《雷赋》咏叹惊雷震撼天地、激荡山川之威力，以此象征正义对邪恶的惩戒，歌颂了君主的权威与天地之道合一。此赋对雷的描写较有气势，如“霰雹之所摇凿，火石之所烧烁，云雨之所浇沃，流潦之所淹濯。当冲则摧破，遇披则歼溺。山陵为之崩荡，群生为之震辟”，排列组合，短句促音，具有一定的艺术感染力。有关四时节气的，除前代出现的《大暑赋》以外，两晋时期又开拓出描写阳春、大寒、秋天等题材，如傅玄《阳春赋》《大寒赋》、潘岳《秋兴赋》和徐广《秋赋》。其中傅玄二赋分别描写初春欣欣向荣的景象和寒冬霜雪冰冻的萧条景象，语言十分清丽流畅。徐广《秋赋》由其残文窥之，主要描写秋高气爽的风景。然而这些作品无论在内容丰富性、表现艺术性还是抒情真挚性方面，都难与潘岳《秋兴赋》相媲美。

两晋时期的物色赋创作，不仅数量繁多，盛况空前，而且题材丰富多样，如雨、雪、月、风、云、雷电、天地、霞及大暑、大寒、阳春、秋兴等，几乎囊括了整个汉魏六朝出现的所有天象岁时的物色题材，赋家对题材领域的开拓创新意识由此可见。这些作品都是赋家根据个人感受，围绕某一具体物色展开创作，描写生动形象，或咏物颂政，或体物说理，或托物抒情。总之，对自然物象的积极发掘，推陈出新，是此期物色赋创作的突出特点。

（三）南朝时期

《文选》物色赋最后两篇选文均出自南朝刘宋时期，即谢惠连《雪赋》和谢庄《月赋》，二赋被称作刘宋时期咏物赋之双璧。它们构思巧妙，描写物象生动传神，意境创造优美神怡，感情抒发真切婉致，标志着物色赋创作臻于完美，故为《文选》收录。由此亦体现出编者对二赋审美艺术价值的欣赏和肯定。

据统计，整个南朝时期共有物色赋十九篇，内容题材方面在承袭前代的基础上又有个别翻新。如梁江淹《赤虹赋》和陆云公《星赋》，所描绘的虹和星这两种自然天象都是在梁代首次出现，从而使物色赋题材的范围得到进一步扩充。统观南朝时期物色赋，其中保存相对完整、描写较有价值的如萧纲《晚春赋》，此赋描写暮春时节之场景，“水筛空而照底，风入树而香枝”“树临流而影动，岩薄暮而云披”等句，化静为动，移真入幻，对偶工稳，音韵谐调，是南朝赋追求唯美之风的体现。江淹《赤虹赋》较有特色，此赋描写虹霓从出现到逐渐消失的形态，如赤虹出现时，“俄而赤蜺电出，蚴虬神骧。暧昧以变，依稀不常。非虚非实，乍阴乍光”，渐趋消失时则

“耀葳蕤而在草，映青葱而结树。昏青苔于丹渚，暧朱草于石路。霞晃朗而下飞，日通胧而上度”，章法井然，刻画生动，给人以身临其境一览奇观的真切感受。另外江淹的《四时赋》，在一赋之中涵盖春夏秋冬四季的景色，并相应地抒发不同的思念之情，如春见日暖、蕙草、桃红、水碧而勾起的对故人之思，夏见“皋兰生坂，朱荷出池”而引起对上国“绮树”、金陵“蕙枝”的思念，秋见白露、明月、萤火而产生对妻子的思念，冬见长夜不晓、千里飞鸟而引起对旧都的思念。此赋分别以四季景色变化多面抒写思念之情感，内容丰富，感情真挚。

总的来说，南朝的物色赋在创作数量上不及两晋时期，但是在题材上略有突破创新，描写技巧上亦日趋娴熟，构思奇特，描写真切，手法灵活，语言精美，写景与抒情紧密结合，从而打破了前代物色赋只重体物的局限。

四、小结

据笔者统计，整个汉魏六朝时期的物色赋共七十一篇，其中汉魏十六篇、两晋三十六篇、南朝十九篇。如此可观的创作数量，不能不引起萧统的关注和重视，故《文选》赋设立“物色”一目，契合了赋作题材的发展要求。

物色赋最早由战国荀卿《云赋》首发其端，至宋玉创作《风赋》，作者对风这一自然物象进行了细致描绘，铺陈排比，生动传神，写物寓意，奠定了后世物色赋创作的传统格局。汉魏时期的物色赋，其创作多数集中于建安曹魏时期，且以霖雨和大暑两种题材为主，赋作中相应描写了民生的疾苦，在思想主旨上反映出建安赋家关注社会现实的用世精神。物色赋经由汉魏时期的发展，迨至两晋迎来创作高峰，此期赋作不仅数量繁盛，而且题材多种多样，如云、雨、风、雪、月、霞、雷、电、天地、阳春、大暑、秋兴、大寒等，赋家不遗余力地挖掘前人未涉及的创作题材，体现出明显的开拓创新意识。此期物色赋在描写上较之前代亦有进步，作者根据个人的感受，将各种自然物象景色描绘得生动真切，表现手法亦灵活多样；然而大多数作品专注物色的描写刻画，在抒情寓意方面略有不足。到了南朝时期，物色赋创作达到成熟。作品不仅构思巧妙，表现技巧娴熟，语言精工，境界优美，而且体物与言志、写景与抒情紧密结合，从而获得了很高的艺术成就。

除宋玉《风赋》外，《文选》物色赋另收晋宋时期潘岳《秋兴赋》、谢惠连《雪赋》和谢庄《月赋》，三赋在继承宋玉描写传统基础之上，体物更加精妙传神，或抒情真挚感人，或体现哲理感悟，具有很高的艺术感染力，标志着物色赋创作的最高成就，同时也反映出萧统的独特慧识和审美情趣。

第十二章

鸟兽类

一、“鸟兽”类名及溯源

“鸟兽”，顾名思义，是指飞鸟和走兽。《文选》李善注引《尔雅》曰：“两足而羽谓之禽，四足而毛为之兽。禽，即鸟也。”① 由此可见，《文选》鸟兽赋，就其类名而言，已十分明确，即以飞鸟或走兽为描写主题的一类赋作。

早在《诗经》中就有许多对鸟兽鱼虫的描写。孔子云：“小子何莫学夫《诗》?《诗》可以兴，可以观，可以群，可以怨，迩之事父，远之事君，多识于鸟兽草木之名。”② 孔子认为《诗》的功能很多，其中一项是“多识于鸟兽草木之名”，以增长见识。《诗》包罗了许多鸟兽草木等自然物象，专就鸟兽而言就有《关雎》《鸱鸮》《硕鼠》《有狐》《白驹》《鹿鸣》等，但诗人往往把鸟兽物象作为描写片段，以起到托物比兴的作用。如《关雎》首章曰：“关关雎鸠，在河之洲。窈窕淑女，君子好逑。”借对雎鸠的咏叹起兴，以雎鸠亲昵和乐的形象，喻比君子和淑女的美好爱情。可见《诗经》中对鸟兽的咏叹大

---

① 唐·李善注：《文选》，第 198 页。

② 三国魏·何晏注，北宋·邢昺疏：《论语注疏》，中华书局影印《十三经注疏》1957 年版，第 395 页。

都仅是艺术手段，尚未成为全诗的主体和中心。楚辞中亦不乏鸟兽尤其是禽鸟意象，如“鸷鸟之不群兮，自前而固然”（《离骚》）、“鸾鸟凤皇，日以远兮。燕雀乌鹊，巢堂坛兮”（《涉江》）、“凤凰在笯兮，鸡鹜翔舞”（《怀沙》）等。东汉王逸《楚辞章句》云：“《离骚》之文，依《诗》取兴，引类譬喻，故善鸟香草，以配忠贞；恶禽臭物，以比谗佞。”[①] 屈原以鸟兽引类譬喻，使其具有鲜明的象征意义，由此可见鸟兽在楚辞中亦处于陪衬地位，与《诗经》并无二致。

然而值得注意的是《诗经·鲁颂·駉》一诗，全篇曰：

駉駉牡马，在坰之野。薄言駉者，有驈有皇，有骊有黄，以车彭彭。思无疆，思马斯臧。駉駉牡马，在坰之野。薄言駉者，有骓有駓，有骍有骐，以车伾伾。思无期，思马斯才。駉駉牡马，在坰之野。薄言駉者，有驒有骆，有骝有雒，以车绎绎。思无斁，思马斯作。駉駉牡马，在坰之野。薄言駉者，有骃有騢，有驔有鱼，以车祛祛。思无邪，思马斯徂。

此诗凡四章，朱熹《诗集传》谓四章皆“赋也”。《毛传》云：“駉，颂僖公也。僖公能遵伯禽之法，俭以足用，宽以爱民，务农重谷，牧于坰野，鲁人尊之。于是季孙行父请命于周，而史克作是颂。”[②]《集传》云：“此诗言僖公牧马之盛。”[③] 不管此诗蕴含的美刺之旨如何，重要的是它通篇以马为吟咏对象：首章先状马之肥大，次叙马之种类毛色，末言马之盛无尽无休，而其马又必皆善也；其余三章虽字句稍异但章旨无殊，皆体现出对马的描绘和摹状，以达到尽物之态的功效。要之，《鲁颂·駉》一诗脱离了托物比兴形式的限制，明确以马作为全诗的咏叹对象和主题，具体描绘出马的形状情态，可以看作是《文选》鸟兽赋之滥觞。

① 南宋·洪兴祖：《楚辞补注》，中华书局 1983 年版，第 2 页。
② 西汉·毛亨传，东汉·郑玄注：《毛诗正义》，中华书局影印《十三经注疏》1957 年版，第 1843 页。
③ 南宋·朱熹：《诗集传》，上海古籍出版社 1958 年版，第 237 页。

二、《文选》所录鸟兽赋文本释析

《文选》"鸟兽"类选赋五篇，分别是贾谊《鹏鸟赋》、祢衡《鹦鹉赋》、张华《鷦鷯赋》、颜延之《赭白马赋》和鲍照《舞鹤赋》。其中，咏鸟赋四篇，咏兽赋一篇。《文选》所录的这五篇赋作并非单纯的咏鸟兽之作，而是寄托着作者某种思想理念或志愿怀抱，渗透着强烈的主观感情色彩。无论在思想内容还是艺术技巧上，它们都具有鲜明的特点。

（一）西汉贾谊《鹏鸟赋》

贾谊《鹏鸟赋》是现存最早以鸟为题的赋作。《史记·屈原贾生列传》云："贾生为长沙王太傅三年，有鸮飞入贾生舍，止于坐隅。楚人命鸮曰'鹏'。贾生既以谪居长沙，长沙卑湿，自以为寿不得长，伤悼之，乃为赋以自广。"① 可见此赋是作者"自悼""自广"之作，以排遣政治失意的悲慨愁绪。赋中的鹏鸟只是触发作者感想的借物，并非咏叹的对象，更无具体描述，这与后世的咏鸟赋大不相类。

作品虚拟出一个话语空间，假托"予"与鹏鸟的问答形式，向鹏鸟提出"予去何之""吉乎告我，凶言其灾""淹速之度，语予其期"三个问题；又借鹏鸟之口，分别从老庄的"万物变化""祸福相倚""万物回薄"的观点出发，说明吉凶的难以预测；又从万物变化的角度说明"化为异物，又何足患"的道理，进行自我宽慰和排遣；最后表示要看透荣辱祸福，"淡乎若深渊之静，泛乎若不系之舟"，"纵躯委命"，"知命不忧"。作者以老庄思想作为"自广"的理论依据，抒发失志的愤懑情绪，正如《西京杂记》所云："谊作《鹏鸟赋》，齐生死，等荣辱，以遣忧累焉。"②

① 《史记》卷八十四《屈原贾生列传》，第2496页。

② 东晋·葛洪：《西京杂记》卷五，三秦出版社2006年版，第249页。

《鹏鸟赋》虽然重在说理，但在艺术表现上，作者善于运用贴切的比喻将抽象的道理形象化，如“水激则旱，矢激则远，万物回薄，震荡相转”“天地为炉，造化为工，阴阳为炭，万物为铜”等，从而使枯燥的哲理形象生动。全赋以四言为主，其中穿插七言散体，增强气势。此赋文势时有铺排夸张，但字句坚实质朴，表达坦诚直率。

《鹏鸟赋》最早以鹏鸟为题名，却非同于一般意义上的鸟兽赋。《文心雕龙·诠赋》称其“致辨于情理”[①]，即已指出它的特点。清人纪昀评《文心雕龙》云：“《鹏赋》为谈理之始”，亦肯定了刘勰的品评。孙月峰评点《文选》时首发其端，指出此赋的归类问题，孙氏云：“此赋虽以鹏名，然却只谈理，宜入志类为得。”[②]然而《文选》却将《鹏鸟赋》归于“鸟兽”类并列之于篇首，比较《文选》“鸟兽”类与“志”类的选文方式，笔者推测，前者往往通过对鸟兽客体的描写寄托并抒发主体情志，可谓体物写志；后者却是直接抒发主体情志，尚未借助具体的客体物象。贾谊在《鹏鸟赋》中有感于鹏鸟入舍、主人将去的不祥境况，以鹏鸟这一客体物象为发端，表述了对人生的感慨，可谓感物写志。诚如前贤所指，此赋固然以“情理”见长，且赋中亦未对鹏鸟进行任何具体描写，相比其他鸟兽赋而言是有些特殊，但与“志”类赋差别亦甚大，何况此赋明确以鹏鸟为赋题，因此《文选》将其列入“鸟兽”类殊无不妥。

（二）东汉祢衡《鹦鹉赋》

祢衡《鹦鹉赋》是汉魏之际杰出的咏鸟赋。《后汉书·文苑传》称祢衡“少有才辩，而尚气刚傲，好矫时慢物”[③]，孔融爱其才，数

① 《文心雕龙·诠赋》，范文澜：《文心雕龙注》，第135页。
② 清·于光华：《评定昭明文选》引孙月峰语，上海扫叶山房民国十二年（1923）石印本。
③ 《后汉书》卷八十《文苑传》，第2652页。

荐之于曹操，而曹操不能容，转送刘表，刘表亦不能容，复送黄祖，后因触犯黄祖被杀。

作品从鹦鹉的体貌、神态、来历、性情、才德等方面写起，称赞了鹦鹉姿容出类拔萃、才性卓越不凡："惟西域之灵鸟兮，挺自然之奇姿。体全精之妙质兮，合火德之明辉。性辩慧而能言兮，才聪明以识机。"接着着重叙述它不幸陷入罗网、闭入雕笼后的凄惨痛苦之情：叹骨肉分别，漂泊流离；叹时乖运蹇，生不逢时；叹容颜憔悴，有翅难展。最后对鹦鹉"音声凄以激扬，容貌惨以憔悴""顾六翮之残毁，虽奋飞其焉如"表示无限同情。全篇以鹦鹉自况，用以抒发自己生当乱世、才士不遇、去国离乡、坎坷委屈的痛苦心情，同时暴露了当时社会的黑暗险恶和才智之士的悲惨遭遇。作者写作此赋时，其情感背景和借题发挥的命意方式与《鹏鸟赋》十分相类，但二者的写法和构思完全不同：《鹏鸟赋》中的鹏鸟仅是触发作者感情的客观事物，并非描摹的主要对象；而《鹦鹉赋》中的鹦鹉与作者息息相关，作者的身世之悲和忧生之意，完全通过对鹦鹉的描写展现出来，达到了物我交融的境界。

在艺术表现上，此赋通篇用比喻象征的手法，托鹦鹉以自况，瞿蜕园《汉魏六朝赋选》指出：此赋"借了鹦鹉这个题目，发泄心中的感慨，字面上是替鹦鹉诉衷怀，词气之情却是写有志之士在离乱时期那种委屈苦闷的心情"[①]。作者写鹦鹉就是写自己，写自己就是写鹦鹉，即物即人，主观情志与客观物象水乳交融，莫辨彼此。故清浦铣《复小斋赋话》谓祢衡《鹦鹉赋》实乃"为自己写照"[②]。因此，作者在对鹦鹉的描写上贯注了强烈的情感，将自己流离异乡、寄人篱下的悲哀，一气道出，情思凄绝：

① 瞿蜕园：《汉魏六朝赋选》，上海古籍出版社1964年版，第52页。

② 清·浦铣：《复小斋赋话》，浦铣著，何新文、陆成文校证：《历代赋话校证》，上海古籍出版社2007年版，第397页。

尔乃归穷委命，离群丧侣，闭以雕笼，翦其翅羽，流飘万里，崎岖重阻。逾岷越障，载罹寒暑，女辞家而适人，臣出身而事主，彼贤哲之逢患，犹栖迟以羁旅。矧禽鸟之微物，能驯扰以安处。眷西路而长怀，望故乡而延伫。

史称作者作此赋时“笔不停缀，文不加点”并非虚美。全赋流淌着一股不可遏止的气势，显示出作者“思锐于为文”[①]、以气运词的艺术才略。程章灿指出，关键是满腔抑郁引动万斛情思，喷涌而出。[②]不仅如此，作者还善于以景托情，以物托情，如：“若乃少昊司辰，蓐收整辔，严霜初降，凉风萧瑟，长吟远慕，哀鸣感类，音声凄以激扬，容貌惨以憔悴。闻之者悲伤，见之者陨泪。放臣为之屡叹，弃妻为之歔欷。”这段文字，情景交融，声情并茂，把远离故土、囚于笼中、欲飞不能的鹦鹉的凄惋心情写得十分深切感人，同时也透露出作者悲愤沉郁的情怀。句式上，此赋采用骚散相兼体，其中间有四六排偶，与其他骚散相兼体赋多以铺陈外物为主不同，已由铺排体物为主转为以抒情为主，是汉末抒情小赋的代表作之一。

总之，祢衡《鹦鹉赋》确是当时不可多得的力作，它借鹦鹉以自喻，开启后世文人借禽鸟自为写照的先河，对张华《鷦鷯赋》、鲍照《舞鹤赋》《野鹅赋》诸赋具有垂范之功。此外，该赋气势酣畅，感情深挚，格调悲凉，言辞剀切，清孙梅《四六丛话》谓其“旷放沈挚，《怀沙》之遗响也”[③]。

（三）西晋张华《鷦鷯赋》

《鷦鷯赋》是西晋张华的成名之作。此赋的写作背景有二说。《文选》李善注引臧荣绪《晋书》云：“少好文艺，博览坟典，为太常博

① 《文心雕龙·才略》，范文澜：《文心雕龙注》，第699页。

② 程章灿：《魏晋南北朝赋史》，江苏古籍出版社2001年版，第57页。

③ 清·孙梅：《四六丛话》卷三，上海商务印书馆1937年版，第39页。

士，转兼中书郎。虽栖处云阁，慨然有感，作《鷦鷯赋》。”① 据此可知，《鷦鷯赋》是作者居庙堂官位而忧虑祸患临身，有感于鷦鷯卑微全生而作。而《晋书·张华传》云：“（张华）初未知名，著《鷦鷯赋》以自寄。……陈留阮籍见之，叹曰：‘王佐之才也！’由是声名始著。” ② 据此可知，此赋作于魏末作者早年寒微之时，作者借吟咏鷦鷯以寄其志。虽然《鷦鷯赋》的写作背景，一主后期身居显位忧患之作，一主早期寒微喻志之作，但这对作品思想内容的解读并未造成很大影响。其原因在于，在魏晋之际的时代大背景下，统治者争权夺势，有识之士多受牵连，人命危浅，作者作《鷦鷯赋》的主要意图是借鷦鷯“形微处卑”表达“物莫之害”的全身之道，具有广泛的社会意义。

《鷦鷯赋》取义于《庄子·逍遥游》“鷦鷯巢于深林，不过一枝”。赋序即明确交代了全篇的主旨：“言有浅而可以托深，类有微而可以喻大。”并娓娓道出庄子“无用之用”的哲理，清淡而有余味。正文以对比的手法构成篇什，先描述微禽鷦鷯的形态特征和习性，“育翩之陋体，无玄黄以自贵。毛弗施于器用，肉弗登于俎味”，鷦鷯体陋毛贱，无一可用，“其居易容，其求易给，巢林不过一枝，每食不过数粒”，但却任性逍遥，“委命顺理”，不为物患。然后分别写雕鹗、䴔䴖、鹍鸡、孔雀、苍鹰、鹦鹉的遭戮受束，不得自由，以其“美羽而丰肌”必然招致“无罪而皆毙”，以反衬鷦鷯“不怀宝以贾害，不饰表以招累”，最后以庄子之齐大小做结。

《鷦鷯赋》与《鹏鸟赋》《鹦鹉赋》相似，都是托物言志，但在构思上《鷦鷯赋》自出机杼，不相蹈袭。它既不同于贾赋借鹏鸟之口直接宣扬哲理，也不同于祢赋以鹦鹉自况抒写悲情，而是取义《庄子》，借鷦鷯小鸟的形微处卑、与物无患，写出魏晋易代之际士人企

① 唐·李善注：《文选》，第201页。

② 《晋书》卷三十六《张华传》，第1069页。

求安命自全的处世哲学，设譬巧妙，用意深远，流淌着一种洞察世故的“苍凉”[①]之气。全赋体物寄情，深婉微妙，描写亦简洁精练，点到为止，语言平易清新。元人祝尧评价此赋曰：“本于人情，尽于物理，其词自工，其情自切，使读者莫不感动，然后为佳。”[②]

（四）南朝宋颜延之《赭白马赋》

《赭白马赋》是《文选》收录的唯一一篇咏兽赋。现存最早的咏兽赋是《西京杂记》中所收的公孙诡《文鹿赋》。《西京杂记》卷四载：“梁王游于忘忧之馆，集诸游士，各使为赋。”[③]可见此赋是藩国君臣宴饮时辞赋创作的产物，从现存的残句来看，内容无外乎是表达对君王的颂扬和对知遇之恩的感激。

颜延之《赭白马赋》作于南朝宋文帝元嘉中期，当时文帝刘义隆喜爱的一匹骏马病死，命臣下作赋。此赋序曰：“乃诏陪侍，奉述中旨，末臣庸蔽，敢同献赋。”可见是一篇典型的应制之作。赋文着重描写并赞颂了赭白马，首先是它的形态特征：“附筋树骨，垂梢植发。双瞳夹镜，两权协月。异体峰生，殊相逸发”，刻画出马的体形高骏，神气非凡；其次作者形容其奔驰速度：“超摅绝夫尘辙，驱骛迅于灭没。简伟塞门，献状绛阙。旦刷幽燕，昼秣荆越”；然后又从比武场上颂扬其超群绝伦的本领：“料武艺，品骁腾，流藻周施，和铃重设。睨形高鸣，将超中折，分驰迴场，角壮永埒。别辈越群，绚练夐绝，捷趫夫之敏手，促华鼓之繁节，经玄蹄而雹散，历素支而冰裂”。作者对赭白马的刻画栩栩如生，描写淋漓尽致。最后以“乱”做结，表达了对赭白马奔走效劳为天子征战、驱驰疆场而献身

① 明·张溥：《汉魏六朝百三家集题辞注·张茂先集》，人民文学出版社1963年版，第108页。张溥云：“壮武文章，赋最苍凉，文次之，诗又次之。”

② 元·祝尧：《古赋辨体》，《四库全书》本。

③ 东晋·葛洪：《西京杂记》卷四，三秦出版社2006年版，第178页。

的赞美之情，并且对其老之将至而受到惠养寄寓了美好愿望。与前三篇赋或述哲理、或写胸臆、或寄情志有所不同，《赭白马赋》是应制之作，作者借对赭白马的吟咏赞美，歌颂宋文帝的功德，雍容揄扬，庙堂气息十分浓重。就思想内容而言，此赋似无甚新意可言，然仔细推敲，作者在此赋中亦有自喻之情，如序文中“特禀逸异之姿”“妙简帝心”“服御顺志”“少尽其力”等，正是作者自我之心境，可见作者似乎将赭白马作为自己的化身，借助此马为君效力来衬托自己尽心辅君的意愿。“乱辞”中对马终老惠养的希冀也正是作者心声的表达。虽然此赋有明显的谀主倾向，但总体上仍能咏物叙情，暗含讽谏。

就艺术表现而言，此赋对马的描写多用比喻和夸张的手法，如描写马的形态云：“双瞳夹镜，两权协月。异体峰生，殊相逸发。”作者将其眼睛比作镜子般清明，将其两颊比作月亮般盈满，将其形体比作山峰般挺立，形象鲜明，有如绘画之图案。而形容马奔驰之速则云：“超摅绝夫尘辙，驱骛迅于灭没”，作者用“绝夫尘辙”“迅于灭没”之笔法，夸张描绘马奔驰急速，超越了尘埃和车辙，因而难以辨识其形影。不仅如此，作者亦十分讲究辞采，如对骏马的名称换用“飞黄、赤文、天骥、泽马、紫燕、绿蛇、纤骊、秀骐、月驷”等，辞采妍丽，让人眼花缭乱。总体来说，此赋以四六言为主，结构严谨，用字精练，造语生动，措辞形象鲜明，华美不失典雅，其对骏马的刻画描写对后世咏马之作产生了一定影响，如“双瞳夹镜，两权协月”，显为杜甫《骢马行》“隅目青荧夹镜悬”所本；“旦刷幽燕，昼秣荆越”，更是李白《天马歌》“鸡鸣刷燕晡秣越”①和杜甫《骢马行》“昼洗须泾渭深，夕趋可刷幽并夜”②所出。由此可见《赭白马赋》的意义和价值。

① 唐·李白《天马歌》，《全唐诗》卷一百六十二，中华书局1960年版，第1683页。
② 唐·杜甫《骢马行》，《全唐诗》卷二百一十六，中华书局1980年版，第2264页。

（五）南朝宋鲍照《舞鹤赋》

《舞鹤赋》是鲍照赋作名篇之一。作品开篇既不交代写作背景也不抒写感慨，而是开门见山，直接描写仙禽白鹤脱尘逸俗的丰姿和高蹈遗世的雄伟气魄：

钟浮旷之藻质，抱清迥之明心。指蓬壶而翻翰，望昆阆而扬音。帀日域以回骛，穷天步而高寻。践神区其既远，积灵祀而方多。精含丹而星曜，顶凝紫而烟华。引员吭之纤婉，顿修趾之洪姱。叠霜毛而弄影，振玉羽而临霞。

白鹤本“朝戏于芝田，夕饮乎瑶池”，悠然自得，但却不幸由仙境坠入人寰，受到羁绊，“厌江海而游泽，掩云罗而见羁。去帝乡之岑寂，归人寰之喧卑”，所以作者笔锋一转，写其失去自由的处境：“穷因杀节，急景凋年。凉沙振野，箕风动天。严严苦雾，皎皎悲泉。冰塞长河，雪满群山。既而氛昏夜歇，景物澄廓。星翻汉回，晓月将落。”此处与开头的清明悠闲的情景形成鲜明对比，用以衬托白鹤的遭遇，不幸沦为“唳清响于丹墀，舞飞容于金阁”的宠物。令人称奇的是，作者并未将对此种悲境的渲染延续下去，而是着重刻画白鹤在此种萧瑟情形下所展现的动人舞姿：“指会规翔，临岐矩步。态有遗妍，貌无停趣。奔机逗节，角睐分形。长扬缓骛，并翼连声。轻迹凌乱，浮影交横。众变繁姿，参差洊密。烟交雾凝，若无毛质。风去雨还，不可谈悉。既散魂而荡目，迷不知其所之。”描写惟妙惟肖，出奇制胜，从而加重了白鹤失去自由的悲哀之情。最后以“守驯养于千龄，结长悲于万里”的长叹束尾。作品表面描写白鹤，其高洁美质，优美舞姿，然而却身受束缚，处境悲凉，实际上寄托了作者仕途失意的郁闷惆怅，是作者自身“才秀人微”、有志难骋的不幸人生际遇的真实写照。

在艺术表现上，作者构景重墨渲染，气势浑沉，并用对比手法创造出两种不同的意境，衬托出白鹤遭际之不幸。作者对白鹤的舞姿领会真切，描绘传神，其中“众变繁姿，参差洊密，烟交雾凝，若无毛质，风去雨还，不可谈悉”一句，描写空灵逼肖，可谓精警奇创，为人称道。钱钟书先生尤其称赞“若无毛质”四字，认为：“鹤舞乃至于使人见舞姿而不见鹤体，深抉造艺之窈眇，匪特描绘新切而已。”[①] 此赋几乎通篇采用四六言，句式齐整，对偶精工，用字雕炼，体现出南朝赋唯美化的追求倾向。

三、汉魏六朝其他鸟兽赋特点及流变

上述分析的五篇鸟兽赋作，仅就作品本身而言，无论思想主旨还是艺术表现手法，都各有特色，异彩纷呈，合乎《文选》的选文标准，故为《文选》“鸟兽”类赋所录。为取得进一步证实，本节试将这五篇作品与同时期其他未被《文选》收录的鸟兽赋作进行比较，与此同时梳理汉魏六朝鸟兽赋的发展流变。为行文方便，现将汉魏六朝的鸟兽赋分为禽鸟赋和兽畜赋两类，分列二表进行论述。

表 10：汉魏六朝禽鸟赋一览

年代	作者	名称	出处	备注
西汉	贾谊	《鹏鸟赋》	《文选》卷十三	
西汉	孔臧	《鸮赋》	《全汉文》卷十三	残
西汉	路乔如	《鹤赋》	《全汉文》卷二十	残
东汉	傅毅	《神雀赋》	《隋书》卷三十五《经籍志》	存目
东汉	班昭	《大雀赋》	《全后汉文》卷九十六	
东汉	张衡	《鸿赋》	《全后汉文》卷五十四	存序

① 钱钟书：《管锥编》，三联书店 2007 年版，第 2052 页。

（续表）

年代	作者	名称	出处	备注
东汉	崔琦	《白鹄赋》	《后汉书》卷八十《崔琦传》	存目
东汉	应玚	《鹦鹉赋》	《全后汉文》卷四十二	残
东汉	**祢衡**	**《鹦鹉赋》**	**《文选》卷十三**	
东汉	杨修	《孔雀赋》	《全后汉文》卷五十一	残
东汉	王粲	《鹦鹉赋》	《全后汉文》卷九十	残
东汉	王粲	《白鹤赋》	《全后汉文》卷九十	残
东汉	王粲	《鹖赋》	《全后汉文》卷九十	
东汉	王粲	《莺赋》	《全后汉文》卷九十	
东汉	赵壹	《穷鸟赋》	《全后汉文》卷八十二	
东汉	陈琳	《鹦鹉赋》	《全后汉文》卷九十二	残
东汉	阮瑀	《鹦鹉赋》	《全后汉文》卷九十三	残
魏	曹操	《鹖鸡赋》	《全三国文》卷一	存序
魏	曹丕	《莺赋》	《全三国文》卷四	残
魏	曹植	《白鹤赋》	《全三国文》卷十四	
魏	曹植	《鹖赋》	《全三国文》卷十四	
魏	曹植	《鹦鹉赋》	《全三国文》卷十四	
魏	曹植	《离缴雁赋》	《全三国文》卷十四	
魏	曹植	《鹞雀赋》	《全三国文》卷十四	
魏	曹植	《孔雀赋》	《全后汉文》卷五十一杨修《孔雀赋序》	存目
魏	阮籍	《鸠赋》	《全三国文》卷四十四	
魏	钟会	《孔雀赋》	《全三国文》卷二十五	残
西晋	左棻	《孔雀赋》	《全晋文》卷十三	残
西晋	左棻	《鹦鹉赋》	《全晋文》卷十三	残
西晋	左棻	《白鸠赋》	《全晋文》卷十三	存序

（续表）

年代	作者	名称	出处	备注
西晋	卢谌	《鹦鹉赋》	《全晋文》卷三十四	残
西晋	卢谌	《燕赋》	《全晋文》卷三十四	残
西晋	成公绥	《鸿雁赋》	《全晋文》卷五十九	
西晋	成公绥	《乌赋》	《全晋文》卷五十九	
西晋	成公绥	《鹰赋》	《全晋文》卷五十九	残
西晋	成公绥	《鹦鹉赋》	《全晋文》卷五十九	存序
西晋	傅玄	《雉赋》	《全晋文》卷四十五	残
西晋	傅玄	《鹰赋》	《全晋文》卷四十五	残
西晋	傅玄	《斗鸡赋》	《全晋文》卷四十六	
西晋	傅玄	《鹦鹉赋》	《全晋文》卷四十六	残
西晋	傅玄	《山鸡赋》	《全晋文》卷四十六	残
西晋	羊祜	《雁赋》	《全晋文》卷四十一	
西晋	孙楚	《雁赋》	《全晋文》卷六十	残
西晋	孙楚	《雉赋》	《全晋文》卷六十	残
西晋	孙楚	《鹰赋》	《全晋文》卷六十	
西晋	孙楚	《鹤赋》	《全晋文》卷六十	存序
西晋	傅咸	《仪凤赋》	《全晋文》卷五十一	
西晋	傅咸	《鹦鹉赋》	《全晋文》卷五十一	残
西晋	傅咸	《燕赋》	《全晋文》卷五十一	
西晋	傅咸	《斑鸠赋》	《全晋文》卷五十一	
西晋	**张华**	**《鹪鹩赋》**	**《文选》卷十三**	
西晋	夏侯湛	《玄鸟赋》	《全晋文》卷六十八	
西晋	夏侯湛	《观飞鸟赋》	《全晋文》卷六十八	
西晋	嵇含	《鸡赋》	《全晋文》卷六十五	存序

（续表）

年代	作者	名称	出处	备注
西晋	挚虞	《鸡鹊赋》	《全晋文》卷七十六	残
西晋	李赐	《玄鸟赋》	《晋书》卷八十八《李密传》	存目
西晋	褚陶	《鸥鸟赋》	《晋书》卷九十二《褚陶传》	存目
西晋	蔡洪	《斗凫赋》	《全晋文》卷八十一	
西晋	贾彪	《大鹏赋》	《全晋文》卷八十九	残
东晋	曹毗	《鹦鹉赋》	《全晋文》卷一百七	残
东晋	钟琰	《莺赋》	《全晋文》卷一百四十四	残
东晋	沈充	《鹅赋》	《全晋文》卷一百二十八	存序
东晋	习嘏	《长鸣鸡赋》	《全晋文》卷一百二十四	残
东晋	傅纯	《雉赋》	《全晋文》卷一百二十八	残
东晋	顾恺之	《凤赋》	《全晋文》卷一百三十五	残
东晋	桓玄	《凤赋》	《全晋文》卷一百十九	残
东晋	桓玄	《鹤赋》	《全晋文》卷一百十九	残
东晋	桓玄	《鹦鹉赋》	《全晋文》卷一百十九	残
东晋	梅陶	《鹏鸟赋》	《全晋文》卷一百二十八	存序
东晋	张望	《鹭鹓赋》	《全晋文》卷一百三十五	残
东晋	卞承之	《鹝赋》	《全晋文》卷一百四十	存序
东晋	陆善	《长鸣鸡赋》	《全晋文》卷一百四十三	残
宋	王义庆	《鹤赋》	《全宋文》卷十一	残
宋	王义庆	《山鸡赋》	《全宋文》卷十一	残
宋	王徽	《野鹜赋》	《全宋文》卷十九	残
宋	谢惠连	《白鹭赋》	《全宋文》卷三十四	残
宋	谢惠连	《鸂鶒赋》	《全宋文》卷三十四	残
宋	谢庄	《赤鹦鹉赋》	《全宋文》卷三十四	残

（续表）

年代	作者	名称	出处	备注
宋	颜延之	《白鹦鹉赋》	《全宋文》卷三十六	残
宋	**鲍照**	**《舞鹤赋》**	**《文选》卷十四**	
宋	鲍照	《野鹅赋》	《全宋文》卷四十六	
齐	谢朓	《野鹜赋》	《全齐文》卷二十三	残
梁	萧纲	《鸳鸯赋》	《全梁文》卷九	残
梁	萧纲	《鸡鹊赋》	《全梁文》卷九	残
梁	萧绎	《鸳鸯赋》	《全梁文》卷十五	残
梁	萧统	《鹦鹉赋》	《全梁文》卷十九	残
梁	江淹	《翡翠赋》	《全梁文》卷三十四	
梁	徐勉	《鹊赋》	《全梁文》卷五十	残
梁	何逊	《穷鸟赋》	《全梁文》卷五十九	残
陈	徐陵	《鸳鸯赋》	《全陈文》卷六	残

表 11：汉魏六朝兽畜赋一览

西汉	公孙诡	《文鹿赋》	《全汉文》卷十九	残
东汉	马融	《龙虎赋》	《史记》卷五十六《陈丞相世家》	存目
东汉	应玚	《慜骥赋》	《全后汉文》卷四十二	
东汉	徐干	《玄猿赋》	《三国志》卷二十一《王粲传》	存目
东汉	王延寿	《王孙赋》	《全后汉文》卷五十八	
东汉	刘琬	《马赋》	《全后汉文》卷六十六	残
东汉	刘琬	《神龙赋》	《全后汉文》卷六十六	残
魏	王肃	《格虎赋》	《全三国文》卷二十三	残
魏	钟毓	《果然赋》	《全三国文》卷二十四	残
魏	刘邵	《龙瑞赋》	《全三国文》卷三十二	
魏	缪袭	《青龙赋》	《全三国文》卷三十八	

（续表）

魏	阮籍	《猕猴赋》	《全三国文》卷四十四	
魏	贾岱宗	《大狗赋》	《全三国文》卷五十三	残
西晋	傅玄	《乘舆马赋》	《全晋文》卷四十六	残
西晋	傅玄	《驰射马赋》	《全晋文》卷四十六	残
西晋	傅玄	《良马赋》	《全晋文》卷四十六	残
西晋	傅玄	《走狗赋》	《全晋文》卷四十六	
西晋	傅玄	《猨猴赋》	《全晋文》卷四十六	残
东晋	黄章	《龙马赋》	《全晋文》卷一百五	残
宋	王义恭	《白马赋》	《全宋文》卷十一	残
宋	谢庄	《舞马赋》	《全宋文》卷三十四	
宋	**颜延之**	**《赭白马赋》**	**《文选》卷十四**	

（一）西汉时期禽鸟赋

《文选》鸟兽赋的选文始自西汉初贾谊的《鹏鸟赋》，除此以外，据《全汉赋》统计，西汉时期的禽鸟赋还有两篇，即路乔如《鹤赋》和孔臧《鸮赋》。《鹤赋》今已不全，就残句来看，此赋描写白鹤身处禁苑不忘凌霄之志，同时又感激藩王恩遇的矛盾彷徨，寄托作者不愿因丰富的物质享受而失去精神自由的心理。《鸮赋》篇幅短小，似或不全。赋篇假托夏季庚子思道静居之时，见鸮鸟飞集屋隅，作者并未视其为不祥之兆，而是“观之欢然”，认为异物之吉凶，在人之德。《鸮赋》仿效贾谊《鹏鸟赋》，反其意而用之，立意在于破除迷信，但思想和艺术均不及贾赋深刻动人。东晋梅陶模仿贾谊亦作了一篇《鹏鸟赋》，由仅存的序文可知，此赋是作者遭王敦之难，居于武昌时而作。

（二）东汉曹魏时期禽鸟赋

东汉曹魏时期，禽鸟赋的创作相当繁盛。据粗略统计，此期现存的禽鸟赋作（包括全篇、残篇、存目）共二十四篇，其中东汉十四篇、曹魏十篇。虽然早在西汉初年便有禽鸟赋出现，但直到东汉中后期，以禽鸟为题材的赋作才开始走向繁荣。

班昭《大雀赋》是东汉较早的禽鸟赋，其内容主要是歌颂东汉王朝的德威。张衡《鸿赋》和赵壹《穷鸟赋》借咏鸟抒发个人感慨，开启了赋物与寄情结合的传统。《鸿赋》仅存序文，曰："南寓衡阳，避祁寒也。若其雅步清音，远心高韵，鹓鸾以降，罕见其俦。而锻翮墙阴，偶影独立。唼味秕稗，鸡鹜为伍。不亦伤乎！余五十之年，忽焉已至，永言身世，慨然其多绪。乃为之赋，聊以自慰。"由序文可以推测作者借赋鸿来抒发自己的一腔感慨。赵壹在《穷鸟赋》序中曰："余畏禁，不敢班班显言，窃为《穷鸟赋》一篇。"寄托之意明显。《穷鸟赋》篇幅短小，赋文仅一百一十二字，作者在描写上着墨不多，主要是借穷鸟写出东汉末年士人到处碰壁、看不到出路的窘态，以表达"不敢班班显言"的愤懑之情。然此赋过于短小，缺乏文采。

祢衡《鹦鹉赋》继承并进一步发展了张衡、赵壹禽鸟赋的写作传统，既有对鹦鹉形态的描写，又有对作者身世遭际的寄托，物我合一，实属禽鸟赋的佳作。继祢衡首开赋鹦鹉之先河，其后鹦鹉赋作层出不穷，魏晋齐梁时期共有十六篇，数量上位居禽鸟赋之冠，甚至《文选》的编纂者萧统也有《鹦鹉赋》传世，可见士人对鹦鹉的偏爱。概观这些《鹦鹉赋》(大部分仅为片段)，或纯粹咏物，较技竞才，或抒发感慨，但无论是内容的原创性、感情的深切真挚，还是文辞的精工华美，都难与祢赋比肩。

除鹦鹉以外，白鹤、孔雀、鹖、莺、鸡、雁、鸠等，也都成为此期禽鸟赋的吟咏对象。如王粲《莺赋》，全篇寥寥八十四字，但首尾完整，将笼鸟失去自由的可怜情态及自己“感类伤情”的心理描绘得十分真切，几可视为一首饶有韵味的抒情小赋。曹植有禽鸟赋六篇（《孔雀赋》仅存目），其创作数量为此期之最。其中《白鹤赋》《鹦鹉赋》《离缴雁赋》重点抒写吟咏对象的悲苦情境，从而使情感的表露都鲜明动人。不仅如此，作者在《白鹤赋》中还暗含了自我生活遭际的影子。古代文人常以鹤、鸿等鸟类象征志向高洁、才质美好，作者此赋前半自喻早年的政治抱负与人格理想，后半则感慨自己抱负不能施展、人生自由亦受到羁绊的悲剧命运，因此《白鹤赋》也可视为曹植后期地位窘困的写照。最值得一提的是曹植的《鹞雀赋》，此赋借咏物而讲述了一个寓言故事，前半部分展示了鹞欲食雀、雀为免遭弱肉强食命运的斗争过程；后半部分写雀脱险后与同伴诉说其机智，并强调从今以后同类伴侣“莫复相妒”，从而表达了作者对专横势力的讥讽。这篇赋作上承赵壹《穷鸟赋》，下启张华《鹪鹩赋》，拓展了禽鸟赋的思想内容。然而，此赋通篇用四言韵语写成，虽不失生动活泼，但文采不足。此期的其他禽鸟赋或残章断句，或机械咏物，意义甚微，此不赘述。

（三）两晋时期禽鸟赋

《文选》“鸟兽”类收录的第三篇赋作是西晋张华的《鹪鹩赋》。汉魏六朝赋鹪鹩者，仅张华一人而已。作者借鹪鹩“形微处卑，物莫之害”，表达了无为远祸的处世态度，在魏晋易代政治风云诡谲和玄风昌炽的文化氛围中，此赋是作者对现实人生体悟的结果，旨意深邃，具有典型的社会意义，故为《文选》所录。

据初步统计，两晋时期现存的禽鸟赋（包括全篇、残篇、存目）共四十五篇，数量相当可观，可谓禽鸟赋创作的高峰期。在汉魏出现的禽鸟名称的基础上，两晋时期的禽鸟名称又有新的扩充，如鹰、雉、凤、燕、鹅、鸥、皀、乌、玄鸟、鷦鷯、大鹏、鷿鹈等，进一步体现出赋家对禽鸟这一题材的钟爱。

统观这一时期的禽鸟赋，大部分已是残篇，颇多直接描绘、览物娱情的纯粹体物作品：如成公绥《鸿雁赋》，因“奇其应气知时”而赋鸿雁；傅玄《鹰赋》，描写鹰“含灾离之猛气兮，受金刚之纯精。独飞跱于林野兮，复回翔于天庭”；孙楚《鹰赋》，以戈猎娱乐为目的；习嘏《长鸣鸡赋》，竭尽铺陈长鸣鸡“朱冠玉珰，彤素并施，纷葩赫奕，彩色流离”之美；傅玄《斗鸡赋》极尽铺陈排比之能事，刻画斗鸡形态毕现，栩栩如生；如此等等。

值得注意的是这一时期体物寄情的赋作，如成公绥《乌赋》，作者有感于孝乌有反哺之德，以为祥禽，乃作赋美之，从而表达出对仁惠贤德的赞美。夏侯湛《观飞鸟赋》，写“逸游之高鸟”，“矜形辽廓，冯虚安翔”，“玩流气以差池，弄长风以抑扬”，使作者心生艳羡，希冀“亦欢翔而乐飞”。此赋实是张衡《归田赋》之翻版，即以咏“飞鸟”而赋“归田”情，流露出作者的归隐愿望。其《玄鸟赋》亦与之同调，通过对与世无争的玄鸟的描写，来宣扬作者与时行藏、恬淡寡欲的人生态度。张望《鷿鹈赋》已不全，其序文曰：“余观鷿鹈之为鸟也，形貌最蔑。尾翮憔陋，乐水以游，随波沦跃，泛然任性，而无患也。”由此可知，作者是借不起眼的鷿鹈能够“率性命以闲放，独邀逸而获全”，表达自己远祸全身、顺任放达的处世观念，作品立意与张华《鷦鷯赋》如出一辙。与之相反，傅咸《仪凤赋》、贾彪《大鹏赋》皆表达了与《鷦鷯赋》针锋相对的处世观点，宣扬以才智用世，以才智显达，从而拒害避祸。其余诸赋，或纯粹描写，或残缺严重，皆不足道。

对比两晋时期的禽鸟赋与汉魏时期的禽鸟赋，似可得出两点结论：其一，两晋时期禽鸟赋在创作数量上远多于汉魏时期，并且禽鸟物象丰富多彩。其二，就体物寄情来看，汉魏时期的禽鸟赋侧重以禽鸟自况，寄托作者的身世遭遇，表达愤懑失意的感慨；而两晋时期的禽鸟赋则侧重借禽鸟述感，作者通过对社会现实体验，表达一种出处穷达的人生立场和处世态度。这与两个时期不同的政治情势息息相关。

（四）南朝时期禽鸟赋

《文选》"鸟兽"类收录的最后一篇禽鸟赋是刘宋时期鲍照的《舞鹤赋》。整个汉魏六朝有七十多篇禽鸟赋，描写的禽鸟种类约三十种，其中写鹤的禽鸟赋有七篇，这一数量不算少，但大部分流于单纯赋物，描写鹤之仙灵之气。唯曹植《白鹤赋》，以鹤自喻，寄托身世遭遇和失意之情，但艺术表现上比鲍照《舞鹤赋》略逊一筹。再如路乔如《鹤赋》，虽是赋鹤之首篇，然内容上仅是借鹤婉转表达对藩主的感遇之情，亦不及《舞鹤赋》深刻真切。《舞鹤赋》不仅在赋鹤的作品中是为翘楚，在南朝时期的禽鸟赋中亦属上乘。

据统计，南朝时期有禽鸟赋十八篇，其中宋有九篇，齐有一篇，梁有七篇，陈有一篇。这些作品大多已残缺不全，从残章断句窥之，几乎都是直接赋物，欣赏价值不高。唯谢惠连《鸂鶒赋》似有寄托，作者写鸂鶒"憩川湄以偃息，超神王以自得"的逍遥自适状态，然而却"不意虞人之在侧，网络幕而云布"，终陷樊笼，失去自由，惜下文亡佚。此期保存相对完整的是鲍照的《野鹅赋》和江淹的《翡翠赋》。《野鹅赋》是应制之作，作者在序中交代有人献野鹅给临川王刘义庆，王"愍其樊絷，命为之赋"。赋文以称美之辞开篇引用典故表明临川王得野鹅乃承仁感爱所致，然后用拟人手法描写野鹅"不幸入网"的遭际和悲愁，最后表达作者劝主放归之愿。此赋在构思立意上类似祢衡《鹦鹉赋》，借野鹅的处境比况自己出身寒微、依附贵族的现实处境，描写上侧重以悲景写悲情，悱恻动人，然赋中尚有较多赞颂仁主之辞。江淹《翡翠赋》写两只翡翠鸟形体奇丽，羽饰绚美，优游自在，但“终绝命于虞人，充南琛之秘府”，其华羽成为人们的装饰品。翡翠的悲剧命运引发作者无限感慨，指出鸡鹜燕雀因贪欲致忧，此鸟与世无求，仍不免与沙雁同遇难，事态变幻令人茫然。作者通过对翡翠的咏叹表达了对祸福无常的现实的悲慨和无奈。统观《野鹅赋》和《翡翠赋》，虽托物寄情，描写亦不落俗套，但总体上难以与《舞鹤赋》比肩。

与汉魏两晋时期的禽鸟赋相较，南朝时期的禽鸟名称又有新的添加，如鸂鶒、鸡鹊、白鹭、鸳鸯、翡翠等，从而使禽鸟题材得到进一步拓展。其中咏鸳鸯的赋作有三篇（均残），为梁简文帝萧纲、梁元帝萧绎和陈徐陵所作，赋家将眼光转向宫闱深闺，于精丽艳冶的语言描写中，飘出笙歌院落的脂粉气息，体现了当时赋风向宫廷化、贵族化的转变。同时受辞赋骈俪之风的影响，南朝的禽鸟赋亦表现出文辞华美、对偶精工、韵律和谐的时代特点。

（五）汉魏六朝时期兽畜赋

《文选》“鸟兽”类选赋五篇，其中兽畜赋仅一篇，即刘宋颜延之的《赭白马赋》。据统计，汉魏六朝时期兽畜赋共有二十二篇，其中写马的赋作最多，有九篇。这些赋马之作除了描写马的外形和气概外，在寓意上主要有两种倾向：一种是感慨良骥之不遇，寄托失志抑郁之情。如应玚《慜骥赋》，以良骥命运多舛、不遇于时，抒写自己怀才不遇的抑愤情绪，语言质朴，艺术成就不高。另一种是应诏之作，将赋马与颂圣联系在一起，如傅玄《乘舆马赋》、谢庄《舞马赋》、颜延之《赭白马赋》等。应诏之作，大多内容贫乏，颂圣有余，寄慨不足。只有《赭白马赋》在主旨上既有颂扬之赞，又不失讽谏和寄托，在艺术表现上多有创新，堪称此类作品之佳作。

除赋马外，汉魏六朝兽畜赋中出现的物象还有猿猴、狗、龙、虎和鹿等五种。其中猿猴赋作有四篇，仅次于马赋。王延寿《王孙赋》首开其篇，匠心独运，表面描写王孙（猕猴）之性态，实质却是讽刺当朝权贵之种种丑态。受其影响，阮籍《猕猴赋》和傅玄《猨猴赋》也都以猿猴比喻反面人物，讽刺他们的卑劣行径。此外，傅玄《走狗赋》铺写猎犬捕猎的雄姿和高超本领，以良犬颂美有才德之士；公孙诡《文鹿赋》借鹿表达对梁王的知遇之恩；缪袭《青龙赋》借描写青龙预示祥瑞……然而这些作品大都体制短小，内容不深，文采不足，整体上远不及《赭白马赋》。

汉魏六朝的兽畜赋在创作数量上明显少于禽鸟赋，更值得注意的是，由于禽鸟与兽畜两类物象自然特征的不同，在思想立意上，禽鸟赋作家惯于借物自况或借物述感，而与之相反，兽畜赋作家多倾向于以物喻恶或以物颂德。

四、小结

鸟兽一直是文人辞赋创作的传统题材。班固《汉书·艺文志》列赋四种，第四种属杂赋，共十二家，即有“杂禽兽六畜昆虫赋”十八篇，惜已亡佚。《文选》亦于十五类赋中专设“鸟兽”一类，足见萧统对它的重视。考察《文选》设“鸟兽”类的原因，与汉魏六朝鸟兽赋创作繁盛密切相关。据统计，在两汉时期两百余篇赋作中，咏物赋有六十九篇，其中鸟兽赋有二十四篇，几占咏物赋的一半，无疑是咏物赋的主流。至六朝时期，大赋渐趋式微，咏物赋的创作更加繁荣，数量激增。此期的咏物赋大约有四百九十余篇，其中鸟兽赋竟有八十八篇之多，可见赋家对鸟兽题材的钟爱。在这样的创作背景下，《文选》赋设“鸟兽”一类，既必要又合理。

《文选》“鸟兽”类赋共选文五篇，禽鸟赋占四篇，而兽畜赋仅一篇，这与禽鸟赋和兽畜赋的实际创作数量有很大关系。整个汉魏六朝时期鸟兽赋共一百一十二篇，其中禽鸟赋九十篇，占比超八成，而兽畜赋只有二十二篇，不及总数的两成。就九十篇禽鸟赋来看，赋家描写的禽鸟二十余种，其中鹦鹉是最受喜爱的描写对象，有关作品共十六篇。在二十二篇兽畜赋中，赋家描写的兽畜有六种，其中赋马的作品最多，有九篇。通过上述分析我们可以推知，《文选》“鸟兽”类所选录的赋作多数是在数量上占绝对优势的，也就是说《文选》编者在选录“鸟兽”类赋作时侧重着眼于创作数量较高的描写同一物象的作品，然后再从中择优而录，如《鹦鹉赋》《舞鹤赋》和《赭白马赋》即说明此点。当然数量上占优势并不是选录的唯一标准，更为重要的是赋作要在思想上和艺术上合乎“文”的标准。

统观汉魏六朝的鸟兽赋，大致可分为两类：一类是纯粹的体物之作，一类是体物寄情之作。《文选》所录五赋虽然立意主旨各有特色，但它们皆体物寄情，即借感物、体物抒发作者的情志感慨，表面咏物，实则咏怀。这些作品或表述对社会人生的哲理看法，或寄托对自身遭际的愤懑慨叹，或述感自况，截然不同于以逞技竞能为目的的纯粹咏物之作；而且它们在艺术表现上亦成就不凡，一般的体物寄情鸟兽赋难以与之媲美。总之，《文选》“鸟兽”类赋选录的五篇作品，不仅有数量上的优势，在内容表达、价值取向和艺术成就方面亦相当出色，具有鲜明的典型性和代表性。

《文选》奠定了设立“鸟兽”类这一传统，并为后代大型文学选本所继承，如宋代《文苑英华》分赋四十二类、清代《历代赋汇》分赋三十八类，均设有“鸟兽”一类。

第十三章

志　类

一、“志”类名及溯源

《文选》于十五类赋中设立“志”一目，收录了班固《幽通赋》、张衡《思玄赋》《归田赋》、潘岳《闲居赋》四篇赋作。赋家面对仕途的偃蹇和人世的艰辛，在赋中或做通达之幽思，或探玄远之哲理，或抒归隐之乐趣，表达了对人生哲理的思索和对理想人格的追求。由此可知，所谓“志”是指人生之志向，写志赋指的是以个人的理想志向（实际以未遂之志居多）为抒写对象的一类赋作，其中不乏幽微的哲理思辨或超脱的归隐逸趣。除“志”一目之外，《文选》亦设有“情”目，专指男女之间的爱恋之情。情、志二者均属于人类情感，《文选》为之分别立目，使之各有所指，为此曾受人指摘，以为分类过于细碎；然而，如此细致的划分恰恰体现出萧统明晰的辨体意识，同时亦成为后世赋体分类所沿袭的传统。

写志赋的源头可上溯至屈原的《离骚》。作者先从自己的世系、品质和抱负写起，回溯辅佐楚王所进行的政治改革及受谗言诽谤被疏远的遭遇，表明了不与世俗同流合污的人生态度和九死未悔的坚定信念。然后作者陈词重华，总结历史上兴亡盛衰的经验教训，继而引出神游天地、“上下求索”的幻想境界，表现出对美好理想的执着追求。而在升腾远游之中，“忽临睨夫旧乡”，作者终于不忍心离开故国，于驰骋的想象中重又回到现实，决心以死明志。《离骚》是作者在遭受政治挫折之后，以上天入地的神游展开的对过去的思考和对未来的探索，表现了作者坚持美好理想和坚守高洁品格的人生之志。作品无论在思想主旨上还是在结构体式上，均对后世写志赋产生了深远影响。不仅如此，后世士人出于个人命运与屈原相契合而引起的惺惺相惜之情，亦将屈原的人格视作一种典范。

现存第一篇写志赋是西汉崔篆的《慰志赋》。《后汉书·崔骃传》载：“（篆）临终作赋以自悼，名曰《慰志》。”[①]《慰志赋》是崔篆回顾一生的自传式作品。赋文先咏慕生当盛时之先贤，继而记叙自己生逢衰世，于王莽新朝屈身事莽的过程：作者值彼新莽盛炽、汉室衰微之际，天下无道，欲高蹈远逝，但因母兄受宠莽朝，竟至自己不得已而为官，屡辞不得，经年方解。汉复兴，自己屡被举荐，但终因宗门盛于新莽，心怀愧疚，惭而不仕。最后作者写自己闲居绝俗，淡泊名利，追求归隐之志。此赋全用骚体，可谓作者临终自伤之作，然赋中引经据典，不失典雅和缓之风，语言平实，缺少艺术感染力。《慰志赋》成就虽然不高，但它毕竟是最早以“志”名篇的写志赋，其题材上的首创意义值得肯定。

二、《文选》所录志类赋文本释析

《文选》设立“志”一类目，选赋四篇，即东汉班固《幽通赋》、东汉张衡《思玄赋》《归田赋》、西晋潘岳《闲居赋》。其中《幽通赋》和《思玄赋》以神游为思路，侧重写自己的精神探索，兼有一些儒道论说；《归田赋》和《闲居赋》则主要是叙写回归田园的乐趣，在

① 《后汉书》卷五十二《崔骃传》，第1705页。

出处的思想矛盾中抒发归隐之志。然而在具体的思想内涵和艺术表现方面它们又各具特色，无疑是写志赋的典型代表。

（一）东汉班固《幽通赋》

据《汉书·班彪传》可知，班固《幽通赋》作于其为父守丧时期。所谓“幽通”即与神相遇之意。赋中有“魂茕茕与神交兮，精诚发于宵寐，梦登山而迥眺兮，觌幽人之仿佛”的句子，“幽人”乃神人之谓。《文选》李善注引《汉书》曰：“班固作《幽通赋》，以致命遂志。”[①]“致命”即陈吉凶性命，“遂志”即抒写志向抱负。可见，《幽通赋》是一篇自叙言志之作。

此赋从自己的家族写起，恐不堪继承父业之任，忧惧之情萦绕内心，遂梦睹幽人，以“昕寤而仰思”引起下文，然后叙写吉凶无常而福祸相倚的情形以及历代兴亡的纷乱错谬，指出“神先心以定命兮，命随行以消息”。最后赞颂圣人之论，宣扬有欲不居，有恶不避，近德助信，为贞观之道。赋末乱曰：“复心弘道，惟贤圣兮，浑元运物，流不处兮，保身遗名，民之表兮。舍生取谊，亦道用兮”，更加体现出班固对儒家思想的推崇，以精诚修道而自勉。此赋结构上取仿《离骚》，意旨上则有似于贾谊《鹏鸟赋》，只是在排遣个人忧闷时，贾谊用老庄思想以求解脱，班固则以儒家圣贤之道自宽，故此赋谈人生、言志趣较少流露深重的忧愤。

《幽通赋》全篇采用骚体写成，借古讽今，引绳据墨，陈述吉凶性命，抒发自己志向，修道以自勉。结构严谨，理精辞博，语言雕刻洗练，但韵多诘屈，“大约是规模子云，然间有过苦涩处”[②]。有学者认为此赋“枯燥而无情趣”[③]，这一评价未免过于贬低。此赋毕竟

① 唐·李善注：《文选》，第208页。
② 清·于光华：《重订昭明文选集评》卷四引孙月峰语，清嘉庆十二年怀德堂刻本。
③ 马积高：《赋史》，上海古籍出版社1987年版，第112页。

作于班固弱冠时，或许是其最早的一篇赋作亦未可知，故艺术成就显然不及后来的《两都赋》，但作为一篇言志之作，仍有其突出之处。

（二）东汉张衡《思玄赋》

张衡《思玄赋》与班固《幽通赋》相似，亦是一篇言志之作。《后汉书·张衡传》载："衡常思图身之事，以为吉凶倚伏，幽微难明，乃作《思玄赋》，以宣寄情志。"[①]《文选》李善注曰："平子欲言政事，又为奄竖所谗蔽，意不得志；欲游六合之外，势既不能，义又不可。但思其玄远之道而赋之，以申其志耳。"[②] 由此可见，当时作者身处进（仕）退（隐）两难境地，故作《思玄赋》，"思其玄远之道"，以达到"申志"的目的。

此赋在内容上与班固《幽通赋》有相似之处，作者引用大量的历史掌故，反映身处乱世危惧之感。然《幽通赋》"睹幽人之仿佛"，实谓与神遇也；《思玄赋》则"仰先哲之玄训兮，虽弥高其弗违"，作者谓先哲之玄训，似日月而不衰，应牢记心中，所以面对谗害，亦坚守仁义，不避艰险："愿竭力以守义兮，虽贫穷而不改"，"欲巧笑以千媚兮，非余心之所尝"。然而现实社会毕竟险恶无比，不得不有所顾忌，在势既不能、义又不可的情形下，只得游于六合之外。故赋文仿效《远游》，运用大量篇幅描写四方上下的神游，从东方蓬莱开始，游九土，奔昆仑，上天庭，想象奇谲，天马行空。正在优哉游哉之时，作者笔锋一转终又回到现实，"据开阳而頫眂兮，临旧乡之暗蔼"，"缤联翩之纷暗暧，倏眩眃兮反常闾"，暗淡不明之处正是旧乡所在。至此赋文并未戛然而止，接着又写道："收畴昔之逸豫兮，卷淫放之遐心"，面对现实，作者要"御六艺之珍驾兮，游道德之平林"，"玩阴阳之变化兮，咏雅颂之徽音"，高尚其志，表达了归

① 《后汉书》卷五十九《张衡传》，第1914页。

② 唐·李善注：《文选》，第213页。

耕的愿望，并落实到玄言的主题。篇末“系曰”用七言十二句，总括了全篇内容，最后一句“回志朅来从玄諆，获我所求夫何思”点明了作者表隐于玄理中的人生之志。

《思玄赋》是张衡在人生处于极为复杂和困惑时期的“宣寄情志”之作，赋文采用骚体写成，钱钟书谓：“《思玄赋》实亦《楚辞·远游》之遗意。”[①] 作者以大赋的规模、骚辞的情节抒写了玄远之志，然而远游章节的描写使得精神不甚紧凑，不及班固《幽通赋》结构严谨，故清人何焯云：“游古太似则不新，玄局太宽则不紧，此所以不如前人也。”[②] 但总体而言，全篇类事比兴，气势浩瀚，辞藻典雅，亦非平常之作，并且赋末“系辞”与前人不同，独创为七言诗十二句，虽质直文少，此种形式亦不失为一种创新。

（三）东汉张衡《归田赋》

《归田赋》是张衡创作的一篇抒情小赋，亦是一篇新体托志之赋，与《幽通赋》《思玄赋》注重思辨神游不同。《文选》李翰注曰：“衡游京师，四十不仕。顺帝时阉臣用事，欲归田里，故作是赋。”[③] 此赋全篇述志，表现了作者归隐田园、不与世俗争名逐利的清高怀抱。

赋文开宗明义，写自己入世日久，而与世不合，天道微昧，河清未期，愿归于田园，“与世事乎长辞”；然后作者勾画出一派理想的田园风光，用简洁轻快的笔调描写了田野的明媚春光、归隐生活的游钓之乐，犹如龙吟方泽、虎归深山一样，舒畅自由，从而表现出作者对远离世俗的田园生活的无限向往，一定程度上亦反映出作者政治上遭受打击的归隐情绪。赋末作者于极游至乐之后，归驾蓬庐，“弹五弦之妙指，咏周孔之图书”，展示了人生的玄儒境界。整

---

① 钱钟书：《管锥编》，三联书店2007年版，第1868页。

② 清·于光华：《重订昭明文选集评》卷四引何焯语，清嘉庆十二年怀德堂刻本。

③ 南朝梁·萧统编，唐·六臣注：《文选》，《四部丛刊初编》本。

篇赋文表达的是作者的归隐之志，其意念上源自现实政治的浑噩，作者有感于宦官专权，而自己却垂垂将老，无力拯救，然又不愿与世俗同流合污，面对这样的时代苦闷，作者只得归隐田园。最后表明愿依周、孔、老氏之道，纵心物外，忘怀荣辱，试图在社会尘网的束缚中寻求自我解脱。

《归田赋》的突出特色是一扫前人大赋铺采摛文、夸张堆砌之弊，用短小的篇幅和简洁的语言，集中而又直接地抒写自己的情志。风格上，既不追求“雍容”，也不讲究“温雅”，而是清真淡雅，不事雕琢。语言清新流丽，句式以四六为主，中间虽颇含骈偶成分，但毫无板滞雕饰之感，可谓“丽句与深采并流，偶意共逸韵俱发”[①]。此赋情景交融，如描写田园景致一段云：

于是仲春令月，时和气清，原隰郁茂，百草滋荣。王雎鼓翼，鸧鹒哀鸣。交颈颉颃，关关嘤嘤。于焉逍遥，聊以娱情。尔乃龙吟方泽，虎啸山丘。仰飞纤缴，俯钓长流。触矢而毙，贪饵吞钩。落云间之逸禽，悬渊沈之魦鰡。

这里所勾画的仲春令月优美的自然景物、安适自由的田园生活，构成了美妙和谐的意境，从而准确地表现出作者的情志。虽然，作者一生终未真正归田，但他于理想中构建的这幅宏展个性、归心田园的充满人生情趣的画图，则凝定了一种永恒的艺术审美价值，首开以赋写田园志趣之先河。

总之，《归田赋》全篇仅二百余字，辞藻清丽，短而弥工，然作者将两汉以来辞赋中的抒情因素浓缩到这种体制短小、语言清新、意境和谐、抒发真情实感的小赋中，意蕴无穷，故陈去病《辞赋学纲要》引胡蕴玉说：“平子《归田》，寥寥二百字，而有无尽之藏，眇沧海于一粟，小泰岱于秋毫。”[②] 与前面写志赋不同，《归田赋》将

① 姜书阁：《骈文史论》，人民文学出版社1986年版，第223页。

② 陈去病：《辞赋学纲要》第十章，上海国光书局1927年版，第39页。

作者的志向、思玄和情感因素，一同形象化为山水田园的自然景观。作为两汉以来抒情赋作的一个重要发展，它开辟了后世抒情小赋的新境界，在辞赋史中具有深远的影响。

（四）西晋潘岳《闲居赋》

《闲居赋》是潘岳因母疾去官居家时所作，关于此赋的标题，《文选》李善注曰："此盖取于《礼篇》不知世事闲静居坐之意也。"[①]作者在赋序中自称："自弱冠涉乎知命之年，八徙官而一进阶，再免，一除名，一不拜职，迁者三而已矣。"作者认为自己拙于为官，仕宦不达，故退而闲居，"乃作《闲居赋》，以歌事遂情焉"。

赋文开头有言："邦有道吾不仕，邦无道吾不愚。何巧智之不足，而拙艰之有余也。"表面自责，实为牢骚。然后作者写退居田园的周围形势，西近军队禁营，东邻明堂辟雍，并描写了天子郊祭盛况和朝廷中的济济人才，其中不乏歌颂之辞，如"以先启行，耀我皇威""兹礼容之壮观，而王制之巨丽也"等，流露出作者对辅佐皇权尚未泯灭的期待和热忱。接着作者又写闲居自然环境之美："爰定我居，筑室穿池，长杨映沼，芳枳树檎，游鳞瀺灂，菡萏敷披。竹木蓊蔼，灵果参差。"在这样美好的田园光景中，作者陪同老母远近游览，丝竹歌舞宴饮，其乐融融，尽孝尽欢。赋末曰："几陋身之不保，尚奚拟于明哲。仰众妙而绝思，终优游以养拙"，透露了作者在淡泊闲居中的几分悲慨和无奈。《闲居赋》整篇写归隐田园的恬淡之志，充满逍遥自适的情怀。然而潘岳性本"趋权冒势"，赋文所言闲情乐事，只是迫于母疾和官微而暂且为之，他对宠荣之事始终未能忘怀，故明人张溥曰："《闲居》一赋，板舆轻轩，浮杯高歌，天伦乐事，足起爱慕。孰知其仕宦情重，方思热客，慈母拳拳，非所念

① 唐·李善注：《文选》，第224页。

也?”[1] 此赋真实地反映了一代士大夫文士淡泊自持的隐居行为背后复杂矛盾和不平静的心态，具有十分典型的意义。

《闲居赋》结构清晰，写景细致，述志真切，文辞流丽。句式上三言、四言、六言、七言交互运用，灵活多变，赋文虽长，亦不失抒情小赋的生动活泼和清新自然。

三、汉魏六朝其他写志赋特点及流变

通过上文对四篇写志赋作的分析可知，它们的创作立意大致起因于作者政治仕途的不如意，在这样的困顿中，作者或神游于玄冥幽思或放身于田园山林，从中表达自己对人生哲理的思索和对理想人格的追求，体现出思辨的色彩和超脱的逸趣。作品宣寄情志，旷达自勉，真切自然，艺术表现形式多样，是写志赋的典型代表，故为《文选》收录。本节将着重考察汉魏六朝的其他写志赋作，一方面突显《文选》选文的标准和合理性，另一方面力图廓清汉魏六朝写志赋的发展流变，总结其时代特征。

表 12：汉魏六朝写志赋一览

年代	作者	名称	出处	备注
西汉	崔篆	《慰志赋》	《全汉文》卷六十一	
东汉	冯衍	《显志赋》	《全后汉文》卷二十	
东汉	**班固**	**《幽通赋》**	**《文选》卷十五**	
东汉	**张衡**	**《思玄赋》**	**《文选》卷十五**	
东汉	**张衡**	**《归田赋》**	**《文选》卷十六**	
东汉	丁仪	《厉志赋》	《全后汉文》卷九十四	

① 明·张溥：《汉魏六朝百三家集题辞注·潘黄门集》，人民文学出版社 1963 年版，第 124 页。

（续表）

年代	作者	名称	出处	备注
魏	曹植	《潜志赋》	《全三国文》卷十三	残
魏	曹植	《闲居赋》	《全三国文》卷十三	残
魏	韦诞	《叙志赋》	《全三国文》卷三十二	残
西晋	庾阐	《闲居赋》	《全晋文》卷三十八	
西晋	张华	《归田赋》	《全晋文》卷五十八	残
西晋	孙绰	《遂初赋》	《全晋文》卷六十一	存序
西晋	枣据	《表志赋》	《全晋文》卷六十七	残
西晋	挚虞	《思游赋》	《全晋文》卷七十六	
西晋	**潘岳**	**《闲居赋》**	**《文选》卷十六**	
西晋	潘尼	《怀退赋》	《全晋文》卷九十四	
西晋	陆机	《遂志赋》	《全晋文》卷九十六	
西晋	曹摅	《述志赋》	《全晋文》卷一百七	残
宋	谢灵运	《山居赋》	《全宋文》卷三十一	
齐	谢朓	《思归赋》	《全齐文》卷二十三	
梁	沈约	《郊居赋》	《全梁文》卷二十五	
梁	陆倕	《思田赋》	《全梁文》卷五十三	
梁	丘迟	《还林赋》	《全梁文》卷五十六	

（一）汉魏时期

据不完全统计，整个汉魏时期写志赋有九篇，其中西汉一篇、东汉五篇、曹魏三篇。而《文选》写志赋共录选文四篇，其中有三篇均出自东汉时期，可见《文选》编纂者对东汉写志赋的重视。

东汉时期的写志赋还有冯衍《显志赋》和丁仪《厉志赋》，其中，冯衍《显志赋》作为东汉第一篇写志赋，深受前代崔篆《慰志赋》影响。《显志赋》是作者晚年居家时的作品，自述晚年家居不得志，以守道隐居自期。《后汉书》本传载："建武末，上疏自陈，……书奏，犹以前过不用。衍不得志，退而作赋。"[1] 又序文云："年衰岁暮，悼无成功，将西田牧肥饶之野。"赋文借一路征行，叙写所经之地的历史兴亡，结合家族兴衰及个人的穷通变化，体悟到处清静以养志的生命归宿。作者所持乃孔子"用行舍藏"的观点，用以自厉自宽。此赋全用骚体，篇幅较为冗长，作者指摘时弊，批评历史，充满一股牢骚之气。然而这一写志传统对班固《幽通赋》和张衡《思玄赋》产生一定影响。丁仪《厉志赋》开篇几句曰："览前志而博观，求余心之所安。虽疲驽而才弱，敢舍力而不攀"，点明了"厉志"之意。作者历叙毕生勤奋，亲事稼穑，追慕高义，崇尚用行舍藏之志，不屑于干进，然而世道黑暗，自己的清白之质遭受质疑。赋中不仅表露了忧生之嗟，不受重用的不平，而且还表示了改过日新的愿望；但不管他怎样立志正直，不断鞭策自己，最后还是因与曹植亲善而被曹丕诛死。此赋篇幅简短，用语简练，富有慷慨之气，作者以满腔悲愤申诉了自己的耿介情怀，从中揭露了曹魏集团的残酷统治。三国时期明确以"志"为题的言志赋有曹植《潜志赋》和韦诞《叙志赋》，二赋均保存不全。观其残文，《潜志赋》写对仁义忠信的坚守和荣辱进退的把持，《叙志赋》无外乎是历叙平生之志，并无新意。曹植《闲居赋》则首开"闲居"题材，作者认为"出靡时以娱志，入无乐以销忧"，有感于人生的无常，遂"聊轻驾以远翔"。赋文亦有残缺，现存章节主要描写了一幅优美田园风景，从中隐现出作者退居自适的心态和志向。此赋上承张衡《归田赋》，将淡泊的情志融入田园自然之景，对后世闲居赋具有深远影响。

统观汉魏时期的言志赋作，内容可大致分为三类：或述平生之志，表达用行舍藏的处世观点和对黑暗社会的抨击，如《显志赋》

① 《后汉书》卷二十八《冯衍传》，第 987 页。

《厉志赋》等；或以神游为思路，写自己的精神探索和人生志向，如《幽通赋》《思玄赋》；或回归田园，将志向和思玄一并融入山水景物，恬淡自适，如《归田赋》《闲居赋》。由此可见，汉魏时期写志赋在题材上十分丰富多样，这些写志赋均是对人生出处穷通的思考，最终表现出一种融合儒道的人生追求。萧统于众赋中选录《幽通赋》《思玄赋》和《归田赋》作为“志”类赋的典型代表，客观上反映出其独特的审美情趣。

（二）两晋时期

两晋时期，写志赋创作继续保持着繁荣局面。据不完全统计，此期写志赋作共九篇，其中，《文选》仅收录了潘岳的《闲居赋》。同题之作还有庾阐《闲居赋》，此赋表现了作者企慕隐居、追求超然物外的人生情志，主旨上与潘岳《闲居赋》类似，但赋作不仅描写了清美幽静而充满生机的园林景致，同时亦描写了荡思涤虑、超然放旷的精神感受，并在与自然合一之中做玄理哲思。如：“至于体散玄风，神陶妙象。静因虚来，动率化往。萧然忘览，豁尔遗想。荣悴靡期，孰测幽朗。故细无形骸之狭，巨非天地之广。音兴乎万韵，理绝乎一响。”作者在山林游乐中以道家的福祸相倚、万物等齐的观点来观照事物，以体神、动静、荣悴、巨细、狭广、理音等对立统一的双方，对事物进行探讨，借以把握社会人生，以达到齐一荣悴、超然物外的境界，充满了理性思辨色彩，这一点迥异于潘岳《闲居赋》。但潘赋叙志真切，描写细致生动更胜一筹，且真实地反映出其淡泊自持的隐居行为背后复杂矛盾和不平静的心态，较之庾阐《闲居赋》更能突出写志赋的典型性。

张华《归田赋》沿用东汉张衡《归田赋》之名，叙写归田之乐，内容立意颇相类。作者投身自然，领略自然之趣，体悟自然与生命沟通之真谛，“眇万物之远观，修自然之通会。以退足于一壑，故处否而忘泰”，从而揭示了归田之志，于超然物外之境忘怀否泰得失。受魏晋以来玄学影响，赋中渗透着玄学自然之道，相比张衡《归田赋》，略乏生动活泼之致。

另外，此期写志赋还有孙绰《遂初赋》、枣据《表志赋》、潘尼《怀退赋》、陆机《遂志赋》、挚虞《思游赋》和曹摅《述志赋》。这些赋作在内容上承袭汉魏时期的写志赋，面对仕途上的偃蹇和苦闷，表达顺任自然的淡泊之志，有些赋作也表露了作者进退犹疑的矛盾心态。

陆机《遂志赋》表达了作者既急于进仕，成就功名，以振兴家族，又深感“祸无景而易逢，福有时而难学”，生命前途充满多变而无法掌控。这种生命的矛盾和痛苦表现得深沉真切，然赋中所谓的顺任自然之志，不过是一时无奈心理的自我调适。挚虞《思游赋》叙写自己怀抱高才美德而世无知音，困惑之余，作赋思游以言志。作者采用《离骚》的结构形式，虚构神游的环境，与张衡《思玄赋》一脉相承。赋中想象奇幻，以云霓为衣、华电为彩、日光为明，以大量篇幅叙写天界神游的历程，荟萃了众多神话故事和人物，展示了一个无为至美的上天世界。作者神游天界，终于获得明训，树立了“乐自然兮识穷达，澹无思兮心恒娱”的淡泊之志。此赋篇幅较长，文辞华美，意境奇幻，较之《思玄赋》想象更为丰富，描绘亦更为铺张夸饰；然作为一篇言志赋，其精神主旨不免流于漫衍。曹摅《述志赋》，前半对历史上的一些忠诚节义之士的不幸遭遇或事迹做了评述，抒发了“纷迍蹇之若斯，何遭运之可常”的慨叹；后半借神游天宇表现了自己身处乱世的苦闷。孙绰《遂初赋》只存序文，从中可知，此赋乃描写山林放游之佚乐，表达对老庄自然无为之志的追求。潘尼《怀退赋》亦叙写退居山林，自我释怀，表现了作者顺任自然、忘怀荣辱的人生志向和处世态度，从中却流露出作者的痛苦和无奈。

统观两晋时期的写志赋，除个别赋作通过神游之思，融会儒道精神，表达人生志向之外，赋家叙写归隐山林的淡泊之志较为明显，受魏晋玄学的影响，赋中亦有玄言哲理的体现，面对仕途的坎坷和生命的无常，任自然、识穷达成为有志之士的人生追求。赋中大量描写山水田园生活的优游快乐，景致清新自然，韵致婉转流畅，赋家企图在这样的自然美景中忘怀荣辱，安顿心灵；然而，在欣欣然而乐的背后，隐藏着的是赋家由仕而隐、“处”不忘“出”的矛盾思想和无奈选择。潘岳《闲居赋》正是赋家此种心理的真实反映，作者描写闲居生活的佚乐恬静，标榜超然淡泊之志，但却终未能忘“宠荣”之事，赋序和结篇都表现了作者对“大用”的热衷，其出处思想的痛苦和挣扎显而易见。《文选》选录此赋，十分具有典型意义。

（三）南朝时期

据不完全统计，南朝四代专门的写志赋作有五篇，即宋谢灵运《山居赋》、齐谢朓《思归赋》、梁沈约《郊居赋》、陆倕《思田赋》和丘迟《还林赋》，五赋均述归隐之志，其中谢灵运《山居赋》和沈约《郊居赋》为整个汉魏六朝写志赋之长篇巨制。

《山居赋》为谢灵运辞去永嘉太守、移居会稽时所作。《宋书》本传载：谢灵运在宋少帝时出任永嘉太守，一周便称疾去职，“移籍会稽，修营别业，傍山带江，尽幽居之美。与隐士王弘之、孔淳之等纵放为娱，有终焉之志。……作《山居赋》并自注，以言其事。”①赋文先叙先贤任性适情以明山居之志，作者“览古人之遗书，与其意合”，通过前贤先圣穷达荣辱变易之境遇，结合自己平生的不得志，更加坚定了忘怀事务、崇尚自然之道的追求。然后作者不惜大量笔墨描写山居的地形、环境及生活。其居所周围远山茏葱，近水

① 《宋书》卷六十七《谢灵运传》，第 1754 页。

逶迤，长堤垂绿，木荫鸟鸣，其中水族、嘉木、珍禽、猛兽、菜蔬、甘果、麻麦等，应有尽有，十分富庶。在这样的环境中，作者或筑堂讲经，或艺谷种蔬，或渔樵采药，逍遥逸乐。这是全赋的重点所在，优美的山水园林环境，萧散优游的山居生活，得到充分而全面的展示。最后作者将体悟到的佛道玄理引入赋中，“乘摄持之告，评养达之篇”，“投吾心于高人，落宾名于圣贤”。以遗落名利、隐居求道为自己的人生追求。此赋篇幅宏大，结构清晰，旨在描写山林隐居之乐，表现崇尚自然、淡泊名利的人生志向，作者善于以白描手法，写景优美而深远，文辞华丽流畅，充分体现了封建贵族阶级的高雅情趣。然而此赋未被《文选》收录，或因后段颇多佛教活动的描写和玄理佛义的阐述，或因夸其山居之富美，“寓目辄书”，以繁复为累，具体原因不得而知。

沈约《郊居赋》作于入梁之后，《南史·沈约传》载：“约性不饮酒，少嗜欲，虽时遇隆重，而居处俭素。立宅东田，瞩望郊阜，尝为《郊居赋》，以序其事。”[①] 赋文第一部分抒写平生之志，因目睹历史的兴亡、“时君之丧德”，便有退居之愿：“思依林而羽戢，愿托水而鳞藏。固无情于轮奂，非有欲于康庄。披东郊之寥廓，入蓬藋之荒茫。”第二部分叙写郊野景致之美，这里有山林水沼环抱中的兰房、华墙、阁室、高轩，有阡陌纵横的田野，绕堂的水草、陆卉，园圃上的果树、嘉木、林鸟，水中的游鱼，极幽雅恬淡之趣。最后回应开篇，再叙“托情鱼鸟，归闲蓬荜”之志。《郊居赋》与谢灵运《山居赋》一样，善于铺叙描写山水景物，逐层深入地精雕细琢，展示出幽雅的山水风貌，表达对归隐之志向的追求。但是此赋与谢赋恬淡悠闲格调略有不同，赋中有大量社会历史内容的回顾、反思和评价，个人生活经历的体验和总结，从而丰富了作品的社会

① 《南史》卷五十七《沈约传》，第1412页。

历史内容，社会忧患阴影贯穿全篇。所以，此赋的感情更为沉重悲凉，真实地表现出隐居生活背后所掩藏的矛盾、怨愤和惶恐的思想情绪。

谢朓《思归赋》叙写对官场生活的厌倦及对归隐生活的向往。“纷吾生之游薄，弥一纪而历兹”，作者为官时间既长，有感于仕途的艰辛和旦夕祸福之忧，遂产生怀归之思。作者以委婉的笔调表现了对官场的厌倦和忧惧，描写了想象中的归隐生活的乐趣，从而表现了对归隐生活的向往。丘迟《还林赋》是作者自京归还林园有感而作。赋中描写了作者归途中的所见所感，透露自己“依稀子陵之钓，仿佛沧浪之歌”式的潇洒尘外的志向情怀。作者运笔工致，如“出入风霞，游息云路。阶自禽飞，窗高月度”诸句，用词锤炼讲究可见一斑，体现了当时文风追求唯美的艺术特点。

统观南朝时期写志赋，前代借神游以叙志的结构方式在此期消失殆尽，内容上皆是表现作者归隐田园之志，这与南朝士人受江南山水风光的浸染有关。当政局云雨翻覆之时，赋家放游山水，归隐田园，寻求心灵上的解脱。此期写志赋在内容上沿袭两晋，创新意义不大，但文辞工致精练，讲究韵致，是南朝文风的唯美体现。

四、小结

全面考察汉魏六朝时期的写志赋，有助于我们加深对《文选》设立“志”一目及其选文标准的理解。写志赋主要是针对专门叙写人生志向的赋作而言，虽然在《文选》其他类目中亦有表达作者情志的赋作，如游览类、鸟兽类等，但一方面它们大都以描写自然景物或客观物体为主题，借此间接寄托思想情怀；另一方面它们抒发的情志呈现出多样化趋势，并非仅限于对人生志向的表达。而写志赋往往以“志”名篇，作品始终贯穿的都是作者对人生哲思和志向的追求，并且在表达方式上相比体物写志赋更为直接真切，故萧统于十五类赋中设立“志”类，表现出对“志”类题材的分辨和重视。不仅如此，《文选》还专设“情”一目，专指男女恋情，首次将情、志分离开来，使其各有所指，从而体现出精细的辨体观念。

汉代是写志赋的开端，自崔篆创作《遂志赋》首开先河以来，赓续之作不断出现。如班固《幽通赋》和张衡《思玄赋》等，它们大都在结构体式上远摹屈原《离骚》《远游》，采用骚体并以神游为思路，写自己的精神探索和人生志向，其中夹杂较多论说，融合儒道以勉励其志，充满理性思辨色彩。之后，张衡《归田赋》开创了新体写志之赋，即将自己的志向、玄思和情感因素一并形象化为自然景观，描写一种超然淡泊的田园之乐，表达自己的归隐之志，风格清新自然，打破了传统写志赋的压抑沉闷，同时此赋亦成为汉魏抒情小赋的先导。魏晋南朝时期，随着玄学思想的盛行，赋家面对仕途的偃蹇，企图在山林中忘怀荣辱，所以此期描写归隐之乐、叙写淡泊之志的写志赋颇多，风格淡雅，韵致婉转，然而在悠游逸乐的背后，隐藏着的是赋家由仕而隐、“处”不忘“出”的矛盾思想和无奈选择。受士风和文风的影响，传统的以神游之思为主融汇儒道精神的写志赋，渐渐淡出赋家的创作视域，至南朝时期消失殆尽。

萧统设立“志”一目，选录班固《幽通赋》、张衡《思玄赋》《归田赋》、潘岳《闲居赋》，其中前三篇均出自汉代，而这一数量又占整个汉代写志赋数量的一半，可见萧统对汉代写志赋创作成就和价值的认同。此外，四篇选文在题材上分为两类，《幽通》《思玄》侧重神游幽思，《归田》《闲居》侧重田园逸乐。它们不仅契合了汉魏六朝写志赋的创作流变趋势，而且在艺术表现上各具特色，良评颇多，代表着写志赋不同风格类型的最高水平。萧统将其一并收录，既体现出他对写志赋流变脉搏的准确把握，又反映出他对写志赋选文的审美情趣。

《文选》赋奠定了设立“志”类目这一传统，并为后代大型文学选集所继承，如宋代《文苑英华》分赋四十二类、清代《历代赋汇》分赋三十八类，均设有“志”一目。

第十四章

哀伤类

一、"哀伤"类名及溯源

"哀伤"是人类喜、怒、哀、惧、爱、欲、恶七种普遍情感之一，自"《骚经》《九章》，朗丽以哀志""《九歌》《九辩》，绮靡以伤情"[①]始，哀伤的情感基调得以确立，以悲为美的审美取向得以形成，哀伤之情在文学作品中表现得最为充分。

《文选》于诗、赋两体之下分别设有"哀伤"一目，选文二十一篇。仅就赋而言，选文有七篇：司马相如《长门赋》、向秀《思旧赋》、陆机《叹逝赋》、潘岳《怀旧赋》《寡妇赋》、江淹《恨赋》《别赋》。这些赋作或表现女性失宠的哀怨，或哀伤亲友的凋谢，或感慨时间的流逝，或渲染离情别绪，体现出萧统对以悲为美的审美观念的认可。据此可知，所谓哀伤赋具体包含三方面题材：女性遭弃、悼亡伤逝和离愁别恨。它们以表现悲吟哀叹之情为重，哀情婉转，真切感人，完全突破了儒家"哀而不伤"的伦理规范。而萧统多愁善感的个性气质和"属词婉约，缘情绮靡"[②]的创作风格恰与哀伤赋作同

① 《文心雕龙·辨骚》，范文澜：《文心雕龙注》，第47页。
② 南朝梁·王筠《昭明太子哀册文》，清·严可均：《全梁文》卷六十五，第3338页。

气相求，可见其设“哀伤”一目之用心所在。

描写弃妇的哀伤题材最早出现在《诗经》中。如《诗经·卫风·氓》描写了一名善良勤劳的妇女被负心郎抛弃，但她哀怨却不消沉，自伤却不沉迷，最终做出决定，与负心郎决绝，其独立的人格魅力使哀伤幽怨的弃妇形象获得全新的表现。最早将弃妇的哀伤主题引入赋作中的是西汉司马相如的《长门赋》，此赋描写一位宫廷贵妇失宠遭弃后的愁闷悲思之情，遣词用语和表现手法十分高妙，委婉悲凄，生动感人，对后世宫怨题材有着深远影响。而现存第一篇以悼亡为主题的哀伤赋是西汉武帝刘彻《悼李夫人赋》，据《汉书·外戚传》载，武帝宠姬李夫人卒，上思念不已，除作《李夫人歌》外，“又自为作赋，以伤悼夫人”[①]。赋文以骚体写成，分正文和乱辞两部分，正文写夫人之美，伤其年命不长，以细腻抒情的笔触描写幽明异途、生死两隔的悠悠茫茫；乱辞写夫人之亡逝给亲人带来的难以言述的悲伤创痛，表达了永不相忘的惨怛相思之情。此赋抒发追思亡人之情，文辞亲切，绸缪眷恋，感情哀婉，颇具艺术感染力，作为最早的一篇悼亡哀伤赋作，其对后世同类赋作具有一定影响。

二、《文选》所录哀伤赋文本释析

《文选》“哀伤”选赋七篇，是除“京都”类之外选录作品数量最多的一类[②]。这些选文在题材上，或抒发女性不幸命运之悲，或表达悼亡伤逝之痛，或慨叹离愁别恨之哀。其选入篇目之多、题材分布之广，足见萧统对哀伤赋的重视程度。七篇赋作在表现手法和描

① 《汉书》卷九十七上《外戚传》，第3952页。

② 按：“京都”类选文篇目的体例较为特殊，另当别论。

写角度上，特色鲜明，成就不凡，抒情哀婉动人，刻画生动细致，具有很强的艺术魅力，为后人评价甚高，是哀伤赋的典型代表。

（一）西汉司马相如《长门赋》

《长门赋》是一篇优秀的抒情赋作。其赋序交代汉武帝陈皇后失宠，别在长门宫，因以黄金百斤请相如作“解悲愁之辞”，相如赋成感动了武帝，陈皇后复得宠幸。后世一些学者据序中“孝武皇帝”谥号之起期晚于司马相如卒年，及“陈皇后复得亲幸”与史实不符等，推断此赋为他人托名所作；但也有一些学者认为赋序或为伪作，而赋的正文，描摹情性之细致，刻画心理之婉曲，实属相如之作。笔者亦认为此赋纂丽组华，摘采饰词，与司马相如其他赋作实为同调。

赋文首先推出陈皇后精魂逾佚、形容枯槁的弃妇形象，点明因夫君恩爱转移和自己过于痴情造成幽处独居的悲剧。接着用细腻绮丽的笔触，生动地描述了陈皇后长门独处、日夜盼望君主临幸的凄怨之情：她“登兰台而遥望”种种自然景观，“浮云郁而四塞兮，天窈窈而昼阴。雷殷殷而响起兮，声像君之车音。飘风回而起闺兮，举帷幄而襜襜”，期待之心过于专注而将雷鸣误作君王车声，将风动误作牵帷人；她“下兰台而周览”深宫，宫中雕栏玉砌，玉户金锁，然而却“挤玉户以撼金铺兮，声噌吰而似钟音”，推开宫门的声音竟像钟声一样洪大，阒其无人的场景更加平添她的孤独痛苦，只能“怅独托于空堂”；她又在洞房清夜抚琴抒怀，哀思难遣，于睡梦中与君王重逢，魂牵梦绕，“忽寝寐而梦想兮，魄若君之在旁。惕寤觉而无见兮，魂迋迋若有亡”，及至醒后却怅然若失，她伫望星空，哀惋凄恻，终以“不敢忘（君）”结束全篇。作者将抒情与写景相融合，细致曲折地表现了人物思想感情的变化，用辞婉转，生动感人。

《长门赋》结构严密，层次清晰，作者着力表现了一位宫廷贵妇在失意被弃后极度“愁闷悲思”、盼君不至而又不能忘怀的矛盾痛苦心情，并对妇女被弃的不幸遭遇寄寓了深切同情。曹明纲先生说，此赋“具有为在封建社会中遭受遗弃的妇女鸣不平的重要作用”[①]，点出了作品的社会意义。就此赋的艺术特色而言，朱熹评曰：“此文古妙，最近楚辞。”[②] 赋文采用骚体写成，其遣词造句和表现手法都受楚辞的影响，具有浓郁的抒情色彩和“以悲为美”的特征。如写陈皇后将浓郁的浮云四合、殷殷的雷声骤起，错当君王来临时所乘辇车的声响和雄伟气势；用鸾凤的南北分飞比喻夫妇的分离两地；以失偶的雌鸟停落于枯杨，寓托己身被弃于冷宫的不幸遭遇等，作者用比喻和夸张的手法，利用景物特征烘托主人公内心的愁苦悲凉，委婉曲折，悲凄动人，具有很强的艺术感染力。《长门赋》不仅是一篇优秀的抒情小赋，而且首开宫怨题材之先河[③]，对后世产生很大影响。

（二）西晋向秀《思旧赋》

《思旧赋》是向秀为追念亡友而作的一篇抒情小赋，感情含蓄，哀惋凄清。此赋作于曹魏咸熙元年，赋序交代自己与嵇康、吕安友善，嵇、吕被司马昭杀害后，被迫入洛阳应郡举，途经嵇康山阳旧居时，闻邻人吹笛，“追想曩昔游宴之好，感音而叹”，遂作《思旧赋》。由赋序可知，作者所思之故旧就是嵇康和吕安。赋文仅十二句，一百五十六字，清隽简约，却感喟深沉，为前代哀伤赋所罕见。兹全录于此，曰：

将命适于远京兮，遂旋反而北徂。济黄河以汎舟兮，经山阳之旧居。瞻旷野之萧条兮，息余驾乎城隅。践二子之遗迹兮，历穷巷之空庐。叹《黍离》之愍周兮，悲《麦秀》于殷墟。惟古昔以怀今

① 曹明纲：《西汉抒情赋概论》，载于《文学遗产》1987年第1期。

② 南宋·朱熹：《楚辞后语》，上海古籍出版社1979年版，第231页。

③ 按：曹明纲先生认为司马相如是“我国古代文学史上第一个倾注同情和才华于表现‘宫怨’‘闺情’的作家，他的创作使辞赋成为首先反映这一具有深刻社会内容的题材的文学样式”。参见曹明纲：《司马相如对辞赋创作的贡献》，载于《社会科学战线》1987年第3期。

兮，心徘徊以踌躇。栋宇存而弗毁兮，形神逝其焉如。昔李斯之受罪兮，叹黄犬而长吟。悼嵇生之永辞兮，顾日影而弹琴。托运遇于领会兮，寄余命于寸阴。听鸣笛之慷慨兮，妙声绝而复寻。停驾言其将迈兮，遂援翰而写心。

作者先描写亡友故居周围旷野萧条，从而烘托出穷巷空庐的凄寂，面对眼前人逝庐空、宅废必荒的景象，不禁遥思殷周大夫的黍离之叹和麦秀之悲。这种空间上的沧桑之变，勾起了时间上的怀人之思，展现念友深情；接着“栋宇存”与“形神逝”形成鲜明对比，突显物是人非之悲痛；然后以李斯伏刑“叹黄犬”而不得的典故，寄托对好友之死的悲慨和对生命无常的感伤。赋文末尾欲言又止，给人不尽的思索。作者悲悼挚友之死，然在司马氏残酷杀戮的高压政治下，又不能畅所欲言，故于委婉含蓄中寓愤慨之情，有如哽咽不能语。马积高先生评价此赋说：“在简淡的叙述中，摄取眼前景物，略作点染，尤觉情韵凄绝。”①所谓“情韵凄绝”正是作者意真情切之抒发。向秀《思旧赋》影响深远，已成为后世怀念故友的典故，此赋简洁中寓含不尽之意。

《思旧赋》篇幅简洁，蕴藉含蓄，感情凄怆，被视为怀旧之杰构，为人所激赏。如南朝宋颜延之《五君咏》写道：“向秀甘淡薄，深心托毫素。探道好渊玄，观书鄙章句。交吕既鸿轩，攀嵇亦凤举。流连河里游，恻怆山阳赋。”②南朝梁庾信《伤王司徒褒诗》有云：“唯有山阳笛，凄余思旧篇。”③唐刘禹锡在诗作中亦云：“怀旧空吟闻笛赋，到乡翻似烂柯人。”④由此可见，《思旧赋》对后世的深远影响。

---

① 马积高：《赋史》，上海古籍出版社 1987 年版，第 171 页。

② 南朝宋·颜延之《五君咏五首》，逯钦立：《先秦汉魏晋南北朝诗》，中华书局 1983 年版，第 1236 页。

③ 南朝梁·庾信《伤王司徒褒诗》，逯钦立：《先秦汉魏晋南北朝诗》，中华书局 1983 年版，第 2383 页。

④ 唐·刘禹锡《酬乐天扬州初逢席上见赠》，《全唐诗》卷三百六十，中华书局 1960 年版，第 4061 页。

（三）西晋陆机《叹逝赋》

陆机《叹逝赋》是一篇悲悼亡故亲友并蕴含着对宇宙人生深刻思考的抒情赋作。此赋作于晋永康元年。时值西晋政治动乱之后，赵王伦灭贾后、贾谧，在这次政治事件中受牵连的许多人与陆机交往密切，陆机本人虽未遭受此劫，但却从中饱受巨大打击，深切地感受到生命无常、人生飘忽的痛苦。他在赋序中交代了作赋的缘由，自述十年间家族迅速衰落，“懿亲戚属，亡多存寡；昵交密友，亦不半在”，哀思悲慨，乃作此赋。又《文选》李善注引王隐《晋书》曰：“叹逝者，谓嗟逝者往也，言日月流迈，人世过往伤叹此事，而作赋焉。”[①] 亦点出此赋的创作意旨。

赋的正文先写自然规律，天地运行，时光流逝，老之将至，慨叹人生短暂。宇宙无穷，人世常新，天地之永恒和人生之苦短形成鲜明对比。接着叙写对亡者的悼念深情，亲友已逝，堂构荒凉，天何茫茫，幽情多伤。面对“亲落落而日希，友靡靡而愈索”的惨酷现实，作者却无法泰然：“痛灵根之夙陨，怨具尔之多丧。……或冥邈而既尽，或寥廓而仅半。”亲故的凋丧，使作者深深感到家族衰落的悲哀，今昔盛衰的对比，尤其令人触目惊心。作者反观个体生命，感受到的不仅仅是“人生短暂”之悲，社会生命的艰危尤其令人震恐。因此忧生之嗟十分强烈：“瞻前轨之既覆，知此路之良难。启四体而深悼，惧兹形之将然。”极悲怆哀感之至。继而作者由此写到自己：“托末契于后生，余将老而为客。”最后以老庄齐生死、任自然之道求取心理平衡，聊以自慰。赋中作者“将缠绵凄绝的感情抒写与清醒理智的议论思考结合在一起，最终将他对生死的哀伤悲痛情感导向了一个充满哲理意味的‘达’的高度”[②]，即“解心累于

① 唐·李善注：《文选》，第 230 页。

② 何新文：《魏晋南北朝辞赋中的生命主题》，载于陶新民主编《中国古代文学论集》，人民文学出版社 2001 年版，第 191 页。

末迹，聊优游以娱老”。此赋追悼亡故亲友，亦悲悼家族之衰落，终归悲悼作者一己之生命，同时又情理结合，在环环相扣中表现了强烈的生命悲慨和忧患。

就艺术结构而言，此赋从理到情而归于理，因斯理而有斯情，意境高远，叹逝深沉；由自然而人而已，凄怆高亢，叹逝悲切，卓然不同于一般哀悼之作。元祝尧《古赋辨体》评价其曰：“此赋与江文通《恨赋》同一哀伤，而此赋尤动人。吁！哀思之音诚庄人端士之所当警者。”[①]《叹逝赋》句式整齐骈俪，设譬巧妙警切，如“川阅水以成川，水滔滔而日度；世阅人而为世，人冉冉而行暮。人何世而弗新，世何人之能故”数句，尤富婉转浏亮之气韵，有力地反衬出作者面对亲故不幸而无法释然的强烈的生命意识，对唐人张若虚《春江花月夜》“江畔何人初见月？江月何年初照人？人生代代无穷已，江月年年只相似。不知江月照何人，但见长江送流水”诗句具有一定的启迪作用。与向秀《思旧赋》蕴藉含蓄的艺术特色相比，《叹逝赋》更加侧重寓理于情，情理结合，悲慨警切。

（四）西晋潘岳《怀旧赋》

《怀旧赋》是潘岳伤悼岳丈杨肇及其子而作的一篇抒情小赋，此赋作于晋太康五年。据赋序交代：杨肇为潘岳岳父，“不幸短命，父子凋殒”；岳因家难在外，九年未历其坟地，“今而经焉，慨然怀旧而赋之”。赋文仅二十一句，二百四十字，兹全录于此，曰：

启开阳而朝迈，济清洛以径渡。晨风凄以激冷，夕雪暠以掩路。辙含冰以灭轨，水渐轫以凝迈。涂艰屯其难进，日晼晚而将暮。仰睎归云，俯镜泉流。前瞻太室，傍眺嵩丘。东武托焉，建茔启畴。

① 元·祝尧：《古赋辨体》，《四库全书》本。

岩岩双表，列列行楸。望彼楸矣，感于予思。既兴慕于戴侯，亦悼元而哀嗣。坟垒垒而接垄，柏森森以攒植。何逝没之相寻，曾旧草之未异。

余总角而获见，承戴侯之清尘。名余以国士，眷余以嘉姻。自祖考而隆好，逮二子而世亲。欢携手以偕老，庶报德之有邻。今九载而一来，空馆阒其无人。陈荄被于堂除，旧圃化而为薪。步庭庑以徘徊，涕泫流而霑巾。宵展转而不寐，骤长叹以达晨。独郁结其谁语，聊缀思于斯文。

赋文开篇以寒冬晚暮之景渲染往悼的悲伤心情，晨风凄冷，夕雪掩路，冰没车轨，水凝轫木，途艰难进，日晚将暮。接着写瞻墓的敬仰之情和悼念之哀。末以昔日携手欢好的深情同今日登空馆而无人形成强烈对比，增强见物思人的悲哀，“涕泫流而霑巾，宵展转而不寐”的悼念之情悠然而生。赋文以描写真情实景见长，又巧于拉开时空造成反差，具有强烈的感人力量。清人何焯评此赋曰：“从一路行役接出俯仰之思，自觉苍凉无限。”[①]《怀旧赋》句式整齐，两两相对，讲究用韵，体现出两晋赋作追求骈俪的倾向。其篇幅简短，今昔交错，情景浑融，哀思深婉，颇得向秀《思旧赋》之神韵，亦是怀旧悼亡之佳作。

（五）西晋潘岳《寡妇赋》

潘岳《寡妇赋》作于晋咸宁二年，其赋序交代：良友任护弱冠而亡，其妻少年守寡，又早丧父母，孤女幼小，生活至艰。“昔阮瑀既殁，魏文悼之，并命知旧作寡妇之赋。余遂拟之，以叙其孤寡之心焉。”据此可知，作者有意模仿曹丕等人之作，创作了此篇《寡妇赋》，以“叙孤寡之心”。赋文以第一人称代人言情，先简言寡妇自

① 清·于光华.《重订昭明文选集评》卷四引何焯语，清嘉庆十二年怀德堂刻本。

幼不幸和出嫁的美好愿望，少小偏孤，备尝艰辛，及长嫁夫，本愿白头偕老，却未料夫早丧而去，其痛如何？接着作者逐层描写丧夫后的悲痛心情：孤独无依，愁思靡诉；空馆自怜，见物思人；追忆昔欢，悲痛今亡；见秋伤心，睹雪伤怀；夜长愁多，借梦通灵；涕泪横流，容貌憔悴。最后以"重曰"结尾，侧重于亡夫永逝欲见不能的境况，上瞻遗像，下临坟壤，存心目想，却只能"顾影兮伤摧，听响兮增哀"。

此赋全用骚体写成，虽为代人言情之作，其情意却极为真挚深切。作者善于运用多种表现手法，或以悲景烘托，或用物在人亡反衬，或以孤独来渲染，或以泪容来显情，将写景与抒情巧妙融合，真实而细致地刻画出寡妇的愁苦心情，如："愁烦冤其谁告兮，提孤孩于坐侧。时暖暖其向昏兮，日杳杳而西匿。雀群飞而赴楹兮，鸡登栖而敛翼。归空馆而自怜兮，抚衾裯以叹息。"赋中有时纯用白描，益增悲凄之感。如："感三良之殉秦兮，甘捐生而自引。鞠稚子于怀抱兮，羌低徊而不忍。独指景而心誓兮，虽形存而志陨。"这些描写不假雕饰，感情深挚，语辞真切。清人何焯评价此赋曰："促节哀音，一字一泪，不堪卒读。"[①] 作者自称此赋模拟曹丕《寡妇赋》之作，然感情表现更为细腻，境界亦更加哀婉动人，可谓"义直而文婉，体旧而趣新"[②]，故为《文选》收录传诵至今。

（六）南朝梁江淹《恨赋》

《恨赋》是南朝萧梁作家江淹抒情赋作之名篇，作者并非针对个别世事抒发感慨，而是上升至某种普遍性的人生情怀——恨，并对其做出艺术概括。

作品开篇即从死后凄凉的景象写起："试望平原，蔓草萦骨，拱

① 清·于光华：《重订昭明文选集评》卷四引何焯语，清嘉庆十二年怀德堂刻本。
② 《文心雕龙·哀吊》，范文澜：《文心雕龙注》，第240页。

木敛魂。人生到此，天道宁论！于是仆本恨人，心惊不已，直念古者，伏恨而死。”作者揭出“伏恨而死”，作为全篇主旨，语简意警，扣人心弦。接着作者分叙几种典型事例，具体描写各种人物的生死之恨：帝王之恨、列侯之恨、名将之恨、美人之恨、才士之恨、高人之恨等，或雄心未酬而遽崩，或亡虏难堪而囚死，或报国无从而含冤，或思君不见而抱怨，或长才难展而郁殁，或遭谗莫辩而就刑。如写帝王之恨：“至如秦帝按剑，诸侯西驰，削平天下，同文共规。华山为城，紫渊为池。雄图既溢，武力未毕，方架鼋鼍以为梁，巡海右以送日。一旦魂断，宫车晚出。”作者以秦王威震诸侯、兴邦立业的英雄业绩，衬托其死之寂寞，哀感至极，遗恨无穷。又如写美人之恨：“若夫明妃去时，仰天太息。紫台稍远，关山无极。摇风忽起，白日西匿。陇雁少飞，代云寡色。望君王兮何期？终无绝兮异域。”美人远嫁，思亲念土，情致哀伤感人；红颜薄命，身葬异域的凄凉身世，令人悲叹唏嘘。最后以“自古皆有死，莫不饮恨而吞声”做结，首尾呼应。全篇神理贯注，一线穿成。

《恨赋》总结了古今各种恨情，包举了人间所有悲怨，作者对恨事的揭示，精警深刻，或摄人心魄，或感人肺腑，内容赅括，局法自然。作品文辞鲜丽，炼字警策，多用四、五字短句，音沉气劲，耸拔深峭，舒曼飘逸则味长，沉劲激昂则意警，是哀伤赋之上乘之作。

（七）南朝梁江淹《别赋》

《别赋》是江淹的又一抒情名作，此赋主要描写人生种种离别情状，其立格与《恨赋》相同。赋文以“黯然销魂者，唯别而已矣”发端，深悲巨叹，总摄一切离情别绪，接着从“行子断肠”“居人愁卧”两方面深化离别的痛苦和悲伤。然后作者具体分述种种别情：

富贵之别、游侠之别、从军之别、远赴绝国之别、夫妇之别、方士之别、情人之别，描摹可谓声情并茂，细致入微，哀婉动人。最后深发感喟曰："有别必怨，有怨必盈；使人意夺神骇，心折骨惊。"全篇一气呵成，首尾呼应，起结完整。

就艺术手法而言，《别赋》善于通过景致的铺叙渲染，创造感伤气氛，以增强抒情效果。如开头总叙别情一节："是以行子肠断，百感凄恻。风萧萧而异响，云漫漫而奇色。舟凝滞于水滨，车逶迟于山侧。棹容与而讵前，马寒鸣而不息。掩金觞而谁御，横玉柱而沾轼。"此处描写行子离别，借助环境和景致的渲染，景中见情，情中有景，凄恻的离情得到淋漓尽致的表现。又如写恋人分别的一节："春草碧色，春水绿波，送君南浦，伤如之何？至乃秋露如珠，秋月如珪。明月白露，光阴往来。与子之别，思心徘徊。"更是在景色的烘托中，如泣如诉地刻画出女子与恋人分别时那种神伤的情态。清人许梿评之曰："极自然，极幽秀，有渊涵不尽之致，想是笔花入梦时也。"①《别赋》对各种典型离别之情的描摹，意境温婉，真切动人，在艺术上取得了引人入胜的效果。句式多用四、六言，但赋中夹杂三、五、七言的句子，借以舒畅文气。又六、七言的句子间镶以"兮"字，使音节迂缓，读来柔婉回环、一唱三叹。

《别赋》和《恨赋》是江淹抒情赋作之双璧，二赋都是对普遍性的人生情感做出的宏观透视和艺术概括，前者描写人生别愁，后者描写人生恨情，结构整密，手法奇巧，文辞华美，情致动人，可谓自成一格。就风格而言，《恨赋》以激昂胜，《别赋》以柔婉胜，然《别赋》善于以景衬情，意境优美凄恻，抒情浓郁真挚，故在艺术成就上较之《恨赋》更胜一筹。

---

① 清・许梿评选，黎经诰笺注：《六朝文絜笺注》卷一，中华书局1962年版，第22页。

三、汉魏六朝其他哀伤赋特点及流变

通过上文对七篇哀伤赋作的分析可知，它们或抒发女性不幸命运之悲，或表达悼亡伤逝之痛，或慨叹离愁别恨之哀，题材多样，哀婉动人，具有强烈的艺术感染力，故为《文选》哀伤赋所选录而广为传颂。本节将着重考察汉魏六朝其他哀伤赋作，在将其与《文选》所录哀伤赋作进行比较的同时，廓清汉魏六朝哀伤赋的发展流变，寻绎《文选》"哀伤" 类的立目意旨。

表 13：汉魏六朝哀伤赋一览

年代	作者	名称	出处	备注
西汉	刘彻	《李夫人赋》	《全汉文》卷三	
西汉	**司马相如**	**《长门赋》**	**《文选》卷十六**	
西汉	班婕妤	《自悼赋》	《全汉文》卷十一	
东汉	苏顺	《叹怀赋》	《全后汉文》卷四十九	
东汉	王粲	《出妇赋》	《全后汉文》卷九十	
东汉	王粲	《伤夭赋》	《全后汉文》卷九十	
东汉	王粲	《思友赋》	《全后汉文》卷九十	
东汉	王粲	《寡妇赋》	《全后汉文》卷九十	
东汉	徐干	《哀别赋》	《全后汉文》卷九十三	残
东汉	丁廙妻	《寡妇赋》	《全后汉文》卷九十六	
魏	曹丕	《感离赋》	《全三国文》卷四	
魏	曹丕	《永思赋》	《全三国文》卷四	残
魏	曹丕	《出妇赋》	《全三国文》卷四	
魏	曹丕	《悼夭赋》	《全三国文》卷四	
魏	曹丕	《寡妇赋》	《全三国文》卷四	
魏	曹髦	《伤魂赋》	《全三国文》卷十一	

（续表）

年代	作者	名称	出处	备注
魏	曹植	《怀亲赋》	《全三国文》卷十三	
魏	曹植	《慰子赋》	《全三国文》卷十三	
魏	曹植	《寡妇赋》	《全三国文》卷十三	残
魏	曹植	《叙愁赋》	《全三国文》卷十三	
魏	曹植	《释思赋》	《全三国文》卷十三	
魏	曹植	《出妇赋》	《全三国文》卷十三	
西晋	左棻	《离思赋》	《全晋文》卷十三	
西晋	傅咸	《感别赋》	《全晋文》卷五十一	
西晋	**向秀**	**《思旧赋》**	**《文选》卷十六**	
西晋	**潘岳**	**《怀旧赋》**	**《文选》卷十六**	
西晋	潘岳	《悼亡赋》	《全晋文》卷九十一	
西晋	**潘岳**	**《寡妇赋》**	**《文选》卷十六**	
西晋	陆机	《思亲赋》	《全晋文》卷九十六	
西晋	陆机	《述思赋》	《全晋文》卷九十六	
西晋	陆机	《别赋》	《全晋文》卷九十六	残
晋西	陆机	《愍思赋》	《全晋文》卷九十六	
西晋	**陆机**	**《叹逝赋》**	**《文选》卷十六**	
西晋	陆机	《感时赋》	《全晋文》卷九十六	
西晋	陆机	《感丘赋》	《全晋文》卷九十六	
西晋	陆机	《大暮赋》	《全晋文》卷九十六	
西晋	陆云	《岁暮赋》	《全晋文》卷一百	
东晋	徐广	《悼亡赋》	《全晋文》卷一百三十六	残
东晋	王劭之	《怀思赋》	《全晋文》卷一百四十四	
东晋	孙琼	《悼艰赋》	《全晋文》卷一百四十四	

（续表）

年代	作者	名称	出处	备注
宋	鲍照	《伤逝赋》	《全宋文》卷四十六	
梁	萧子范	《伤往赋》	《全梁文》卷二十三	
梁	**江淹**	**《恨赋》**	**《文选》卷十六**	
梁	**江淹**	**《别赋》**	**《文选》卷十六**	
梁	江淹	《去故乡赋》	《全梁文》卷三十三	
梁	江淹	《哀千里赋》	《全梁文》卷三十三	
梁	江淹	《伤友人赋》	《全梁文》卷三十三	
梁	江淹	《伤爱子赋》	《全梁文》卷三十三	
梁	江淹	《泣赋》	《全梁文》卷三十三	
梁	刘潜	《叹别赋》	《全梁文》卷六十一	
梁	张瓒	《离别赋》	《全梁文》卷六十四	

（一）西汉时期

整个西汉时期共三篇哀伤赋，虽然数量寥寥，但艺术成就颇高。

汉武帝刘彻《李夫人赋》为追思悼念李夫人而作，文辞真切，感情哀婉，作为第一篇夫妇悼亡题材的哀伤赋，对后世悼亡文学影响深远。司马相如《长门赋》，描写宫廷贵妇失宠被弃的哀叹愁闷，结构清晰，手法多样，婉转曲折，悲恻感人，此赋对后世宫怨文学亦有影响，为《文选》“哀伤”类所收。班婕妤的《自悼赋》与《长门赋》十分相似，据《汉书·外戚传》载，班婕妤于成帝时选入后宫，颇得宠幸。后为新宠赵飞燕所诬，“恐久见危，求共养太后长信宫，……作赋自伤悼”[①]。赋中叙述了自己受宠及失宠的经过，后半部分重在抒情，伤独处之凄凉寂寞，叹人生若浮云忽过，末以《诗》之《绿衣》《白华》为喻，微致讽刺之意。受封建正统教育影响，班

① 《汉书》卷九十七下《外戚传》，第 3985 页。

婕好在此赋中虽自悼，但又归于天命；虽有怨意，但又委婉深微，抒情舒缓，文辞清雅，符合“哀而不伤，怨而不怒”的诗教传统。所以同样是描写贵妇遭弃的愁苦悲哀，此赋在抒情上不及《长门赋》哀婉慷慨，痛彻急迫。

总的来说，由于西汉时期社会稳定繁荣，所以哀伤赋创作数量较少，尚未形成风气，但此期赋作所取得的艺术成就和对后世的深远影响却不容忽视。

(二) 汉末曹魏时期

汉末建安时期，“世积离乱，风衰俗怨”①，赋家目睹生离死别的社会现状，对人生危浅产生深切体验，故而描写悼亡、叹寡、感思、伤别等的哀伤赋作大量涌现，体现出赋家对个体生命的珍爱和关注。据不完全统计，此期哀伤赋共十九篇，大多集中于描写悼亡怀思，其中寡妇题材首次出现，较受重视。

曹丕《寡妇赋序》云：“陈留阮元瑜与余有旧，薄命早亡，每感其遗孤，未尝不怆然伤心，故作斯赋。”此赋以第一人称口吻，直诉寡妇的悲苦之情，其突出特色是以夏、秋、冬不同季节的景物做衬托，将寡妇凄凉心境加以形象展现。作者以帝王之尊，却能感同身受地体味一名寻常寡妇的凄凉处境，可见其对生命的真切关注。同题共作此赋的还有王粲、丁廙妻和曹植，其中丁廙妻之作独具女性视角，描写更为出色。此赋先写女子出嫁，次言丈夫亡故，然后集中笔墨述写寡妇内心的痛苦忧伤：

时翳翳以稍阴，日亹亹以西坠。……鸡敛翼以登栖，雀分散以群逝。……风萧萧而增劲，寒凛凛而弥切。霜凄凄而夜降，水溓溓而晨结。

---

① 《文心雕龙·时序》，范文澜：《文心雕龙注》，第 674 页。

作者不仅善用景物渲染哀情，而且借风、寒、霜、水的排列寄寓寡妇之愁，尤其是萧萧、凛凛、凄凄、溓溓四个叠词的运用，更突出愁绪的浓重。寡妇赋作的出现，是赋家关注生死的进一步深化，作者既能抒发对亡者的悼念，又能表达对生者的哀悯，同时还可在某种程度上抚慰自己的心灵。此期的寡妇赋作对西晋潘岳《寡妇赋》不无启发意义，但无论在篇幅、语言还是描写的细致方面，都未及潘赋所达到的艺术成就，故未受《文选》垂青。另外，曹丕、王粲和曹植又有《出妇赋》，描写女性被弃的幽怨哀伤，与《寡妇赋》皆针对具体的哀悯对象不同，《出妇赋》指向的是被弃的一类社会女性，具有概括性。三赋都围绕“婚后恩爱——遭疏被弃——伤心离去”的结构模式写成，表达了男性文人对弃妇不幸命运的深切同情和人道关怀。

描写伤夭怀思的哀伤赋在此期亦占有较大比重，如王粲《伤夭赋》悼念幼子之亡，曹丕《悼夭赋》悼念十一岁而亡的族弟，曹植《慰子赋》悼念中殇的爱子，苏顺《叹怀赋》、王粲《思友赋》、高贵乡公曹髦《伤魂赋》等都为悼念怀思友人而作。这些赋作抒发了作者痛失亲友的悲伤之情，真切感人，惜篇幅过于短小。此外曹植《叙愁赋》《释思赋》描写别离愁思之情，其中《叙愁赋》描写一女子被选入宫时离别亲人的忧伤，“对床帐而太息，慕二亲以增伤”，“顾堂宇之旧处，悲一别之异乡”。作者写女子不以入宫侍君为荣，而以背井离乡远别双亲为恨，在宫怨题材中独立新意，别开境界。

总的来说，汉末曹魏时期，社会的动荡不安和个体生命意识的自觉，促成了哀伤赋创作的勃兴。较之西汉单一的题材，此期哀伤赋或写寡妇之悲情，或写出妇之怨伤，或悼亡亲友，或感伤离别，丰富了哀伤赋的创作内容，体现出赋家对生命的眷恋和关注。这些赋作情真意切，语言流畅，然大多数在篇幅上过于简短，从而在一定程度上限制了抒情意境的创造，艺术成就不高，故此期哀伤赋未引起《文选》编者的重视。

（三）两晋时期

两晋时期是哀伤赋创作的成熟期，《文选》此目的七篇选文中有四篇出于此期，其比重之大体现出萧统对此期哀伤赋艺术成就的充分肯定。两晋时期统治阶级内部政治斗争与杀戮十分残酷，文士多数卷入政治斗争，“人未尽才”[①]，而成为其牺牲品，如嵇康、张华、潘岳、陆机、陆云、阮修、王衍等，一时间赋家凋落殆尽，少有全者。面对政治的血腥、时局的变幻、立身的艰难、亲友的逝去、人生的脆弱，赋家对个体生命有了更为深切地认识和体会，遂产生沉重伤感的生命意识。因之，此期哀伤赋由建安时期的悲凉慷慨转向婉转深切，由伤悼他人引至伤悼自身并慨叹时间的流逝，从而扩大了哀伤赋的表现深度和情感容量。

据不完全统计，两晋时期共有哀伤赋十八篇，其中向秀《思旧赋》、潘岳《怀旧赋》《寡妇赋》和陆机《叹逝赋》四篇，悼亡伤逝，凄恻哀婉，手法高妙，语言工丽，具有很高的艺术成就，故为《文选》收录。除此以外，较有特色的还有如下几篇：潘岳《悼亡赋》为悼念其亡妻杨氏而作，此赋回忆亡妻一生艰辛以及盛年而逝的不幸，并通过两个场面的描写，表达了作者的无限哀痛。先是描写夜间为亡妻整容入殓的场面，然后写天亮置身空房睹物思人的情景，整篇赋文弥漫着一种凄冷愁恻的气氛，凄婉流连饱含悲怆。陆机《愍思赋》写悼念亡姐，此赋篇幅不长，集中描写自己在故宅流连徘徊，蔼蔼的阴云，泠泠的凉风，悲伤的仆从，哀鸣的孤鸟，其景其情令人不堪。与之相比，陆云《岁暮赋》并悼姑、姐，篇幅较

---

① 《文心雕龙·时序》，范文澜：《文心雕龙注》，第674页。

长，内容丰富。此赋先写岁暮萧瑟的寒冬之景，感逝物而伤易老，继而引发对姑姐逝世、六亲不存的家族衰落惨状的悲伤，最后感叹宇宙人生，千岁一息。此赋在自然兴衰的大背景中悲悼亡衰，并超越个体生命对整体人生做出观照，眼界开阔，思路宽广，加深了对生命悲慨的体认。

东晋王邵之《怀思赋》、孙琼《悼艰赋》，均抒写怀念亲人的悲痛，如《悼艰赋》云："顿余邑之当春，望峻陵而郁青。瞻空宇之寥廓，愍宿草之发生。顾南枝以永哀，向北风以饮泣。情无触而不悲，思无感而不集。"作者春归母家，亲人已逝，只见陵草青青，屋宇空寂，徒留沉重的悲情，"瞻空宇"二句尤富苍凉深致之思，笔触细腻，恳切动人。以上赋作描写悼亡，各有特色，但与向秀《思旧赋》、潘岳《怀旧赋》相比，其表现手法和艺术感染力仍略逊一筹。

将个体生命死亡上升至宏观角度加以感发的，有陆机《感丘赋》和《大暮赋》。《感丘赋》叙写泛舟黄河，顺流而东，见一路崇岭山冈，荒冢累累，遂发出"生矜迹于当已，死同宅乎一丘"的慨叹，如寄的人生和累累坟丘，使作者产生强烈的震撼，进而表达了其凄凉感伤的生命意识。《大暮赋》咏叹生命之衰暮，即生命的终结，此赋从宇宙自然的宏观角度对死做一般性的描述，揭示了生命的内在涵义。作者极写面对死亡，亲人的悲痛哀伤与死者的茫然，最终以道家齐生死的观点聊以超脱感伤沉重的生命之悲。同样是由个体死亡而做出的对宇宙人生的整体观照，陆机《叹逝赋》情理结合，意境高远，叹逝悲切，而且句式骈俪，巧设譬喻，较之前二赋具有更高的艺术魅力，故为《文选》收录。另外，西晋傅咸《感别赋》描写与友人离别的怅恨之情，赋文追忆了与友人"幼则同游，长则同班"的友情，称美友人的才华美德，末尾直抒别后思念深切之情，"步虚宇以低回，想宴笑之余晖。意缠绵而弥结，泪雨面而沾衣"，感情深挚，道出离别的苦痛。西晋左棻《离思赋》在内容上与曹植

《叙愁赋》一脉相承，作者不以侍至尊为荣，而以隔‘至亲’为恨，全篇围绕与亲人隔绝的遭遇而尽力宣泄孤独凄苦之情，反复咏叹中悲情层层推出，声声泣下，字字感人。

两晋时期由于政治环境更为险恶残酷，文人更多地卷入斗争而成为政治牺牲品，自身命运的艰难无奈以及生命的脆弱和时间的永恒，给此期赋家带来强烈的心灵震撼。整体而言，较之建安曹魏时期，此期哀伤赋内容上由前代的悼亡他人引发出悲悼自身进而上升至宏观角度悲悼宇宙人生，表现出一代士人极为悲凉的内心世界与极为感伤无奈的生命意识，故而情调上亦更显沉痛难堪，凄丽婉曲，这是汉魏以来文人关注生命、尤重深情的时代特征不断强化的结果，所以此期哀伤赋在表现的广度和深度以及情感容量上得到了进一步扩大。加之艺术表现手法日趋娴熟，语言句式渐趋工致骈俪，哀伤赋作的整体创作成就明显超越前代。《文选》于此期选录四篇赋作，入选篇目之多既反映了创作实情，同时亦体现出萧统的重视程度。

（四）南朝时期

南朝以还，宋、齐、梁、陈四代更迭频繁，剧烈的政治动荡仍旧左右着文人命运，残酷的皇室内讧杀戮带给文人的心灵震撼依然强烈。盖因“作家缺乏远大的理想，高尚的胸襟，致使作品缺乏深厚的内蕴”[①]，所以统览此期十一篇哀伤赋作，在内容题材方面并无较大突破，情感容量和深度也未有鲜明拓展。《文选》于此期选录两篇赋作，数量上较两晋时期大为减少，但这并不意味着哀伤赋创作走向衰落；相反，与追求精致华丽的文学潮流相一致，南朝赋家尤重作品的美学价值，从而创作出更为经典化的表现方式，其中以江淹《恨赋》《别赋》为首创和代表。二赋是江淹抒情赋作之双璧，作

① 曹道衡、沈玉成：《南北朝文学史》，人民文学出版社 1998 年版，第 17 页。

者并非针对某件具体世事抒发哀情，而是通过对社会历史的宏观审视，对同一类情感做出总揽性的把握。如《恨赋》专门写恨情，《别赋》专门述别愁，这种对哀伤情感的艺术概括反映出作者观照人生的崭新视角。二赋在描写和意境方面产生“意夺神骇，心折骨惊”的效果，极具艺术感染力，语言华丽，偶对工整，着实为人称道。作为南朝哀伤赋的代表之作，当之无愧为《文选》所录。除此以外，江淹的《泣赋》亦属于上述宏观概括性的表现方式，作者以“泣绪”贯穿全篇，将写景、叙事、抒情、用典相结合，形象地描绘了终古若斯、人所共有的悲泣之情，可谓千古哀怨，痛绝人寰。此外，萧子范《伤往赋》、江淹《伤友人赋》《伤爱子赋》等分别伤悼爱妾、挚友和幼子，刘潜《叹别赋》、张瓒《离别赋》均写离别之悲伤，这些作品在题材上并无新意，语言和句式相对精巧齐整。

四、小结

全面考察汉魏六朝时期的哀伤赋，有助于我们加深对《文选》赋专设“哀伤”一目及其选文用意的理解。“人禀七情，应物斯感”[①]，在喜、怒、哀、惧、爱、恶、欲七情中，哀伤之情作为人类共通的普遍情感，自楚辞奠定以悲为美的审美倾向始，便在文学作品尤其是诗赋中得到充分表现。萧统多愁善感的个性气质和“属词婉约，缘情绮靡”[②]的创作风格，使他敏锐地感受到哀伤情感的艺术感染力，于诗、赋二体之下均设“哀伤”一目，选文达二十一篇，足见其对哀伤题材作品价值的重视和肯定。就赋而言，据不完全统计，汉魏六朝时期哀伤赋作达五十余篇，《文选》选录七篇，这一

① 《文心雕龙·明诗》，范文澜：《文心雕龙注》，第65页。

② 南朝梁·王筠《昭明太子哀册文》，清·严可均：《全梁文》卷六十五，第3338页。

数字既反映出哀伤赋的创作实情，又体现出当时的审美标准和文学倾向。

由于哀伤赋创作受时代环境的影响较大，所以在社会稳定繁荣的西汉时期，仅出现三篇，而且与宫廷有关，其中司马相如《长门赋》不仅是弃妇题材哀伤赋的开山之作，而且对后世宫怨文学产生深远影响。汉武帝《李夫人赋》为伤悼李夫人而作，是第一篇悼亡题材的哀伤赋。整体而言，西汉哀伤赋运用骚体之法，抒情真挚，哀婉动人，题材上略显单一，为后世留下足够的扩展空间。

“汉末魏晋六朝是中国政治上最混乱，社会上最苦痛的时代”①，在混乱、苦痛的时代浸染中，哀伤赋创作繁盛，得到充分发展。但不同时段的整体特征各有不同。建安曹魏时期，社会动荡，战乱频仍，赋家对个体生命十分珍重和关注，此期哀伤赋或写寡妇之悲情，或写出妇之怨伤，或悼亡亲友，或感伤离别，丰富了哀伤赋的题材内容和表现形式，情调上悲凉之中略带慷慨之意，时代特色鲜明。然大多数在篇幅上过于简短，从而在一定程度上限制了抒情意境的创造，故未受《文选》重视。迨至两晋，随着政治杀戮斗争的日益加剧，文人名士多数卷入其中，“人未尽才”②而成为牺牲品，政治的血腥、时局的变幻、立身的艰难、亲友的逝去、人生的脆弱，使赋家的生命意识较之前代更为沉重伤感。所以此期的哀伤赋在内容上由前代的悼亡他人引发出悲悼自身进而上升至宏观角度悲悼宇宙人生，情调上由悲凉慷慨转向婉转深切，凄丽沉痛，扩大了哀伤赋的表现广度和深度以及情感容量。艺术成就上，表现手法日趋娴熟，语言句式渐趋工致骈俪。南朝以还，朝代更迭，政治斗争和皇室内讧仍然带给文人巨大伤痛。相比较魏晋时期，此期哀伤赋创作在题材内容上并无突破；但在南朝唯美文学风气的带动下，赋家追求作

① 宗白华：《美学散步》，上海人民出版社1981年版，第107页。

② 《文心雕龙·时序》，范文澜：《文心雕龙注》，第674页。

品的美学价值，创作出更为经典化的表现方式，即从宏观角度对某一悲伤情感做出艺术概括，体现出赋家观照人生的崭新视角，语言华美工稳。

在《文选》哀伤赋的七篇选文中，四篇为西晋作品，篇目之多既契合此期哀伤赋的创作成就，亦足见萧统对其艺术价值的认可。此外西汉时期一篇，南朝两篇，皆是精品佳作，体现出萧统对哀伤赋整体发展流变的精准把握。

第十五章

论文类

一、“论文”类名及溯源

就《文选》“论文”类的选文来看，所谓“论文”，指的是探讨谈论文学批评理论，而“论文”类赋就是专门以论述文学理论为题材的一类赋作。然而整个汉魏六朝时期，以赋论文的作品唯有西晋陆机《文赋》一篇。萧统特设“论文”一目，并专收此赋，后人或有指摘其分类不当，如清人俞樾云：“题前立题，犹屋上架屋矣。”[①]但笔者以为，这一做法未尝不是萧统自身赋学观念的体现，一方面可以看出他对《文赋》以及前代文学批评理论的重视，另一方面也可看出在那个时代他对赋体分类的全面性和系统性，这对赋体分类的发展具有积极的推动意义。

陆机《文赋》是以赋体形式探讨文学理论的首创，然此前已有个别赋家在赋序中谈论有关赋学理论的见解，可以看作以赋论文之滥觞。如东汉班固《两都赋序》，探讨了汉赋的渊源流变，概括了汉赋内容和形式上“润色鸿业”“雍容揄扬”的特点，并指出其讽颂的社会功用，肯定了汉赋的历史地位。西晋成公绥有《天地赋》，作者

① 清·俞樾：《第一楼丛书》，同治十年《第一楼丛书》本。

在序中阐明赋“能分理赋物，敷演无方，天地之盛，可以致思矣”，认为赋体之内容可以容天地之盛，无所不包，而其创作方法，则是“敷演无方”，丰富多变。西晋皇甫谧在《三都赋序》中亦阐发了自己对赋的看法，除了继承班固的观点，认为赋在内容上具有讽谏之义、形式上“文必极美”之外，还详尽描述了辞赋的发展演变，并对历代辞赋代表作家做出评价。以上赋家对赋体文学的见解和认识，均以赋序的形式体现，而并未将其作为赋文主要内容进行论述。很显然，它们不是真正意义上的论文赋，但它们不仅促进了赋学理论的发展，而且对随后出现的以赋论文也有一定的启示作用。

二、《文选》所录论文赋文本释析

陆机《文赋》作为第一篇以文学理论为创作题材的赋作，其产生实非偶然。首先，建安以来，文学创作的自觉性不断提高，曹丕《典论·论文》充分肯定了文学的作用，并论及体制风格。六朝时期，随着文学创作的繁荣和艺术技巧的提升，文人学者在《典论·论文》的启发下，越发重视从理论上探讨总结文学创作经验，以便更好地指导创作实践，《文赋》的产生正是文学创作发展的必然结果。其次，就各种文艺形式而言，歌舞音乐题材在汉代即已成为赋家关注的题材，雕刻、壁画、百戏技艺等也在京殿大赋中出现，但尚未形成专门而独立的赋篇。魏晋时期，杨泉《草书赋》、傅咸《画像赋》、王羲之《用笔赋》等，已是专题文艺赋，由此可见，各种文艺形式已经进入赋家的描写范围并且独立出现，在这样的背景中陆机创作《文赋》亦是当时风气所致。另外古代论文较为注重体味，故多以形容、描写的语言来表达，而赋体正具此种功能，所以《文赋》应运而生。《文赋》作为继曹丕《典论·论文》之后文学理论的力作，在六朝文学理论的发展过程中起着承前启后的重要作用，对钟嵘《诗品》、刘勰《文心雕龙》都具有很大影响。

关于此赋的创作原由，序中已有明确交代："……故作《文赋》以述先士之盛藻，因论作文之利害所由，他日殆可谓曲尽其妙。"可见作者作此赋目的是总结前人经验，论述写作利害得失，从而为今后写作提供借鉴。赋文由创作准备、创作过程、各类文体特征、作文利害、文病种种、创作中的通变与甘苦、文章的社会功用等部分组成，系统阐述了创作活动的过程、方法、技巧以及利弊得失问题。其在文学理论上的贡献有如下几点：

其一，首次形象地描述了艺术构思的全过程，展示了以形象思维为特征的艺术构思情景。作者认为一旦进入构思必须达到思想集中，即"耽思傍讯"，让想象自由驰骋，所谓"精骛八极，心游万仞"，是时展开丰富的联想和想象，这样才能使头脑中原有的知识和经验纷纷涌现，"观古今于须臾，抚四海于一瞬"，积极推动构思的进行，于是"情曈昽而弥鲜，物昭晰而互进"，作家思路和情志由朦胧而逐渐明确，各种物象在头脑中逐渐清晰。这样便会进入写作阶段，此时需要"选义按部，考辞就班"，对素材进行加工锤炼，最终"笼天地于形内，挫万物于笔端"，创造出鲜明的艺术形象。作品对艺术构思过程的形象化描绘，展示的正是一种形象思维过程。在当时，这一现代文艺理论概念尚未出现，而作者认识到构思中的想象思维特征，并加以描绘，体现出作者的深识，对《文心雕龙·神思》产生了直接影响。

其二，提出"诗缘情而绮靡"的理论新主张。"诗言志"是儒家诗论的中心，在先秦时期"志"指的是怀抱情志，到了汉代，随着儒学独尊地位的确立，汉儒强调诗歌的政治教化功能，要求"发乎情，止乎礼义"，致使诗歌中"情"的抒发受到很大排斥。在魏晋以来思想解放思潮的影响下，陆机提出"诗缘情"说，明确了"情"

在诗歌中的重要地位，同时也反映了当时抒情文学发展繁荣的新特点。正如朱自清《诗言志辨》所云："'诗言志'指的是表现德性……可是缘情的五言诗发达了……于是陆机《文赋》第一次铸成'诗缘情而绮靡'这个新语……扼要地指明了当时五言诗的趋向。"[①] 可见这一理论对诗歌本质特征做出了新概括，契合了魏晋文学风尚的新特点。此外陆机还强调了诗歌形式美，即"绮靡"，认为诗歌本质特征要以优美的艺术形式抒情达意，所以"诗缘情而绮靡"兼及内容和形式，较之《典论·论文》"诗赋欲丽"更完整全面。

其三，《文赋》发展了曹丕《典论·论文》中的文体论。《典论·论文》始分文为四科八类，较为粗略，陆机在此基础上对文体做了更为周密、细致的分析，把"四科八类"扩充为诗、赋、碑、诔、铭、箴、颂、论、奏、说十体，并从内容与风格两方面说明各种文体不同的特点，即"诗缘情而绮丽，赋体物而浏亮，碑披文以相质，铭博约而温润，箴顿挫而清壮，颂优游以彬蔚，论精微而朗畅，奏平彻以闲雅，说炜晔而谲诳"。《文赋》中的这一文体论为各类文章体裁的创作和批评确立了一个基本标准，刘勰《文心雕龙·定势》论各文章体势，受此影响很深。

其四，《文赋》提出许多富有积极意义的文学见解。如作者强调独创，反对因袭雷同，曰："谢朝华于已披，启夕秀于未振"，指出创新的重要性；提倡高雅格调，反对迎合时俗；强调以立意为主，以文传意，曰："理扶质以立干，文垂条而结繁"，反对重辞轻情，舍本逐末；作者对创作前的准备亦有全面的认识，曰："伫中区以玄览，颐情志于典坟。遵四时以叹逝，瞻万物而思纷。悲落叶于劲秋，喜柔条于芳春。心懔懔以怀霜，志眇眇而临云"。作者首先强调对宇宙万物的"玄览"，观其形，辨其声，察其变，悟其质，丰富自己的

---

① 朱自清：《诗言志辨》，广西师范大学出版社2004年版，第28页。

知识；同时也要求汲取典籍精华，借鉴前人经验，并且还要在大自然的观察中激发自己的情感体验，产生创作冲动，在此所论的创作准备皆以现实生活为基础，最后作者指出还要在大自然中陶冶自己的心志，将对大自然的感受升华为志存高远的人生理想，强调了高尚胸襟对创作的意义，这些都可谓中肯之论。

其五，《文赋》对创作灵感做了形象论述。作者认识到所谓的“灵感”有通塞之异，有时如伏重渊之深，有时如坠层云之峻，所以“若夫应感之念，通塞之纪，来不可遏，去不可止，藏若景灭，行犹响起”。当文思流畅时，“思风发于胸臆，言泉流于唇齿”，提起椽笔，一挥而就，“率意而寡尤”；而当文思艰涩阻滞时，则“六情底滞，志往神留，兀若枯木，豁如涸流”，虽然自己“览营魂以探赜，顿精爽而自求”，但终究是“理翳翳而愈伏，思轧轧其若抽”。作者形象地描绘了灵感开塞的不同情状，然而对于灵感的“开塞之所由”却并未做出科学合理的解释，这是由其认识的局限性所致。但作者从自身的创作实践出发，对灵感现象有充分体验，并肯定了它在创作中的积极意义，在当时确属难能可贵。

《文赋》在我国古代文学批评史上占有重要地位，它提出的许多文学理论的重要问题一直为后人所重视，对推动后世文论的发展具有积极作用。就内容而言，赋中涉及几乎所有的文学理论问题，但对于其中的重大问题作者却未能做出更为集中突出、深入细致的探讨论述，故刘勰批评其“号为曲尽，然泛论纤悉，而实体未该”[①]，指出其“巧而碎乱”[②]的不足。此一评价固然中肯，然从赋体发展的角度来看，《文赋》是第一篇以赋体形式表现文学理论内容的作品，以赋论文，不仅丰富了汉魏六朝赋的文化内涵，同时亦体现了作者对赋体文学表现领域的开拓精神。并且艺术表现上，此赋大量运用

① 《文心雕龙·总术》，范文澜：《文心雕龙注》，第655页。
② 《文心雕龙·序志》，范文澜：《文心雕龙注》，第726页。

对偶、比喻，词采华美，音韵铿锵，将理论内容写得生动流畅，极富韵致。或许正是鉴于《文赋》内容之独特、意义之重大、形式之优美，萧统特于《文选》十五类赋中为其设立“论文”一目，将其专门收录，可见萧统对此赋的重视程度。

三、汉魏六朝其他文艺赋特点及流变

这里所说的文艺赋，专指以赋论文谈艺的作品，“谈艺”指对书法、绘画等具体部类的艺术讨论。音乐歌舞理应属于此类，但由于其兼具乐教与娱乐的双重功能，早已进入赋家的描写领域而繁盛一时，遂形成专门的“音乐”类别，为《文选》列于“论文”一目之后，在此不予论述。陆机《文赋》作为第一篇以文学理论为创作题材的文艺赋，在整个汉魏六朝时期可谓空前绝后，而考察其他文艺赋，全面把握其创作流变情况，有助于加深对《文选》“论文”类立目意旨的了解。

据统计，整个汉魏六朝时期共有文艺赋五篇，详见下表：

表 14：汉魏六朝文艺赋一览

年代	作者	名称	出处	备注
吴	杨泉	《草书赋》	《全三国文》卷七十五	
西晋	**陆机**	**《文赋》**	**《文选》卷十七**	
西晋	傅咸	《画像赋》	《全晋文》卷五十一	
东晋	王羲之	《用笔赋》	《全晋文》卷二十二	
齐	王僧虔	《书赋》	《全齐文》卷八	

由上表可知，在汉魏六朝所有文艺赋中，以书法艺术为题材的赋作最先出现且篇目最多。书法作为一门供人欣赏的艺术，形成于东汉以后，元刘因《荆川裨编》曰：“字画之工拙，先秦不以为

事……魏晋以来，其学始盛，自天子、大臣至处士，往往以能书为名，变态百出，法度备具，遂为专门之学。”[①] 此言甚确。东汉末年，蔡邕工书法，作有《篆势》和《隶势》，专门描写篆书、隶书的不同笔势。张芝亦工隶书，创真草，世人称之为“草圣”。三国时钟繇被推为“真书绝世”。两晋时期书法进入艺术巅峰期，历来有“唐诗、晋字、汉文章”之美谈，正是对晋代书法艺术的高度评价。随着书法艺术的昌盛，以此为题材的书法赋作应运而生。

孙吴杨泉《草书赋》是现存最早的书法赋，也是第一篇文艺赋，作品赞美草书体为六体中最为奇美的一种书法艺术，并详细地描绘了草体笔法之变幻：

乍杨柳而奋发，似龙凤之腾仪。应神灵之变化，象日月之盈亏。书纵竦而值立，衡平体而均施。或敛束而相抱，或婆娑而四垂。或攒翦而齐整，或上下而参差。或阴岑而高举，或落箨而自披。其布好施媚，如明珠之陆离。发翰摅藻，如春华之扬枝。提墨纵体，如美女之长眉。其滑泽肴易，如长溜之分歧。其骨梗强壮，如柱础之不基。断除弓尽，如工匠之尽规。其芒角吟牙，如严霜之傅枝。众巧百态，无不尽奇。婉转翻覆，如丝相持。

作者在描写中运用大量比喻，如龙凤腾越、日月盈亏、春华扬枝头、美女长眉等，形象刻画了草书字体的腾挪迭宕、张弛无方、刚柔相济的流美飞动和千姿百态，令人如见其形、如感其神，充分展现了草书艺术之神奇精湛。

东晋大书法家王羲之有《用笔赋》，作者在序中交代隶书、草书二体“用笔神妙，不可得而详悉”，故作此赋谈自己的体会见解。赋文分别描绘了真书（由隶书发展而来）、草书二体笔势笔法之神妙。其中绘“真体”曰：

---

① 转引自于浴贤：《六朝赋述论》，河北大学出版社 1999 年版。

高强劲实，方圆穷金石之丽，纤麄尽凝脂之密。藏骨抱筋，含文包质。没没汩汩，若濛汜之落银钩；耀耀晞晞，状扶桑之挂朝日。

作者刻画了真书的笔势，朴劲而丰茂，严整而遒力，颇能展现出真书艺术的风姿神韵。

赋作描绘“草体”一段，更为奇纵有姿态：

养德俨如，威而不猛。游丝断而还续，龙鸾群而不诤。发指冠而皆裂，据纯钩而耿耿。忽瓜割兮忽裂，复交结而成族。若长天之阵云，如倒松之卧谷。时滔滔而东注，乍纽山兮暂塞。射雀目以施巧，拔长蛇兮尽力。草草眇眇，或连或绝。如花乱飞，遥空舞雪。时行时止，或卧或蹶。

描绘草书用笔之势，纵横抑扬，奔放飘逸，百态千姿令人叹为观止。此赋描写两种书体，从不同空间层次择取事物的形象进行比喻形容，以对举的形式，或上下远近，或阴柔阳刚，或动姿静态，再现了书法艺术跌宕生姿之妙。语言传神逼真，流畅飞动，此赋非书圣兼文豪而不可为。

南朝齐王僧虔是王羲之四世族孙，善隶书，亦颇负盛名。其《书赋》对隶书之体做了形象描绘，表现了隶书笔势稠约有致、妍朴相辅、刚柔相济之美。更为重要的是，此赋阐述了作者的书法思想。他认为书法之运笔与人的情志密切相关，强调个性在书法艺术中的作用，这一见地为后代有关理论提供了有益借鉴。

此外，西晋傅咸有《画像赋》，此赋以简洁的语言描写了画中的人物，并表达了作者对画中人物的感慨，虽题作“画像赋”，但作者对绘画艺术未做细致描绘和探讨，略为可惜。不过，作为唯一一篇绘画赋，其对赋作题材的文化艺术内涵具有一定的开拓性，这一点值得注意。

统观汉魏六朝出现的这些文艺赋，题材上包揽书法、绘画、文论三种，与音乐歌舞不同，后者由于具有乐教功能和娱乐作用，影响广泛，普遍成为赋家钟爱的创作题材，整个汉魏六朝有近五十篇作品，可谓层出不穷；而上述三种文艺题材，受极强的艺术性和专业性所限，一般文学创作者莫敢问津，故此类赋作篇目屈指可数。就书法赋而言，尤其是王羲之《用笔赋》，描写笔法切中肯綮且文采斐然，使人充分领略到书法的艺术美。作者既是书圣又颇有文才，从而使此赋达到很高的艺术成就，堪与陆机《文赋》媲美。即便如此，此赋亦不能掩盖书法赋篇目寥寥的实情及其有限的影响力度，故不为萧统所重。

四、小结

陆机《文赋》在我国古代文学批评史上占有重要地位，它提出的许多文学理论的重要问题一直为后人所重视，对推动后世文论的发展具有积极作用。从赋体发展的角度来看，《文赋》是第一篇以赋体形式表现文学理论内容的作品，以赋论文，不仅丰富了汉魏六朝赋的文化内涵，同时亦体现了作者对赋体文学表现领域的开拓精神。

萧统独为《文赋》设类，这不仅是因为《文赋》自身较高的文学理论价值和华美的艺术形式，更重要的是它以对以赋论文（而非以赋谈艺）的开创性，在文艺赋中占有一席之地且独一无二。所以《文选》设立“论文”一目，并专收此赋，一方面体现出对《文赋》的重视，另一方面亦反映出萧统对赋体分类力求全面系统的努力尝试，推动了赋体分类的发展。

《文选》赋“论文”一目的分类传统，对后世大型文学选本产生了一定影响，如《文苑英华》有“儒学”一目，《历代赋汇》有“文学”一目。

第十六章

音乐类

一、“音乐”类名及溯源

《文选》赋设立“音乐”一目，共选文六篇。其中王褒《洞箫赋》、马融《长笛赋》、嵇康《琴赋》、潘岳《笙赋》和成公绥《啸赋》，以描写音乐为主，篇题与“音乐”类名甚符；唯独傅毅《舞赋》以描写舞蹈为主，与“音乐”类名不合。

古人对于“乐”“舞”两种艺术的理解，有狭义和广义之分。就狭义而言，“歌，咏其声也；舞，动其容也”[①]，“乐”是音声是乐曲，而“舞”是舞蹈，有“容”有“象”，前者是听觉艺术，后者是视觉艺术。并且随着周代礼乐文明的发展，乐和舞具有了相对的独立性，在机构中作为不同的艺术形式由不同乐官分别教授。若从二者的差异来看，《文选》的“音乐”类名改作“乐舞”似乎更能贴合选文的表现内容。

然而，《文选》将乐舞题材统归于“音乐”类，采用的是古人对音乐概念的广义理解。《礼记·乐记》云：

---

① 东汉·郑玄注，唐·孔颖达疏：《礼记正义》，中华书局影印《十三经注疏》1957年版，第1633页。

凡音之起，由人心生也；人心之动，物使之然也。感于物而动，放形于声。声相应，故生变；变成方，谓之音；比音而乐之，及干戚羽旌，谓之乐。[①]

这里，“音”指宫商角徵羽五音；“方”指声音变化形成的规律；“干戚”即盾和斧，是用于《武舞》的道具；“羽旌”指翟羽和旌牛尾，是用于《文舞》的道具。“干戚羽旌”代指各种舞蹈。可见，《礼记·乐记》所论的“乐”是包括歌唱、演奏、舞蹈在内的综合艺术。以“乐”概“舞”，将“舞”视为“乐”的组成部分，是古人对“乐”的广义理解。李善在《文选》赋“音乐”类名之下注引上述文字以阐述其义，无疑是契合《文选》编纂者本意的。历代正史记载乐舞时，也皆以“乐”名其题，谓之《礼乐志》《乐志》或《音乐志》，体现出以“乐”概“舞”的主流观念。

最早将音乐题材纳入赋作中的是西汉枚乘的《七发》。[②]赋中吴客对楚太子进说的七件事中以音乐居首，此段描述音乐十分精彩，先以造琴之木发端，描写梧桐生长环境的荒凉险恶、气候恶劣，然而它历飞霜，抗雷电，终于长成坚贞之质。然后写匠人斫木制造雅琴，由师堂操琴，伯牙为歌，演绎《麦秀》哀音，实乃“天下之至悲也”。作者描绘木材之生长、制琴之过程及琴声之动人，层层铺叙渲染，哀音袅袅，真切感人。此节专门对音乐的描绘，奠定了音乐赋的基本表现内容。

汉代的宫廷苑囿赋中亦有对音乐歌舞的描绘，如司马相如《上林赋》，描写天子置酒张乐的歌舞场面一节，“千人唱，万人和”，气势壮阔宏大，对舞蹈赋的创作不无影响。无论是《七发》抑或《上林赋》，其对音乐歌舞的描绘仅是片段而已，并非作品的中心内容，然而它们对音乐赋产生的先导作用却不容忽视。

---

① 东汉·郑玄注，唐·孔颖达疏：《礼记正义》，中华书局影印《十三经注疏》1957年版，第1583～1584页。

② 按：战国宋玉作《笛赋》，见录于《古文苑》，后人皆疑为伪作，这里暂且不论。

二、《文选》所录音乐赋文本释析

《文选》“音乐”类选赋六篇，数量仅次于“京都”类和“哀伤”类，位居第三。选文除傅毅《舞赋》单纯描写舞蹈之外，其余皆以描写音乐为主，它们在艺术表现上，铺排渲染，描绘逼真，手法灵活，思想立意上或颂扬音乐的政治教化功能，或体现音乐娱志养性作用，特色鲜明，极具代表性。

（一）西汉王褒《洞箫赋》

《洞箫赋》为西汉王褒侍汉宣帝太子时所作，据《汉书》本传载：“太子喜褒所为《甘泉》及《洞箫颂》，令后宫贵人左右皆诵读之。”[①]此赋沿袭枚乘《七发》描写琴声的格局路数，由箫干的生长环境写起，以喻其托体之孤幽高洁，接着叙述洞箫的制作过程及其造型，然后描写箫声的美妙动人，最后以“乱”收束全篇，点明箫声乐而不淫，中于节操，并借此称美君主文教之功，歌颂儒家的乐教精神。

《洞箫赋》虽然在结构上效仿《七发》，但其对音乐声响的描写具体入微，极尽腾挪变化之能事，为《七发》所不及。如描写箫干的生长环境：

翔风萧萧而迳其末兮，回江流川而溉其山。扬素波而挥连珠兮，声磕磕而澍渊。朝露清冷而陨其侧兮，玉液浸润而承其根。孤雌寡鹤，娱优乎其下兮，春禽群嬉，翱翔乎其颠。秋蜩不食，抱朴而长吟兮，玄猿悲啸，搜索乎其间。

萧萧翔风，浩浩江川，清冷朝露，孤鹤悲猿，春禽秋虫，种种事物组合构成了一个神异优美又凄冷的意境，烘托了洞箫的资质和情韵。在具体描绘洞箫乐声时，作者摹写了“其巨音”“其妙声”“其武声”“其仁声”“其欢娱之声”，从不同的角度，以一系列比喻夸张

① 《汉书》卷六十四《王褒传》，第2829页。

的手法，展现箫声千变万幻之曲调，从而使抽象无形的音乐转化为视觉形象，亲切可感。如：“听其巨声，则周流泛滥，并包吐含，若慈父之畜子也。其妙声则清静厌，顺叙卑达，若孝子之事父也。科条譬类，诚应义理，彭湃慷慨，一何壮士。优柔温润，又似君子。”这里以声音喻比人的行为修养，十分耐人寻味。句式上，《洞箫赋》基本采用骚体，行文中间入散句，既有骈偶的工丽齐整，又有散体的流动自如，整体上“于铺张之中透出疏朗清丽”[①]。

总之，《洞箫赋》继承了《七发》对音乐的描写格局，即先写材质的生长环境，继而写乐器的制作过程，然后写乐声的美妙感人，并且又对每一环节进行了更为具体而充分的铺叙描绘，刻镂细腻，生动形象，语多俳丽，摇曳多姿，艺术手法丰富多变。为此刘勰称：“子渊《洞箫》，穷变于声貌。”[②]《洞箫赋》作为第一篇音乐赋，亦是一篇优秀的音乐赋，其结构体式和描绘手法对后世音乐赋创作启发很大。

（二）东汉傅毅《舞赋》

傅毅《舞赋》是现存第一篇专门描写歌舞的赋作，此赋的序文假托楚襄王与宋玉的故事展开描写，曰：“楚襄王既游云梦，使宋玉赋高唐之事。将置酒宴饮，谓宋玉曰：‘寡人欲觞群臣，何以娱之？’”宋玉主张以歌舞为乐：“臣闻歌以咏言，舞以尽意。是以论其诗不如听其声，听其声不如察其形。”又曰：“郑卫之乐，所以娱密坐接欢欣也。”作者托宋玉之口，表达了对歌舞以及“郑卫之声”认识和见解，构思十分巧妙。“郑卫之声”历受非议，为儒家礼教、乐教思想所不容，作者突破传统观念的重围，肯定歌舞及郑卫之声怡悦情性的娱乐功能。

---

① 郭建勋：《辞赋文体研究》，中华书局2007年版，第20页。

② 《文心雕龙·诠赋》，范文澜：《文心雕龙注》，第153页。

作品开篇勾勒了月夜华屋宴饮的场景，然后具体描写舞女的容貌体态之美和歌声的娴熟美妙，进而由歌到舞，由静到动，描写舞女的舞姿和舞艺。在对舞蹈的描写中，作者先写独舞，展示舞姿之优美婀娜和舞女的高雅气质；之后写群舞，“合场递进，按次而俟”，队伍变化有序，场面热烈，将气氛推向高潮，达到“观者称丽，莫不怡悦”的效果。《舞赋》重点刻画舞女的舞容舞姿，极尽铺张之能事，细腻生动，曲尽其妙，风流跌宕，具有强烈的艺术魅力，使人如同身临其境。此赋的语言基本为散体，间或杂入整齐的骈偶句式或修长的楚辞句式。语言的流转变幻，和谐地配合了歌舞情态的千变万化。当舞蹈始兴之前，插入一支楚歌，表现乐曲的舒缓和神态的从容；而当“回身还入，迫于急节”之时，则纯用四字偶句，以句式节奏的加快，传达舞蹈的动感，极好地烘托出歌舞进入高潮时的热烈激动气氛。由此，作者内在的情感节奏与外在的语言节奏，达到了相当程度的统一。

《舞赋》构思巧妙，对舞容、舞姿、舞态和舞之节奏进行穷形尽相的描写，细致入微，妙语连珠，极富艺术感染力。作者撇开儒家乐教观念，言歌舞之令人“乐而不泆，娱神遗老”，表现出对歌舞怡悦情性之美感作用的充分肯定。

（三）东汉马融《长笛赋》

马融《长笛赋》是东汉时期有名的音乐赋。赋序曰：“追慕王子渊、枚乘、刘伯康、傅武仲等，箫、琴、笙颂，唯笛独无，故聊复备数，作《长笛赋》。”由此可见，作者在描写乐器时并不蹈袭前人，表现出一种求新的创作认识和求全的审美追求。此赋在结构体制上深受王褒《洞箫赋》的影响，先描写制笛之竹材所处之绝境：生终南，临万仞，聆风极危，冬雪封枝，“夫固危殆险巇之所迫也，众哀集悲之所积也”。接着写伐竹制笛：放臣逐子、弃妻离友、彭胥伯奇、哀姜孝己争相砍伐，名匠精制，十二律吕毕具，五声和，八音调。然后描写笛声之优美，音似流水又似飞鸿，金石并隆，哀声五将，曲终绕梁。最后强调笛声“皆反中和，以美风俗”的乐教功能和“通灵感物，写神喻意”的审美效果。

《长笛赋》在体制上完全效仿王褒《洞箫赋》，篇幅比《洞箫赋》长三分之一，作者对每一环节的铺叙过于拖沓繁冗，语言相对缺乏文采，明显不及《洞箫赋》雄肆精美。不过此赋在句式上力求摆脱前人窠臼，具有独特之处，不仅骚体句、四言句和散体句交替使用，而且还出现了五言诗句和七言诗句。如“屈平适乐国，介推还受禄……宦夫乐其业，士子安其宅”一段，描写笛声感人的艺术效果，虽然缺乏文采，但完全是五言诗的节奏。又如篇末所系的七言歌谣：“近世双笛从羌起，羌人伐竹未及已。……君明所加孔后出，是谓商声五音毕。”虽然其中有些句子略显蹩脚，但这种不用虚字垫衬，几乎完全用实词组成的八句七言的形式，应当说是一种独创，并且以七言歌谣取代传统的“乱”辞做结，较之《洞箫赋》更显摇曳有致。总的来说，《长笛赋》这种语言句式的变化颇能配合文意的变化，从而在一定程度上增加了赋文的音乐美。

（四）三国魏嵇康《琴赋》

嵇康精通音乐，尤好琴声，自谓“浊酒一杯，弹琴一曲，志愿毕矣”[①]，其兄嵇喜亦称他“弹琴咏诗，自足于怀抱之中”[②]，甚至“临当就命”，还“顾视日影，索琴而弹之”[③]。可知他平生志趣与琴有不解之缘。《琴赋》是嵇康专门写琴的一篇优秀赋作。

此赋有完整的序文，分为三个层次：一是作者认为音乐可以“导

① 三国魏·嵇康：《与山巨源绝交书》，清·严可均：《全三国文》卷四十七，第1322页。
② 《三国志》卷二十一《嵇康传》注引嵇喜《嵇康传》，第605页。
③ 西晋·向秀：《思旧赋序》，唐·李善注：《文选》，第229页。

养神气，宣和情志”，具有寄托情感、怡悦情性的作用，即“寄言以广意”。这种对音乐可以抒发情志的认识，冲破了“移风易俗，莫善于乐”的儒家乐教礼制的束缚，是魏晋儒学衰微、玄学兴起时代背景下，文人个性解放思想意识在艺术观念上的反映。二是作者概括了历代音乐赋的基本风貌，即“称其材干，则以危苦为上；赋其声音，则以悲哀为主；美其感化，则以垂涕为贵”，体制上无不陈陈相因。三是作者提出自己的作赋旨趣，认为以往音乐赋“丽则丽矣”，但没能探求微妙的乐理，“亦未达礼乐之情”，故而创作《琴赋》，“缀叙所怀”，以达乐情乐理。对此余英时先生曰：此赋“题目虽仿自王子渊《洞箫赋》、马季长《长笛赋》，然一比较其内容则发现有一至不相同之处：即王、马诸赋大体仅能于乐声之描绘曲尽其致，而叔夜则借琴音而论乐理，用意显与前人违异”[①]。

《琴赋》在内容体制上由“琴木生长环境”“琴的制造”“琴音之美”三部分结构成篇，基本路数仍旧承袭了王褒《洞箫赋》，然而其在角度选取、具体描写及立意取向上有很多创新之处，体现出自己的特色。赋文描写琴木——梧桐的生长环境，一改前人渲染险恶、荒凉、凄苦之状的倾向，而是着力刻画梧桐长于崇山峻岳，吸取日月精华，其山川雄奇，珍宝富庶，琪花瑞草，蕙风清露，由此可见梧桐生长环境之“自然神丽”，从而形成醇和雅洁之质。接着写遁世高人越壑登梁，见此梧桐，心有所感，想借物表情，一抒衷曲，乃伐木制为雅琴。然后作者从四个角度集中描写琴音之优美：先写“初调”时“角羽俱起，宫徵相证”之音；继而写“理正声，奏妙曲”之音；转而写“冬夜肃清，朗月垂光”，鸣琴寄怀之音；最后是孟春遨游，华堂曲宴之音。作者通过不同情境的对比，表现音乐的抑扬顿挫、高低缓急、刚柔强弱，运用形象的比喻，使无形之音乐显得

① 余英时：《士与中国文化》，上海人民出版社2003年版，第316页。

具体可感，同时亦借助听者的感受烘托音乐之美。作者摈弃前人一味以哀音为尚的传统，通过不同的艺术手法，表现出琴音丰富多彩的审美内涵，具有鲜明之创见。

嵇康服膺玄学，崇尚自然，所以他的《琴赋》冲破了前代音乐赋单纯摹声写物的程式，而能“假物以托心”，“寄言以广意”，借赋琴以表现自我高蹈不群的个性。如赋中描述梧桐生长环境之神丽，其高洁之质吸引高人隐士的注目，“悟时俗之多累，仰箕山之余辉。羡斯岳之弘敞，心慷慨以忘归。……顾兹梧而兴虑，思假物以托心”，从而将梧桐醇和雅洁之质与高士的隐逸境界和谐统一，制琴与托心互为因果。又如作者评价琴音时曰：

然非夫旷远者，不能与之嬉游；非夫渊静者，不能与之闲止；非夫放达者，不能与之无吝；非夫至精者，不能与之析理也。

这里的“旷远者”“渊静者”“放达者”“至精者”，都是高迈之士。作者认为，只有他们才能妙解琴声，而凡夫俗子不可能达到这种境界。最后作者在篇末系“乱”，曰：“愔愔琴德，不可测兮。……能尽雅琴，唯至人兮！”将至人与雅琴相联系，进一步表现出高迈超俗的个性情怀。

总而言之，嵇康《琴赋》在体制上仍祖式王褒《洞箫赋》，然而在具体的描写和立意主旨上，却表现出对前人音乐赋的超越和创新。作者精通音律，又长于弹琴，所以其对琴音的描绘不仅曲尽其妙，完备精微，而且炼辞锻句，玉振金声，可谓集前人之大成。此外，作者勇于突破传统观念，不斤斤以哀乐为尚，在展示音乐丰富内涵的同时，将琴音与“宣和情志”相结合，从而寄托了托志玄远的高迈情怀，表达了对音乐理论的见解，这与两汉音乐赋浓厚的儒家乐教精神大相径庭。清人何焯曰：“音乐诸赋，虽微妙古奥不一，而精当完密，神解入微，当以叔夜此作为冠。”① 诚如斯言。

① 清·于光华：《评注昭明文选》引何焯语，上海扫叶山房民国十二年（1923）石印本。

（五）西晋潘岳《笙赋》

潘岳《笙赋》是两晋时期音乐赋之名作。此赋在写作体制上仍然沿袭前代，但又有自己的独特之处。作者在描写笙材的生长环境和笙的制作过程两个环节时，认为“固众作者之所详，吾可得而略之也”，所以与王褒《洞箫赋》、马融《长笛赋》、嵇康《琴赋》等不惜篇幅铺陈描述相比，作者对这两个环节有意用辞简略，从而体现出不囿陈规的新变观念。然后作者集中笔墨描写了两种不同场合中笙音的美妙：一是“满堂饮酒”的盛大宴会，笙乐吹起，跌宕起伏，“或按衍夷靡，或竦踴剽急，或既往不返，或已出复入”，其动听感人则“乐声发而尽室饮，悲音奏而列坐泣”；二是朋友小饮，和颜悦色，各抒幽情，乐声与前者激越奔放不同，“新声变曲，奇韵横逸，萦缠歌鼓，网罗钟律”，协和不逼，悦人性情。作者通过不同场景中人物复杂心理的展示，描绘出笙音的丰富多彩，美妙绝伦。如描写盛宴上失意孤独者听笙一段：

于是乃有始泰终约，前荣后悴，激愤于今贱，永怀乎故贵。众满堂而饮酒，犹向隅以掩泪。援鸣笙而将吹，先嗢哕于理气。初雍容以安暇，中佛郁以怫喟。终崔峨以蹇愕，又飒遝而繁沸。罔浪孟以惆怅，若欲绝而复肆。懰檄籴以奔邀，似将放而中匮。……舞既蹈而中辍，节将抚而弗及。乐声发而尽室欢，悲音奏而列坐泣。

这里借助笙音的变化，将人物满腔的失意、痛苦、悲愤以及故作放达终而感伤无奈的心态表现得惟妙惟肖，与此同时，笙音之曲尽其妙也得到最生动形象的描绘。全赋对笙音的描绘，表现了作者对美妙音乐之感人心志、怡悦情性的深刻体会和充分肯定。然而作者于末尾却曲终奏雅，赞美了笙音移风易俗的教化作用：

彼政有失得，而化以醇薄。乐所以移风于善，亦所以易俗于恶。故丝竹之器未改，而丧濮之流已作。惟簧也，能研群声之清；惟笙也，能总众清之林。卫无所措其邪，郑无所容其淫，非天下之和乐，不易之德音，其孰能与于此乎。

由这段议论可知，作者仍然承袭儒家的乐教观点，并且视郑卫之声为淫邪，以“德音”加以排斥。总而言之，作者既注重音乐的美感特征又强调音乐的教化功用，反映出在儒家乐教观影响下，理论与实践之间的矛盾和对立。

《笙赋》与前人众多音乐赋相比，虽然在结构体制上具有相因相袭的一面，但亦显示出新变特点：不仅明言略去前人所详写之内容，而且前人惯用的比喻拟人、虚拟夸张的表现手法在此赋中亦少有出现，突显出作者不落俗套的创新观念。此赋简繁得当，文笔清丽，偶对精巧，不失为两晋音乐赋之优秀篇作。

（六）西晋成公绥《啸赋》

在《文选》音乐赋收录的选文中，如王褒《洞箫赋》、马融《长笛赋》、嵇康《琴赋》、潘岳《笙赋》，描写的皆是有形可循的器乐，唯独成公绥《啸赋》，描写的却是“声不假器，用不借物，近取诸身，役心御气”的啸声，在音乐题材方面具有开拓创新意义。所谓“啸”，马积高先生认为大概就是一种有高低抑扬的长吟。[①] 啸是魏晋名士表现旷迈风神的一种形式，在诗文作品中屡见不鲜，如嵇康《幽愤诗》曰：“才薇山阿，散发岩岫。永啸长吟，颐性养寿。”[②] 左思《咏史》曰：“长啸激清风，志若无东吴。”[③] 陶渊明《归去来兮辞》曰：“登东皋以舒啸，临清流而赋诗。”[④] 由此可见，啸在魏晋十分风

① 马积高：《赋史》，上海古籍出版社 1987 年版，第 183 页。

② 三国魏·嵇康《忧愤诗》，逯钦立：《先秦汉魏晋南北朝诗》，中华书局 1983 年版，第 481 页。

③ 西晋·左思《咏史》，逯钦立：《先秦汉魏晋南北朝诗》，中华书局 1983 年版，第 732 页。

④ 东晋·陶渊明《归去来兮辞》，清·严可均：《全晋文》卷一百十一，第 2097 页。

行，深受士人喜爱。成公绥《啸赋》是汉魏六朝第一篇亦是唯一一篇写啸的赋作，具有很强的时代气息，“见贵于时”[①]。

据《晋书》本传载：成公绥“雅好音律，尝当暑承风而啸，泠然成曲，因为《啸赋》”[②]。作品由逸群公子慷慨长啸落笔，描绘发出啸声的口齿之状和啸声的美妙婉转，如：“发妙声于丹唇，激哀音于皓齿。响抑扬而潜转，气冲郁而熛起。协黄宫于清角，杂商羽于流徵。飘游云于泰清，集长风乎万里。曲既终而响绝，遗余玩而未已。”这里描写抑扬潜转，妙合于五声，曲终响绝仍令人玩味无穷。然后作者又分别描写登高临远之啸和山水放游之啸，其中写登高临远之啸曰：

或舒肆而自反，或徘徊而复放。或冉弱而柔挠，或澎濞而奔壮。横郁鸣而滔涸，冽飘眇而清昶。逸气奋涌，缤纷交错。列列飚扬，啾啾响作。奏胡马之长思，向寒风乎北朔。又似鸿雁之将雏，群鸣号乎沙漠。

此啸声或长引嘹亮，或舒徐婉转，或柔婉，或奔放，或横郁，或清昶，缤纷交错，神奇变化，妙不可言。既抒发了吟啸者丰富复杂的内心情感，也表现了吟啸的高超技巧。吟啸具有“因形创声，随事造曲”的特征，感物随吟，极富艺术感染力，作者通过三种情境，将吟啸活动和啸声的千变万化表现得惟妙惟肖。

就创作倾向而言，《啸赋》与嵇康《琴赋》一脉相承，作者并非单纯描摹啸声，而是借啸声以表达遗世高蹈、旷放超俗的情怀。作者称美啸之大妙者乃在于“自然”，即“良自然之至音，非丝竹之所拟”，指出这种自然之音“玄妙足以通神悟灵，精微足以穷幽测深”，可以使人“舒蓄思之悱愤，奋久结之缠绵。心涤荡而无累，志离俗

① 明·张溥：《汉魏六朝百三家集题辞注·成公子安集》，人民文学出版社 1963 年版，第 138 页。

② 《晋书》卷九十二《成公绥传》，第 2373 页。

而飘然”，这正是对嵇康“寄言以广意”“宣和情志”之音乐观的继承。艺术表现方面，赋文采用铺排描绘手法，既善于从正面细致描写，又工于引典借物由侧面烘托，表现出作者富有想象的创造力量。元人祝尧曰：“若作无故实底文，必须凌危驾空，将无作有；……全靠虚空形容，咏出来方见能手。此赋颇得此体。”①在语言上，赋文虽骈散结合，但多用骈俪整齐的偶句，音韵变幻有致，极富顿挫之美。

《啸赋》运用细腻的铺叙描写，表现了发出啸声的技巧和啸声的美妙，展示了特定的时代文化内涵，寄托了作者“敖世忘荣，绝弃人事，希高慕古”的遗世高蹈之志。作品表现手法丰富，行文流畅，意境旷远，语言工致，是一篇独具特色的上乘之作。明人张溥评价此赋曰：“激扬啴缓，仿佛有声。”②其在音乐题材上可谓别具一格，《文选》首次将其录入“音乐”类，清陈元龙《历代赋汇》亦将其纳入音乐之列，体现出历代学者将“啸”视作一种独特音乐的认同感。

三、汉魏六朝其他音乐赋特点及流变

通过上文对六篇音乐赋作的分析可知，它们描写音乐歌舞，生动细致，惟妙惟肖，手法多样，极富艺术魅力和审美情趣，故为《文选》“音乐”类所选录而广为传颂。据统计，汉魏六朝时期共有音乐赋四十九篇（包括存目），全面考察汉魏六朝时期的音乐赋，有助于我们加深对《文选》赋专设“音乐”一目及其选文合理性的理解。

---

① 元·祝尧：《古赋辩体》，《四库全书》本。

② 明·张溥：《汉魏六朝百三家集题辞注·成公子安集》，人民文学出版社1963年版，第138页。

表15：汉魏六朝音乐赋一览

年代	作者	名称	出处	备注
西汉	枚乘	《笙赋》	《文选》卷十八马融《长笛赋序》	存目
西汉	**王褒**	**《洞箫赋》**	**《文选》卷十七**	
西汉	刘向	《雅琴赋》	《全汉文》卷三十五	残
西汉	刘玄	《簧赋》	《文选》卷十八马融《长笛赋序》	存目
东汉	傅毅	《雅琴赋》	《全后汉文》卷四十三	残
东汉	**傅毅**	**《舞赋》**	**《文选》卷十七**	
东汉	**马融**	**《长笛赋》**	**《文选》卷十八**	
东汉	马融	《琴赋》	《全后汉文》卷十八	残
东汉	张衡	《舞赋》	《全后汉文》卷五十三	残
东汉	侯瑾	《筝赋》	《全后汉文》卷六十六	残
东汉	蔡邕	《琴赋》	《全后汉文》卷六十九	残
东汉	阮瑀	《筝赋》	《全后汉文》卷九十三	
魏	孙该	《琵琶赋》	《全三国文》卷四十	
魏	杜挚	《笳赋》	《全三国文》卷四十一	残
魏	**嵇康**	**《琴赋》**	**《文选》卷十八**	
吴	闵鸿	《琴赋》	《全三国文》卷七十四	残
西晋	王廙	《笙赋》	《全晋文》卷二十	残
西晋	傅玄	《琴赋》	《全晋文》卷四十五	残
西晋	傅玄	《琵琶赋》	《全晋文》卷四十五	残
西晋	傅玄	《筝赋》	《全晋文》卷四十五	残
西晋	傅玄	《笳赋》	《全晋文》卷四十五	残
西晋	傅玄	《节赋》	《全晋文》卷四十五	残
西晋	袁崧	《歌赋》	《全晋文》卷五十六	残
西晋	**成公绥**	**《啸赋》**	**《文选》卷十八**	

（续表）

年代	作者	名称	出处	备注
西晋	成公绥	《琴赋》	《全晋文》卷五十九	残
西晋	成公绥	《琵琶赋》	《全晋文》卷五十九	残
西晋	孙楚	《笳赋》	《全晋文》卷六十	
西晋	夏侯湛	《鞞舞赋》	《全晋文》卷六十八	残
西晋	夏侯淳	《笙赋》	《全晋文》卷六十九	
西晋	张载	《鞞舞赋》	《全晋文》卷八十五	残
西晋	贾彬	《筝赋》	《全晋文》卷八十九	残
西晋	潘岳	《笙赋》	《文选》卷十八	
西晋	陆机	《鼓吹赋》	《全晋文》卷九十七	
东晋	曹毗	《箜篌赋》	《全晋文》卷一百七	
东晋	杨方	《箜篌赋》	《全晋文》卷一百二十八	存序
东晋	伏涛	《长笛赋》	《全晋文》卷一百三十三	残
东晋	顾恺之	《筝赋》	《全晋文》卷一百三十五	残
东晋	陈窈	《筝赋》	《全晋文》卷一百四十四	
东晋	孙琼	《箜篌赋》	《全晋文》卷一百四十四	
宋	王义庆	《箜篌赋》	《全宋文》卷十一	残
梁	萧纲	《筝赋》	《全梁文》卷八	
梁	萧纲	《舞赋》	《全梁文》卷八	
梁	萧绎	《琵琶赋》	《南史》卷五十二《萧范传》	存目
梁	江淹	《横吹赋》	《全梁文》卷三十三	
陈	顾野王	《舞影赋》	《全陈文》卷十三	残
陈	顾野王	《筝赋》	《全陈文》卷十三	残
陈	顾野王	《笙赋》	《全陈文》卷十三	残
陈	傅縡	《笛赋》	《全陈文》卷十六	
陈	陆瑜	《琴赋》	《全陈文》卷十七	

（续表）

（一）两汉时期

在《文选》音乐赋的六篇选文中，出自两汉时期的作品有三篇，占全部选文数量的一半，由此可见编者对此期音乐赋的重视。据统计，两汉时期音乐赋共十二篇（包括存目），其中西汉四篇、东汉八篇。

就西汉作品而言，除王褒《洞箫赋》外，还有枚乘《笙赋》、刘向《雅琴赋》和刘玄《簧赋》，它们分别描写不同的乐器，可惜或为存目，或为残句，实已难窥全貌。

东汉时期，音乐赋创作有所发展，就乐器题材而言，有傅毅《雅琴赋》、马融《长笛赋》《琴赋》、侯瑾《筝赋》、蔡邕《琴赋》、阮瑀《筝赋》。另外，此期首次出现了以描写歌舞为主的音乐赋，如傅毅《舞赋》和张衡《舞赋》。这些作品除马融《长笛赋》、傅毅《舞赋》幸得《文选》收录而保存完整外，其余皆残缺不全。就所存片段来看，其中较有特色的有侯瑾《筝赋》。此赋将雅曲与郑卫之声对比来写，对筝的演奏效应，颇为重视并详加刻画。蔡邕《琴赋》写琴曲恬雅，亦颇多变化。此赋不仅形容音声之变化，而且描写指法，最后则列举流传的琴曲，也很有特色。张衡《舞赋》描写歌舞技巧较之傅毅《舞赋》似更胜一筹，此赋写先歌后舞，所唱楚声，颇具抒情性。描写舞态、舞人的表情，以及急舞之后，整笄揽发的动作，可谓细致生动。在所余残句中，亦可见其对舞的功用之称道，如“娱心以悦目”“移风易俗，混一齐楚”，可见张衡对文艺功能的体会颇深。

统观两汉时期音乐赋，大致有以下创作特征：其一，结构体制基本沿袭王褒《洞箫赋》，先写材质的生长环境，继而写乐器的制作过程，然后写乐声的美妙感人，此一描写内容和顺序一直为后世音乐赋所继承。其二，大部分音乐赋表现出鲜明的乐教思想和颂美精神。王褒《洞箫赋》首开其端，在赋尾称美君主文教之功，歌颂儒家乐教精神。马融《长笛赋》亦有类似称述，认为笛具有裨助盛美之功。刘向《雅琴赋》赞美雅琴“德乐之愔愔”。侯瑾《筝赋》称颂筝音“若乃上感天地，下动鬼神，享祀宗祖，酬酢嘉宾。移风易俗，混同人伦”。受汉代崇儒宗经思想的影响，两汉音乐赋普遍具有儒家乐教精神，时代特色十分浓厚。其三，个别作品在思想立意上有新的开拓，或表达寄托之情，或纯咏音乐歌舞。如刘向《雅琴赋》仅存七句，其中有“末世锁才兮知音寡”一句，以知音难觅喻怀才不遇。又如傅毅《舞赋》描写舞姿舞容，体尽其妙，直接体现舞蹈娱人性情的审美功效而不涉及乐教。蔡邕《琴赋》亦纯粹表现对音乐美感作用的赞美。

总的来说，两汉时期的音乐赋自王褒《洞箫赋》始，便形成了相对固定的创作格局，即结构内容方面由“乐器材质生长环境——乐器制作过程——乐声美妙动人”三个部分组成，思想立意上以称颂儒家乐教精神为主，不排除个别赋作纯粹描写乐舞，肯定乐舞的美感作用和娱情乐性之功效，这种观念在儒学独尊的汉代尤为可贵。王褒《洞箫赋》、马融《长笛赋》和傅毅《舞赋》，无论结构体制还是思想立意均契合此期音乐赋的创作特征，且艺术成就极高，是此期音乐赋的典型代表，故为《文选》所录。

（二）魏晋时期

魏晋时期音乐赋创作进入高峰，《文选》音乐赋剩余三篇选文皆出自此期。此期虽然政局动荡，朝代更迭，但统治集团对音乐的热衷并未减退。曹氏父子十分喜爱音乐，他们依乐府古题赋新诗，表现出对乐府歌曲的精通。曹操建铜雀台专门供乐舞赏乐之用，曹丕立国后设立“清商署”受理女乐。晋武帝司马炎灭吴后，收纳吴姬五千名，进一步充实曹魏留下来的“清商署”，亦可见统治者对音乐的重视。在这种音乐风气的影响下，魏晋时期音乐赋创作十分兴盛，所描写的乐器品种较之前代更加丰富。据统计，此期音乐赋共二十七篇，笳、琵琶、箜篌、鼓吹等乐器都是第一次出现，另外还有啸、鞞舞、节、歌等新的表现题材，它们从更多的角度、以更丰富的形式对音乐做出异彩纷呈的展现。

《文选》在三国时期收录了魏嵇康的《琴赋》，嵇康精通音律，又长于弹琴，所以其对琴音的描绘曲尽其妙，完备精微，而且炼辞锻句，玉振金声。作者服膺玄学，将琴音与“宣和情志”相结合，从而表达了托志玄远的高迈情怀。除此以外，吴闵鸿、西晋傅玄和成公绥都有《琴赋》，惜只存残句，盖因不及嵇康《琴赋》集大成之功而湮没不传。西晋潘岳《笙赋》亦为《文选》所收，此期咏笙之作还有王廙《笙赋》和夏侯淳《笙赋》，然观其文，或残缺不完，或篇幅短小，实难与潘赋媲美。成公绥《啸赋》描写不假于器的啸声，展示了特定的时代文化内涵，寄托了作者遗世高蹈之志。此赋描写细腻，意境旷远，开拓了音乐赋新题材，别具一格，故为《文选》所录。

统观魏晋时期其他音乐赋，大都篇幅简短，但描写集中，结构完整，在内容上较之传统音乐赋多有改革之处，如孙该《琵琶赋》、曹毗《箜篌赋》、孙琼《箜篌赋》等，虽然保留了前代音乐赋的体制结构，但对乐器材料生长环境和乐器制作过程的描写十分简练，而是集中笔墨描写乐声。也有些作品抛开传统结构模式，或从介绍乐器构造形状入手展开对音乐的描写，如陈窈《筝赋》；或直接对乐器所演奏的音乐进行描写，如孙楚《笳赋》；还有作品力主探讨乐器之起源，表现出浓重的征实倾向，为前代音乐赋所罕见，如傅玄《琵琶赋》和《筝赋》。艺术表现上，这些赋作刻画细致，或意境清新、情韵优雅，或生动形象、美不胜收，总之，语言流畅，韵味弥深。

此期音乐题材亦有不断拓展，陆机《鼓吹赋》描写西北少数民族的军乐——鼓吹乐，表现其昂扬豪壮的音乐风格，富有少数民族文化特色；傅玄《节赋》以音乐节拍作为描写对象；袁崧《歌赋》描写不假丝竹的歌唱技巧和歌声之美，类似《啸赋》，都是借助喉腔表现富有美感特征的声音；张载、夏侯湛皆有《鞞舞赋》，描写具有武舞之遗的鞞舞之精美技巧，称颂其乐教功用。

魏晋时期音乐赋创作较之前代有所继承和发展，表现出如下特征：其一，就结构体制而言，前代音乐赋奠定了描写“乐器材质生长环境——乐器制作过程——乐声美妙动人”的传统模式，此期音乐赋较之有所变革，或将前两环节一笔带过，集中描写第三环节；或抛开传统模式，由描写乐器形状入手展开对乐声的刻画；或直接描写乐声的美妙，从而体现出此期赋家不落窠臼的主动创新意识。其二，思想立意方面表现出多样化，此期儒学衰微，玄学开始盛行，受此影响，赋家逐渐强调音乐的审美功能和怡养性情的作用，并借助音乐寄托高远情致，但宣扬儒家乐教精神的音乐赋仍有出现。其三，此期乐舞之风兴盛，凡于乐舞相关而富于特色的题材，都受到赋家的关注，较突出的如《啸赋》《节赋》《鼓吹赋》《鞞舞赋》等，赋家对各种器材和乐舞的欣赏及开阔的审美视野，使音乐赋题材进一步扩大，表现内容丰富多彩。其四，就艺术表现而言，此期音乐赋在继承前代的基础上，不仅描写技巧有长足发展，而且语言流畅，少有汉代艰涩之词，意境清新，情致摇曳。

（三）南朝时期

音乐赋发展到南朝时期逐渐衰落，据统计，此期音乐赋共十篇（包括存目），大多保存不全。

梁简文帝萧纲为《筝赋》全篇，此赋沿袭前代音乐赋结构模式，描写筝材生长环境和制筝过程，相对简练；然后运用比喻手法描摹筝声铿锵慷慨、磊落纵横之奇妙，又以烘托手法极写筝声的感人魅力；最后写乐伎弹筝奏技的场面，其动人之处“足使长廊之瓦虚坠，梁上之尘染衣；鳣鱼游而不没，白鹤至而忘归”。总的来说，此赋较之前代同类音乐赋少有创新，然语言浅明平朴。江淹《横吹赋》为此期最有特色之音乐赋，横吹乐是一种军乐，作品根据横吹乐演奏乐器及应用场合的特点，充分描写了边塞生活的艰苦、战斗的激烈，以及横吹乐在军中鼓舞士气的作用，表现出横吹乐之慷慨悲凉及其强烈的美感效果。这种以音乐题材写边塞军旅内容的赋作为江淹所独创。此赋意境开阔，气势雄浑，风格悲凉刚健，在音乐赋中可谓别开生面，独树一帜，结合边境军旅生活和战斗场面，表现出一股慷慨苍凉之气。傅縡《笛赋》短小精悍，其对笛声的描写简洁凝练，婉转悠扬，产生余音袅袅之美感效果。

统观南朝时期音乐赋，除江淹《横吹赋》独具特色之外，其余赋作在题材内容上均少有超越前人的创新之处，唯语言浅易简朴，清新自然。

四、小结

音乐歌舞不仅具有美感娱乐作用，符合统治者声色犬马生活的需要，而且还有“移风易俗”的乐教精神，具有政治风化之功，故为历代统治阶级喜爱和提倡，为乐舞之风气经久不衰。受此影响，描写音乐题材的赋作不断涌现。据统计，汉魏六朝时期共有音乐赋四十九篇（包括存目），考虑到音乐歌舞的双重性质及其繁多的创作数量，《文选》赋设立“音乐”一目，体现出编者对这一文学脉搏的精准把握。

两汉音乐赋自王褒《洞萧赋》始，基本形成固定的创作体制，即“乐器材质生长环境——乐器制作过程——乐声美妙动人”三段式的描写方式，为后世音乐赋所本。由于两汉时期独尊儒术，所以此期音乐赋在思想立意上普遍具有鲜明的乐教精神，颂美音乐的政治教化之功。语言夸饰铺排，略有汉大赋之迹。迨至魏晋时期，音乐赋创作进入高峰。此期儒学衰落，玄学兴盛，受之影响，音乐赋创作在立意上体现出两大特征，或表达对乐教精神的颂扬，或强调音乐的美感作用及其"宣合情志"的寄托。不仅如此，音乐题材较之汉代进一步扩大，形式内容和风格色彩更为丰富，创作体式上亦稍有创新，尤其是傅玄之作，增设探究乐器起源的环节，具有浓重的征实倾向，为前代音乐赋所罕见。此期音乐赋不仅描写技巧有长足发展，而且语言流畅，少有汉代艰涩之词，意境清新，情致摇曳。到了南朝时期，音乐赋创作由盛转衰，作品寥寥，结构体制和表现手法大都沿袭前代，毫无新意，只是江淹《横吹赋》以音乐题材描写边塞军旅内容，风格迥异，在整个汉魏六朝音乐赋中独具一格。

《文选》赋设立"音乐"一目，并在众多的音乐赋作中选录了六篇作品，其数量仅次于"京都"和"哀伤"，位居第三，可见编者对音乐赋的重视。统观六篇选文，就其思想立意而言，王褒、马融、潘岳之作以颂美乐教精神为主；嵇康、成公绥之作强调乐声的美感作用，并借以寄托了高远超迈的情怀；傅毅《舞赋》纯粹从审美角度，表现了歌舞娱情乐性的作用。由此可见萧统对音乐赋创作立意的全面认识。另外，这些作品有的描写乐器，有的描写舞蹈，有的描写不假于器的啸声，内容题材上具有多样化特征，艺术表现上更为其他音乐赋所难以匹敌，代表整个汉魏六朝音乐赋的最高成就。《文选》"音乐"类将其一一收录，体现出萧统对音乐赋创作特征和发展流变的全面认识和精准把握。

第十七章
情　类

一、“情”类名及溯源

《文选》于十五类赋中设“情”一目，李善注曰：“《易》曰：利贞者，性情也。性者本质也，情者，外染也，色之别名。”[①]以“色之别名”释情，点明了萧统审美意识中情的具体含义。观宋玉《高唐赋》《神女赋》《登徒子好色赋》、曹植《洛神赋》等四篇选文，描写的皆是男女之间爱慕之情欲。由此可知“情”这一类名的含义专指男女之恋情，《文选》编纂者取此狭义之情标目，体现出其对性情之美的肯定。但与此同时，《文选》又将“情”类置于最末，且四篇选文在立意上或有微讽之意，或以礼自防，“发乎情，止乎礼义”，从而又反映出其儒家伦理观念和选文标准。

早在《诗经》中描写男女爱情的诗作实已屡见不鲜，如《国风》中的《关雎》《木瓜》《野有蔓草》《有女同车》《蒹葭》等，这些作品有的写男子对女子的追慕，有的写男女相互一见钟情，有的写男女之间爱情的坚贞，有的写追求不得的痛苦郁闷，情感可谓真挚热烈。其中《有女同车》一诗，从多个方面描写了女子之美，如“有女同

① 唐·李善注：《文选》，第264页。

行，颜如舜英。将翱将翔，佩玉将将。彼美孟姜，德音不忘”[①]，作者不仅描写了女子的容貌、身材、服饰，而且还涉及品德，这一全面的描写范围对后世恋情赋产生了积极影响。

屈原则侧重对人神之恋的描写，如《九歌》中的《湘夫人》，其中有写“登白薠兮骋望，与佳期兮夕张。鸟何萃兮蘋中，罾何为兮木上？沅有芷兮醴有兰，思公子兮未敢言。荒忽兮远望，观流水兮潺湲”[②]，描写思盼恋人的惆怅之情。《山鬼》写多情的山中女神等待恋人不至，终而忧思悲伤失落离去的情景，表达了其对爱情的渴盼和执着。《九章》中的《抽思》《思美人》以及《离骚》中也都有不同程度对恋情的描写。然而这些描写并非纯粹歌咏恋情，而是借男女之情托寓君臣政治，具有鲜明的象征意义，正如朱熹所指“其寓情草木，托意男女，以极游观之适者，变风之流也”[③]，此言甚确。虽然如此，但是其描写恋情生动感人、情真意切，对后世恋情赋起到了一定的先导作用。

二、《文选》所录情类赋文本释析

统观《文选》“情”类赋的四篇选文，皆生动感人地描写了男女之间的爱恋之情。其中宋玉《高唐赋》《神女赋》和曹植《洛神赋》描写人神之恋，意境迷离虚幻，情感热烈缠绵，尤其是《洛神赋》，以其高超的艺术技巧，代表了此类赋作的最高成就；《登徒子好色赋》描写常人之恋，亦具有特色。然而它们最终或归于讽谏，或以礼自防，体现出萧统在正统思想影响下的情感理念。

---

① 西汉·毛亨传，东汉·郑玄注：《毛诗正义》，中华书局影印《十三经注疏》1957年版，第415页。

② 南宋·洪兴祖：《楚辞补注》，中华书局1983年版，第65～66页。

③ 南宋·朱熹：《楚辞集注》，上海古籍出版社1979年版，第2页。

（一）战国宋玉《高唐赋》《神女赋》

《高唐》《神女》二赋描写楚王与高唐神女的爱慕之情，人物一体，情节赓续，实为一赋之上下篇。黄侃《文选平点》认为《高唐》《神女》文脉相通，故实相承，句式相同，“实为一篇，犹《子虚》《上林》也”①，故可将其总称为《高唐神女赋》。又前者着重写高唐景观，后者侧重写神女风貌，二赋可独立成篇。

《高唐赋》是宋玉现存赋作中最长的一篇。作品“述客主以首引”，以散体对答的方式叙述作赋之原由，即“楚襄王与宋玉游于云梦之台，望高唐之观”，见变化无穷之云气，宋玉对问曰：“此即朝云，即巫山神女，曾与先王相约会者。”因之描写朝云之状，朝云暮雨，惝恍迷离，楚王遂让宋玉赋之。赋的正文主要描写高唐奇妙景况和珍奇事物。先叙巫山之高峻奇险，江水之奔腾激荡，作者将山水作为审美对象入赋，具有开创之功，对后世山水诗赋产生一定影响。接着写猛兽鸷禽、水虫鱼鳖、树木林花，极尽铺张之能事，然后写登高远望的自然景观和犬马畋猎之乐。最后“王将欲往见”，宋玉指出宜“思万方，忧国害，开贤圣，辅不逮”，以纳贤勤政、延年益寿相讽喻，如黄侃《文选平点》曰：“讽谏之旨在兹，所谓诱掖其君。”②此赋长于夸张排比，铺采摛文，尽态极致，其“芳草飞禽，神仙祷祠，讴歌畋猎，匪不毕陈；而终以规谏，形容追似，宛肖丹青”③，可谓创格。

《神女赋》与《高唐赋》结构相似，开头主客问答，首引情本，接着写襄王使宋玉赋高唐之事后，夜寝，果梦遇神女，遂言其状，如“其始来也，耀乎若白日初出照屋梁。其少进也，皎若明月舒其光”，文采斐然，使人目眩神迷，故使宋玉赋之。赋的正文铺陈神

① 黄侃：《文选平点》(重缉本)，中华书局 2006 年版，第 177 页。
② 黄侃：《文选平点》(重缉本)，中华书局 2006 年版，第 178 页。
③ 清·陈第：《屈宋古音义》，中华书局 1985 年版，第 247 页。

女之美貌和情态，既有侧面渲染，“上古既无，世所未见，瑰姿玮态，不可胜赞”；又有正面描摹，“貌丰盈以庄姝兮，苞温润之玉颜。眸子蛹其精朗兮，了多美而可观。眉联娟以蛾扬兮，朱唇的其若丹。素质干之醲实兮，志解泰而体闲。既姽婳于幽静兮，又婆娑乎人间”；还有心理刻画，“意似近而既远合，若将来而复旋”，加之扑朔迷离的梦境氛围的烘托，突出了神女若即若离、亦人亦神的形象。接着赋文写神女贞亮洁清，不可犯干，以礼自防，颇有微讽之意。最后叙写了楚王因“欢情未接”而产生的思慕惆怅之情。此赋生动感人地描写了男女之间的爱恋之情，为情类题材赋作之首创，其间既有神女自荐枕席的主动和大胆，又有襄王昼思夜想、梦寐难忘的追求，男女恋情在赋中得到相当集中和生动的表现。

《高唐赋》《神女赋》在描写男女恋情之余，亦寓含讽谏。如《高唐赋》后半部分以犬马畋猎之乐引导襄王戒女色、避淫惑，并归于勤政纳贤，讽喻意义极为明确。《神女赋》虽极写神女之美貌多情，然终自矜自爱，恪守礼义之大防。诚如南宋洪迈《容斋随笔》云：“予尝即其词而味其旨，盖所谓发乎情，止乎礼义，真得诗人风化之本。”[①]《文选》李善注曰：“盖假设其事，讽谏婬惑也。”[②]表明编者视其具有讽喻之旨而将其收录“情”类的选录意图。

就艺术特色而言，《高唐赋》和《神女赋》都是问答体散文赋，句式以四、六言为主，又间有三、五、七言，参差错落，情韵有致。作者在对高唐形胜物产和对神女容貌服饰的具体描述中，善于运用排比、对偶、夸张等多种表现手法，铺采摛文，极妍尽态，文辞讲求风华，清程廷祚《骚赋论》对二赋评价曰：“穷造化之精神，尽万类之变态，瑰丽窈冥，无可端倪。”[③]加之赋末终归于讽喻的创作体

① 南宋·洪迈：《容斋随笔》，上海古籍出版社 1978 年版，第 448 页。

② 唐·李善注：《文选》，第 264 页。

③ 清·程廷祚：《骚赋论》，《金陵丛书》本《清溪集》卷三。

式，清陈第《屈宋古音义》谓其“盖楚辞之变体，汉赋之权舆也。《子虚》《上林》实踵此而发挥畅大之耳”[①]。二赋文断神连，珠联璧合，在体制、句式以及表现手法上，对后世汉大赋具有一定先导作用。

（二）战国宋玉《登徒子好色赋》

《登徒子好色赋》，或云非宋玉所作，然证据不足。此赋围绕谁为好色这一中心，写楚襄王与登徒子、宋玉、章华大夫三人之间的对话。赋文有序，略长于正文。

序中写楚大夫登徒子在襄王面前谗说宋玉为人的三大不足，即“提貌闲丽，口多微辞，又性好色”，襄王转问宋玉，于是写宋玉举东邻之女为例，描写其貌美无比，然却“登墙窥臣三年，至今未许”，接着又举登徒子与丑妻生有五子之事实，通过两事的对比，宋玉将好色的帽子回敬给对方。赋的正文写章华大夫对宋玉的支持，大夫以自己与美女相爱始终守礼的经历，赞扬了宋玉的“守德”之美，末尾曰：“盖徒以微辞相感动，精神相依凭，目欲其颜色，心顾其义。扬诗守礼，终不过差，故足称也。”虽然互相爱慕，但终以雷池为界，以此点明全赋主旨，颇有讽谏之意。故《文心雕龙·谐隐》云：“宋玉赋‘好色’，意在微讽，有足观者。”[②]《文选》李善注亦云：“此赋假以为辞，讽于淫也。”[③]就描写技巧而言，此赋运用从大到小、由远及近的逐层递增手法，突出“东家之子”为美中之美，又具体描摹其美貌云：“眉如翠羽，肌如白雪，腰如束素，齿如含贝。嫣然一笑，惑阳城，迷下蔡”，可谓栩栩如生，呼之欲出。语言骈散相间，灵活多变。

《登徒子好色赋》与《高唐赋》《神女赋》同属宋玉之作，表现

---

① 清·陈第：《屈宋古音义》，中华书局1985年版，第247页。

② 《文心雕龙·谐隐》，范文澜：《文心雕龙注》，第270页。

③ 唐·李善注：《文选》，第268页。

男女的爱慕之情，并从容貌、体态、内心活动等方面描摹女性之美。其中《高唐赋》《神女赋》写人神之恋，意境瑰丽迷幻，情感缠绵惆怅；《登徒子好色赋》写常人的恋情，虽然艺术魅力上稍逊一筹，但描写亦有其特色。三赋都有一个共同点，即在大量描写男女热烈诚挚的爱慕之后，归于讽谏，以礼自防。由此体现出萧统对“情”类赋的审美观念和选文要求。

（三）三国魏曹植《洛神赋》

《洛神赋》是曹植途经洛水时，联想洛水神女宓妃传说，有感于宋玉《神女赋》，创作的一篇有关人神相恋的美丽而凄婉的情赋。对于此赋的思想意旨，历来众说纷纭，或以为赋中所写宓妃为曹丕的甄后，或认为托辞宓妃以寄心文帝等。笔者认为此赋本是一篇优美的恋情赋，对之强做社会政治附会，不免大煞赋文优美意境和情感。而关于《文选》李善注的感甄一说，虽未必可靠，却在某种程度上反映出时人对此赋表现出的强烈感情的认同，故有此推测。总之，《洛神赋》不管出于何种创作意图，重要的是此赋所取得的高超艺术成就，其描写细腻，刻画生动，超越前人，启发后世，为人神恋情赋的压卷之作，备受推崇。

赋文分四个层次，细腻地描写了作者与洛神邂逅至分手的整个过程。第一层写作者见神女于山阿水渚嬉戏遨游、采芳择兰的情景，形象地刻画了神女的容貌、体态和服饰等。第二层写两情相悦，互赠信物以明志，表达美好的爱情信念。第三层写情感的波折，由于人神道殊，两情难合，神女最终满怀眷恋与惆怅，痛苦而去。第四层写神女离去后作者的无限追寻和思念，流露出作者对爱情的执着。赋文细腻地刻画了作者与神女相互爱恋的情感，不仅倾注笔墨塑造了一个美丽多情的神女形象，同时也大胆披露了作者对神女的爱慕和追求，然而迫于礼仪大防，爱情中消，留下的只有作者夜不能寐的思念惆怅，情感一波三折，生动感人地展示了一幕人神相恋的爱情悲剧。

此赋继承了宋玉《神女赋》的艺术表现方法，结构上更加和谐完美，由作者的感发引入幻想境界，再以人神道殊的永绝从幻想境界中返还到现实，过渡极为自然妥帖。在描写上，作品广比博喻，侧面烘托，穷形尽貌，如描写洛神容貌风姿一节：

其形也，翩若惊鸿，婉若游龙。荣曜秋菊，华茂春松。仿佛兮若轻云之蔽月，飘摇兮若流风之回雪。远而望之，皎若太阳升朝霞；迫而察之，灼若芙蕖出渌波。浓纤得衷，修短合度。肩若削成，腰如约素。延颈秀项，皓质呈露。芳泽无加，铅华弗御。云髻峨峨，修眉联娟。丹唇外朗，皓齿内鲜；明眸善睐，靥辅承权。瑰姿艳逸，仪静体闲。柔情绰态，媚于语言。奇服旷世，骨像应图。披罗衣之璀粲兮，珥瑶碧之华琚。戴金翠之首饰，缀明珠以耀躯。

作品形象地刻画出洛神的端庄娴雅，笔触细腻，踵事增华，不仅体现出作者“文才富艳”的创作才能，而且对后世陶渊明《闲情赋》具有积极的启发意义。此赋诸种语言形式并存、相得益彰，内容与形式契合无间。叙事时用散体，适合事态的流动发展；描写时用齐整的四、六言句式，尽显华美铺排；抒情时用骚体，极富浓郁深情。

总的来说，与宋玉《高唐赋》《神女赋》相比，《洛神赋》亦描写人神之间的爱慕之情，但结构更加完整和谐，情节更加曲折感人，描写更加细腻生动，英辞丽藻，句式灵活，艺术成就明显高于宋玉二作，实为神女系列恋情赋的集大成者。思想立意方面，《洛神赋》虽未有宋玉二作明确的讽谏之意，但亦敛情守节，以礼自防，契合了《文选》赋“情”类的选文标准。

三、汉魏六朝其他恋情赋特点及流变

通过上文对四篇恋情赋选文的分析可知，它们都描写了或人与神、或人与人男女之间的爱慕思恋之情，刻画生动细腻，情感真挚感人，“发乎情，止乎礼义”，故为《文选》“情”类赋所收录。本节将着重考察整个汉魏六朝时期出现的其他男女恋情赋作，并将其与《文选》所录恋情赋进行比较，以廓清汉魏六朝恋情赋作的发展流变趋势。

表 16：汉魏六朝恋情赋一览

年代	作者	名称	出处	备注
西汉	司马相如	《美人赋》	《全汉文》卷二十二	
东汉	应玚	《正情赋》	《全后汉文》卷四十二	
东汉	应玚	《神女赋》	《全后汉文》卷四十二	残
东汉	杨修	《神女赋》	《全后汉文》卷五十一	残
东汉	张衡	《定情赋》	《全后汉文》卷五十三	残
东汉	蔡邕	《检逸赋》	《全后汉文》卷六十九	残
东汉	蔡邕	《协初赋》	《全后汉文》卷六十九	残
东汉	蔡邕	《青衣赋》	《全后汉文》卷六十九	
东汉	王粲	《神女赋》	《全后汉文》卷九十	残
东汉	王粲	《闲邪赋》	《全后汉文》卷九十	残
东汉	陈琳	《止欲赋》	《全后汉文》卷九十二	残
东汉	陈琳	《神女赋》	《全后汉文》卷九十二	
东汉	阮瑀	《止欲赋》	《全后汉文》卷九十三	残
东汉	徐干	《嘉梦赋》	《全后汉文》卷九十三	存序
魏	**曹植**	**《洛神赋》**	**《文选》卷十九**	
魏	曹植	《静思赋》	《全三国文》卷十三	
魏	阮籍	《清思赋》	《全三国文》卷四十四	

（续表）

年代	作者	名称	出处	备注
西晋	张华	《永怀赋》	《全晋文》卷五十八	残
西晋	张敏	《神女赋》	《全晋文》卷八十	残
东晋	陶渊明	《闲情赋》	《全晋文》卷一百十一	
宋	谢灵运	《江妃赋》	《全晋文》卷三十一	
宋	袁伯文	《美人赋》	《文选》卷五十七谢希逸《宣贵妃诔》注	存目
宋	袁淑	《正情赋》	《文选》卷十六江淹《别赋》注	存目
梁	江淹	《丽色赋》	《全梁文》卷三十三	
梁	江淹	《水上神女赋》	《全梁文》卷三十三	
梁	沈约	《丽人赋》	《全梁文》卷二十五	

（一）西汉时期

西汉时期，宗经崇儒思想占统治地位，受此压制影响，描写男女恋情的赋作寥寥无几，现存仅司马相如《美人赋》一篇。此赋完全模拟《登徒子好色赋》，作者写他游于梁王，邹阳谗以好色，遂举例东邻之女和上宫闲馆之女对他的爱慕和追求，然而他却“脉定于内，心正于怀”，以此证明自己并非好色。赋文以丰富的想象和铺陈手法描绘了二女子的体貌服饰和神情举止，刻画出其美丽多情的形象，情节引人入胜。明人张溥曰：“《美人赋》风诗之尤，上掩宋玉。盖长卿风流放诞，深于论色，即其所自叙传……得之于内，不可以传。”[①]《美人赋》艺术成就由此可见一斑，较之《登徒子好色赋》略胜一筹。但此赋表现了二女子在爱情追求中的主动、大胆和

① 明·张溥：《汉魏六朝百三家集题辞注·司马文园集》，人民文学出版社 1963 年版，第 4 页。

热烈，从言说表露看来，相比《登徒子好色赋》的委婉隐微，《美人赋》则更加直言无忌，盖因此被《文选》拒之门外。

（二）汉末曹魏时期

汉末建安时期，经学思想的桎梏随着两汉大一统帝国的衰落而逐渐消弱，文人思想获得一定程度的解放，社会进入人性觉醒、情感复归的历史阶段，赋家突破了两汉以来形成的情欲禁区，大胆表露对女性的爱恋追慕之情，所以此期恋情赋创作出现繁荣局面。据统计，汉末建安时期有恋情赋十三篇，曹魏时期有三篇。

自宋玉《神女赋》开创神女题材恋情赋之后，此期同类题材赋作不断涌现，如应玚、杨修、王粲、陈琳都有《神女赋》，四篇作品均保存不全，但观其片段皆有对神女美好姿容、体态、服饰、神情方面的铺陈描写。较有代表性的是王粲《神女赋》："体纤约而方足，肤柔曼以丰盈，发似玄镜，鬓类刻成，质素纯皓，粉黛不加。朱颜熙曜，晔若春华，唇譬含丹，目若烂波，美姿巧笑，靥铺奇牙。戴金羽之首饰，珥照夜之珠珰。西罗绮之黼衣，曳缛绣之华赏。"作者以华美的辞藻刻画神女的高贵美丽，其中"玄""素""皓""丹""金"等字的运用，色彩纷呈，给人一种错彩镂金、眩人眼目的美感享受。这些赋作都表达了对美好爱情的赞美和追求，有的抛开礼义大防，对两情结合表示了大胆要求，如"既叹尔以艳采，又悦我以长期。顺乾坤以成性，夫何若而有辞"（陈琳赋），"嘉今夜之幸遇，获帷裳乎期同。情沸踊而思进，……色欢怿而我从"（杨修赋）；个别作品保留礼义的规范和约束，如王粲赋曰："顾大罚之淫愆，亦终身而不灭，心交战而贞胜，乃回意而自绝。"

总之，这些神女赋作虽然仿效宋玉《神女赋》，但又有自己的创作特色，在对神女的描绘中反映出赋家对爱情的渴望和对美的追求，同时对两情结合的描写热烈大胆，表现了赋家突破儒家传统观念，对男女情爱的肯定。曹植《洛神赋》亦是描写神女的恋情赋作，与上述四篇相比，结构更加完整和谐，描写更加细腻生动，辞藻更加绚丽华美，情节跌宕感人，情感缠绵惆怅，代表了神女赋创作的最高成就，故为《文选》所录，广为传颂。

阮籍《清思赋》亦是一篇描写人神之恋的赋作，此赋情节上与《洛神赋》相似，都是写人神之间的爱情悲剧。《洛神赋》作者终因人神道殊的结局而产生无限痛苦和惆怅，与之不同，《清思赋》篇末云："既不以万物累心兮，岂一女子之足思"，作者借助老庄玄理使爱情的失意归于平静，从而表达了其对清虚洁净、超凡脱俗"道"的境界的追求。这种精神体现与当时的时代环境和作者的处世态度相关。总之，《清思赋》以人神之恋的形式表达对玄道的追求，时代色彩鲜明，丰富了神女赋作的主题内涵。

除描写人神之间超现实的恋情赋作外，此期描写现实生活中男女恋情的赋作亦层出不穷。张衡《定情赋》首发其端，以常人之恋为表现内容，惜此赋保存不全，观其残文，描写了美人的淑丽和男子对其的思恋之情，最后归之为正，照应题名。继之蔡邕作《检逸赋》（又称《静情赋》）、《协初赋》和《青衣赋》，前两赋保存不全，主题与《定情赋》基本一致。唯《青衣赋》蔑视封建等级礼法，描写卑微婢女的美貌贤淑，称其"宜作夫人，为众女师"，并抒发了对其的思恋爱慕之情。此赋对一位出身微贱的下层女子给予很高的赞美和钦慕，其超越等级尊卑的爱情主题进一步丰富了恋情赋的题材内容。此后建安曹魏时期描写常人的恋情赋，基本沿袭张、蔡之作，如应玚《正情赋》、王粲《闲邪赋》、阮瑀《止欲赋》、陈琳《止欲赋》、曹植《静思赋》等，这些赋作均描写了女子的美丽和贤淑，进而描写了男女之间彼此吸引、互相倾慕的情感涌动和热烈追求，以及相思不得的痛苦彷徨。这些赋作在题目点明"正情""止欲""闲邪"，但具篇末的情归于正仅仅是曲终奏雅的形式而已，赋家言在此而意在彼，赋中表达的诚挚热烈的爱情是不容置疑的。这种题目与内容的矛盾，一方面体现出建安以来赋家在思想解放下对情欲禁区的勇敢突破，另一方面也表明儒学统治地位虽已动摇但仍有影响作用。所以此期描写常人之间的恋情赋在大胆描写对爱情的渴望和追求的同时，又不免以服膺礼法作为幌子加以保护。

总的来说，随着两汉大一统体制的瓦解和儒学统治地位的动摇，赋家思想获得空前解放，汉末曹魏时期的恋情赋创作呈现出繁荣的局面。赋家或描写人神之恋，或描写常人之恋，表现了男女之间的相恋爱慕和对美好爱情的追求。比较之前的恋情赋以爱情服膺礼义的讽谏主旨，此期恋情赋则以正面歌颂爱情、追求爱情为主题，虽然有些赋作在篇末以守正为指归，但未能掩饰赋中表达爱情的大胆热烈和美好真挚，这是不同思想文化背景的必然结果。并且此期个别赋作，或摈弃等级尊卑描写下层婢女恋情，或借助人神之恋表现对道的追求，大大丰富了恋情赋的主题内涵。

（三）两晋南朝时期

两晋南朝时期恋情赋创作数量有所减少，据统计，此期恋情赋共九篇，两晋、南朝宋、梁各有三篇。

描写人神之恋的有西晋张敏《神女赋》、南朝宋谢灵运《江妃赋》和梁江淹《水上神女赋》三作。张敏《神女赋》演绎《搜神记》中神女智琼自荐枕席与书生义起结合的故事，赋文描写了义起初见神女的惊惶怀疑到与神女欢合终止神女离去的过程，展示了两情相悦的爱慕之情。此赋带有西晋志怪的浓厚色彩，故在描写上略显粗俗。《江妃赋》与《水上神女赋》情节上与前代神女赋基本相同，都是描写神女与主人公之间的爱慕之情，终因人神道殊痛苦分手而告终，艺术表现难以与《洛神赋》比肩；但作品中皆以水神为女主人公，一是长江女神，一是湘水女神，具有鲜明的地域文化色彩，这与东晋南迁，江南山水景致促成赋家审美对象发生转变有关。

就描写常人之恋的赋作而言，除宋袁伯文《美人赋》、袁淑《正情赋》仅存篇题外，两晋有张华《永怀赋》、陶渊明《闲情赋》、南朝梁有江淹《丽色赋》和沈约《丽人赋》，四篇赋作因时代不同而各有特色。张华《永怀赋》描写自己与曾经的一位佳丽彼此爱慕，情感深笃，但终因自己仕途困顿，不得不“义结而绝离”。此赋将爱情与仕宦结合起来，使爱情蒙上社会政治色彩，具有很强的现实意义。

陶渊明《闲情赋》是恋情赋中集大成的压卷之作。此赋写作者对一位美貌高雅女子的热烈爱慕和追求，终因现实条件的阻隔而归于失败，内容上较之前代常人恋情赋并无变化，但其高超的表现手法可谓集前人之大成，作者在汲取前人的基础上，描写刻画更加细微深沉，形象洗练。如首段描写女子的美貌可人，作者在铺陈其美色时，亦赞美其品格和心灵，并且借助弹琴的优雅动作、妩媚的表情、美妙的乐声，烘托出女子的娴雅志趣和美好情操。在表达对女子的倾慕之情和对爱情的执着追求时，作者发挥丰富离奇的想象，编织出“十愿”，如“愿在衣而为领，承华首之余芳；……愿在裳而为带，束窈窕之纤身；……愿在发而为泽，刷玄鬓于颓肩；……愿在丝而为履，附素足以周旋……”此些想象，固然受到前人的启发，如张衡《同声歌》“思为莞蒻席，在下蔽匡床，愿为罗衾帱，在上卫风霜”，蔡邕《静情赋》“思在口而为簧，鸣哀声而不敢聆”，王粲《闲邪赋》“愿为环以约腕”等；但作者将其发展铺张成“十愿”，又有与之相反的“十悲”，内容更加丰富，描写更为细腻。尤其在表现复杂矛盾的爱情心理方面，亦借助景物烘托，极尽委婉缠绵之致，为前人所不及。此赋痛快淋漓地展露了久被压抑的男女之间热烈的爱情，尽管赋末曲终奏雅，闲归于正，但在难以遏制的激情涌动的冲击中显得十分软弱无力。总之，《闲情赋》深刻挖掘了恋情赋于情爱欣惧、哀思流连处的艺术美感，情景交融，骈俪排比，袁行霈先生称它于恋情赋中“充类至极，遂成绝唱”[1]。然而萧统却以此赋不符合陶渊明高尚隐士的形象而指斥其“白璧微瑕”[2]，为《文选》所不录。萧统对此赋的评价固然有失公允，这是他对陶渊明人格思想认识的局限所造成的，其实“白璧微瑕”的非议反倒极为准确地指出《闲情赋》确是一篇抒发爱欲体验的铺张妍丽之作。

江淹《丽色赋》虚构屈原被放“魂往江南”，弟子宋玉为其招魂而引出巫史赞颂佳人的情节，作品极言丽色之美，以喻君子品德之高尚，可见此赋的主题在于歌颂屈原。就艺术特色而言，此赋以侧面烘托为主，绚丽的花草、瑰玮的玉宝、光彩的日月、奇异的云霞、芬香的美物，凡“天下之至丽”皆毕呈篇什，尤其是以四季美景衬托丽人乃为创格。《丽色赋》以丽人喻君子，不仅立意独特，表现技巧亦十分娴熟。沈约《丽人赋》描绘男女幽会结合的情景，作者用用细腻的笔法，通过环境的烘托映衬，将女子的媚丽娇怯、顾盼有情的仪态表现得淋漓尽致，曲尽意态。作品对两性关系亦有大胆而露骨的描写，由此反映出齐梁时期赋家思想的解放程度。

相比汉末曹魏时期，两晋南朝时期的恋情赋仍沿袭人神之恋和常人之恋两类主题。人神之恋赋作篇目不多，且集中于两晋时期，以水神为描写对象，地域文化色彩鲜明，艺术表现方面未能超越《洛神赋》。关于常人之恋赋作，在两晋冷清的创作局面中，陶渊明《闲情赋》集前代之大成，独放异彩。南朝时期此类恋情赋少有前代“正情”“止欲”之标题，作品直接以“丽人”“丽色”等为题，倾吐赞美爱慕之情，笔法细腻，语言华丽，表现出题目与内容的和谐，而且受齐梁思想的进一步解放以及宫体文学创作倾向的影响，有些赋作在具体表达上更为露骨直率，毫无扭捏之态。

---

① 袁行霈：《陶渊明的〈闲情赋〉与辞赋中的爱情闲情主题》，载于《北京大学学报》1992年第5期。

② 南朝梁·萧统《陶渊明集序》，清·严可均：《全梁文》卷二十，第3027页。

四、小结

通过上文对汉魏六朝恋情赋的全面考察可知，恋情赋大致分为两类，即人神之恋和常人之恋。就人神之恋而言，此类恋情赋往往以人神道殊痛苦分手而告终，留下无限的思念和深深的遗憾。这种题材本身艺术的真实性，使其成为封建社会男女爱情苦闷的理想载体，赋家借此一方面表现对爱情的赞美和追求，另一方面也折射出封建礼教压制下男女爱情的饥渴与苦闷。而描写常人之恋的赋作，在极写女性美态姿容、尽情表达热烈真挚的倾慕之余，受封建礼教的制约，不得不在篇末归为守正，这种既渴望爱情又以礼自防的矛盾心理，反映出思想解放与儒家礼教相互对抗的必然结果。

由此可知，恋情赋的创作发展受思想解放影响很大，据统计，西汉及其前代的恋情赋仅四篇，其鲜明的创作特征是以爱情服膺讽谏之旨，“发乎情，止乎礼义”。直到汉末建安时期，随着儒家正统体制的削弱和文人思想的解放，恋情赋创作方呈现繁荣局面。较之前代鲜明的讽谏之意，此期恋情赋多以正面歌颂爱情、追求爱情为主题，语言华丽流畅，虽然赋题标明“正情”“闲邪”“止欲”一类，且篇末以守正为指归，然实已不能掩饰赋中对女性的情感涌动和对爱情追求的热烈大胆。此外，个别作品的出现亦丰富了恋情赋的主题内涵。迨至六朝时期，恋情赋仍奕代继出，表现技巧亦渐趋娴熟，语言更为骈俪，尤其到齐梁时代，受思想进一步解放和宫体诗创作的影响，赋家直接以“丽人”“丽色“为题，对思慕爱恋的描写更加直率大胆，体现出内容和题目的统一。

出于对上述汉魏六朝恋情赋创作实情的认识，以及受齐梁时代文学审美风尚的影响，萧统设立“情”一目，具有一定的时代意义。然观其四篇选文，纵然艺术成就甚高，实际却未能完全契合恋情赋的发展流变特色，这是因为萧统从自身儒家正统观念出发，刻意将

"发乎情，止乎礼义"作为"沉思翰藻"的附加选录标准，从而在一定程度上偏离了恋情赋的发展轨道，致使个别出色之作无缘《文选》。如陶渊明《闲情赋》，此赋作为描写常人之恋赋作的集大成者，理应被收录，但萧统却认为陶渊明描写女色情欲有损其在自己心目中高洁的形象，故将其排斥在外，这种做法未免有失客观公允，然却反映出他对"情"类赋的态度和观念。

主要参考文献

古代典籍

《诗集传》,（南宋）朱熹著，上海古籍出版社 1958 年版。

《诗经注析》，程俊英、蒋见元著，中华书局 1991 年版。

《周礼正义》,（清）孙诒让著，王文锦点校，中华书局 1987 年版。

《尔雅义疏》,（清）郝懿行著，上海古籍出版社 1983 年版。

《十三经注疏》，中华书局影印清阮元刻本 1957 年版。

《国语》,（春秋）左丘明著，上海古籍出版社 1978 年版。

《史记》,（西汉）司马迁著，中华书局 1982 年点校本。

《汉书》,（东汉）班固著，中华书局 1962 年点校本。

《后汉书》,（南朝宋）范晔著，中华书局 1965 年点校本。

《三国志》,（西晋）陈寿著，中华书局 1982 年点校本。

《晋书》,（唐）房玄龄等著，中华书局 1974 年点校本。

《宋书》,（南朝梁）沈约著，中华书局 1974 年点校本。

《南齐书》,（南朝梁）萧子显著，中华书局 1972 年点校本。

《梁书》,（唐）姚思廉著，中华书局 1973 年点校本。

《陈书》,（唐）姚思廉著，中华书局 1972 年点校本。

《魏书》,（北齐）魏收著，中华书局 1974 年点校本。

《北史》，（唐）李延寿著，中华书局 1974 年点校本。
《南史》，（唐）李延寿著，中华书局 1975 年点校本。
《隋书》，（唐）魏征等著，中华书局 1973 年点校本。
《二十五史补编》，中华书局 1955 年版。
《汉书艺文志讲疏》，（东汉）班固编撰，顾实讲疏，上海古籍出版社 1987 年版。
《全汉赋》，费振刚、胡双宝、宗明华辑校，北京大学出版社 1993 年版。
《全汉赋评注》，龚克昌等评注，花山文艺出版社 2003 年版。
《文选》，（南朝梁）萧统编，（唐）李善注，清嘉庆十年胡克家刻本，中华书局 1977 年影印本。
《文选》，（南朝梁）萧统编，（唐）李善注，上海古籍出版社 1986 年版。
《文选》，（南朝梁）萧统编，（唐）六臣注，《四部丛刊初编》本，中华书局 1987 年版。
《事类赋注》，（北宋）吴淑著，中华书局 1989 年版。
《历代赋汇》，（清）陈元龙等编，清康熙间扬州诗局刊本。
《全上古三代秦汉三国六朝文》，（清）严可均辑，中华书局 1958 年影印本。
《先秦汉魏晋南北朝诗》，逯钦立辑校，中华书局 1983 年版。
《全唐诗》，（清）彭定求等编，中华书局 1960 年版。
《艺文类聚》，（唐）欧阳询等编，上海古籍出版社 1982 年版。
《文苑英华》，（北宋）李昉等编，中华书局影印本 1966 年版。
《太平御览》，（北宋）李昉等编，中华书局影印本 1960 年版。
《古文苑》，（南宋）章樵注，《四部丛刊初编》本。
《唐文粹》，（清）姚铉等著，《四部丛刊初编》本。
《韩非子集解》，（战国）韩非子著，（清）王先慎集解，中华书局 1998 年版。
《楚辞补注》，（南宋）洪兴祖补注，白化文等点校，中华书局 1983 年版。
《楚辞集注》，（南宋）朱熹集注，山海古籍出版社 1979 年版。
《山带阁注楚辞》，（清）蒋骥注，上海古籍出版社 1984 年版。

《法言》,（西汉）扬雄著,《诸子集成》本，中华书局1954年版。
《申鉴》,（东汉）荀悦著,《诸子集成》本，中华书局1954年版。
《说苑校证》,（西汉）刘向著，向宗鲁校证，中华书局1987年版。
《说文解字》,（东汉）许慎著，中华书局1963年。
《文赋集释》,（西晋）陆机著，张少康集释，人民文学出版社2002年版。
《抱朴子外篇校笺》,（东晋）葛洪著，杨明照校笺，中华书局1991年版。
《西京杂记》,（东晋）葛洪著，三秦出版社2006年版。
《世说新语笺疏》,（南朝宋）刘义庆编著，余嘉锡笺疏，中华书局1983年版。
《昭明太子集校注》,（南朝梁）萧统著，俞绍初校注，中州古籍出版社2001年版。
《文章缘起注》,（南朝梁）任昉著,（清）陈懋仁注,《丛书集成初编》本。
《金楼子》,（南朝梁）萧绎著,《丛书集成初编》本。
《文心雕龙注》,（南朝梁）刘勰著，范文澜注，人民文学出版社1958年版。
《诗品注》,（南朝梁）钟嵘著，陈延杰注，人民文学出版社1961年版。
《林下偶谈》,（南宋）吴子良著,《丛书集成初编》本。
《古赋辨体》,（元）祝尧著,《四库丛书》本。
《汉魏六朝百三家集题辞注》,（明）张溥著，人民文学出版社1963年版。
《文章辨体序说》,（明）吴讷著，于北山校点，人民文学出版社1962年版。
《文体明辨序说》,（明）徐师曾著，罗根泽校点，人民文学出版社1962年版。
《诗薮》,（明）胡应麟著，上海古籍出版社1958年版。
《艺苑卮言校注》,（明）王世贞著，罗仲鼎校注，齐鲁书社1992年版。
《屈宋古音义》,（明）陈第著，中华书局1985年版。
《评注昭明文选》,（清）于光华编，上海扫叶山房民国十二年石印本。
《重订昭明文选集评》,（清）于光华编，清嘉庆十二年怀德堂刻本。
《骚赋论》,（清）程廷祚著,《金陵丛书》本《青溪集》卷三。
《揅经室集》,（清）阮元著，中华书局1993年版。
《诗源辩体》,（清）许学夷著，杜维沫校点，人民文学出版社1987年版。

《义门读书记》，（清）何焯著，中华书局1987年版。
《艺概》，（清）刘熙载著，上海古籍出版社1978年版。
《四六丛话》，（清）孙梅著，上海商务印书馆1937年版。
《六朝丽指》，（清）孙德谦著，癸亥（1923）四益宧刊本。
《论文后编》，（清）姚华著，《弗堂类稿》铅印本。
《第一楼丛书》，（清）俞樾著，清同治十年《第一楼丛书》本。
《赋学正鹄》，（清）李元度著，清同治十年爽溪书院刻本。
《赋话》，（清）李调元著，中华书局1985年版。
《历代赋话校证》附《复小斋赋话》，（清）浦铣著，何新文、路成文校证，上海古籍出版社2007年版。
《六朝文絜笺注》，（清）许梿著，黎经诰笺注，上海古籍出版社1982年版。
《古文辞类纂笺》，（清）姚鼐著，高步瀛笺，吉林大学出版社1997年版。
《诗比兴笺》，（清）陈沆著，上海古籍出版社1981年版。
《校雠通义校注》，（清）章学诚著，叶瑛校注，中华书局1985年版。
《十七史商榷》，（清）王鸣盛著，上海书店出版社2005年版。
《四库全书简明目录》，（清）永瑢著，古典文学出版社1957年版。

今人论著

《辞赋学纲要》，陈去病著，上海国光书局1927年版。
《文体论》，薛凤昌著，商务印书馆1934年版。
《魏晋南北朝史论丛》，唐长孺著，三联书店1955年版。
《观堂集林》，王国维著，中华书局1959年版。
《中国中古文学史》，刘师培著，人民文学出版社1959年版。
《中国文学批评史》，罗根泽著，中华书局1961年版。
《魏晋南北朝史论集》，周一良著，中华书局1963年版。
《汉魏六朝赋选》，瞿蜕园评选，上海古籍出版社1964年版。
《汉赋源流及价值之商榷》，简宗梧著，台湾文史哲出版社1980年版。

《汉魏六朝唐代文学论丛》，王运熙著，上海古籍出版社 1981 年版。
《赋话六种》，何沛雄著，香港三联书局 1982 年版。
《中古文学史论集》，王瑶著，上海古籍出版社 1982 年版。
《先秦辞赋原论》，姜书阁著，齐鲁书社 1983 年版。
《闲堂文薮》，程千帆著，齐鲁书社 1984 年版。
《汉赋研究》，龚克昌著，山东文艺出版社 1984 年版。
《文选李注义疏》，高步瀛著，中华书局 1985 年点校本。
《建安文学编年史》，刘知渐著，重庆出版社 1985 年版。
《中古文学系年》，陆侃如著，人民文学出版社 1985 年版。
《楚辞研究集成》，马茂元主编，湖北人民出版社 1985 年版。
《类书源流》，张涤华著，商务印书馆 1985 年版。
《中古文学史论文集》，曹道衡著，中华书局 1986 年版。
《古代散文文体概论》，陈必祥著，河南人民出版社 1986 年版。
《传统文学与类书之关系》，方师铎著，天津古籍出版社 1986 年版。
《骈文史稿》，姜书阁著，人民文学出版社 1986 年版。
《昭明文选研究初稿》，林聪明著，台湾文史哲出版社 1986 年版。
《汉赋研究》，陶秋英著，浙江古籍出版社 1986 年版。
《中古文学史论》，王瑶著，北京大学出版社 1986 年版。
《六朝文学论稿》，（日）兴膳宏著，彭恩华译，岳麓书社 1986 年版。
《汉赋与写物言志传统》，曹淑娟著，台湾文津出版社 1987 年版。
《赋史述略》，高光复著，东北师范大学出版社 1987 年版。
《辞赋源流史》，李曰刚著，台湾文津出版社 1987 年版。
《赋史》，马积高著，上海古籍出版社 1987 年版。
《中国古代文论管窥》，王运熙著，齐鲁书社 1987 年版。
《汉魏六朝四十家赋述论》，高光复著，黑龙江教育出版社 1988 年版。
《中国哲学发展史·秦汉卷》，任继愈主编，人民出版社 1988 年版。
《昭明文选研究论文集》，赵福海等编，吉林文史出版社 1988 年版。

《汉魏六朝辞赋》，曹道衡著，上海古籍出版社 1989 年版。

《汉赋——唯美文学之潮》，刘斯翰著，广州文化出版社 1989 年版。

《文选学》，骆鸿凯著，中华书局 1989 年版。

《汉赋通论》，万光治著，巴蜀书社 1989 年版。

《魏晋南北朝文学批评史》，王运熙、杨明著，上海古籍出版社 1989 年版。

《六朝文学论文集》，（日）清水凯夫著，韩基国译，重庆出版社 1989 年版。

《中国古代文体概论》，褚斌杰著，北京大学 1990 年版。

《先秦两汉文学批评史》，顾易生、蒋凡著，上海古籍出版社 1990 年版。

《南北朝文学史》，曹道衡、沈玉成著，人民文学出版社 1991 年版。

《玄学与魏晋士人心态》，罗宗强著，浙江人民出版社 1991 年版。

《辞赋通论》，叶幼明著，湖南教育出版社 1991 年版。

《中古文学论稿》，陈庆元著，天津人民出版社 1992 年版。

《屈原辞研究》，金开诚著，江苏古籍出版社 1992 年版。

《汉赋纵横》，康金声著，山西文学出版社 1992 年版。

《文体分类学》，钱仓水著，江苏教育出版社 1992 年版。

《文选学论集》，赵福海主编，时代文艺出版社 1992 年版。

《中国赋论史稿》，何新文著，开明出版社 1993 年版。

《汉赋史论》，简宗梧著，台湾东大图书公司 1993 年版。

《司马相如集校注》，金国勇著，上海古籍出版社 1993 年版。

《昭明文选新解》，李景濚著，台湾暨南出版社 1993 年版。

《汉赋综论》，曲德来著，辽宁人民出版社 1993 年版。

《文选导读》，屈守元著，巴蜀书社 1993 年版。

《汉赋艺术论》，阮忠著，华中师范大学出版社 1993 年版。

《中古文学史论文集续编》，曹道衡著，文津出版社 1994 年版。

《文体学》，金振邦著，东北师范大学出版社 1994 年版。

《文体演变及其文化意味》，陶东风著，云南人民出版社 1994 年版。

《中国古代文体总揽》，徐兴华、徐尚衡、居万荣编著，沈阳出版社 1994 年版。

《辞赋新探》，毕庶春著，东北大学出版社1995年版。
《辞赋大辞典》，霍松林主编，江苏古籍出版社1996年版。
《中国辞赋发展史》，许结、郭维森著，江苏教育出版社1996年版。
《东晋文艺系年》，张可礼著，山东大学出版社1996年版。
《文选学新论》，郑州大学古籍整理研究所编，中州古籍出版社1997年版。
《赋学概论》，曹明纲著，上海古籍出版社1998年版。
《文选与文心》，顾农著，贵州人民出版社1998年版。
《赋与骈文》，简宗梧著，台湾书店1998年版。
《昭明文选研究》，穆克宏著，人民文学出版社1998年版。
《六朝辞赋史》，王琳著，黑龙江教育出版社1998年版。
《中外学者文选学论集》，俞绍初、许逸民主编，中华书局1998年版。
《中外学者文选学论著索引》，俞绍初、许逸民主编，中华书局1998年版。
《辞赋论集》，郑良树著，台湾学生书局1998年版。
《六朝作家年谱纪要》，刘跃进、范子烨著，黑龙江教育出版社1999年版。
《敦煌本〈昭明文选〉研究》，罗国威著，黑龙江教育出版社1999年版。
《六朝赋论述》，于浴贤著，河北大学出版社1999年版。
《汉唐赋浅说》，俞纪东著，东方出版社1999年版。
《新文选学——〈文选〉的新研究》，(日）清水凯夫著，东京研文出版社1999年版。
《南北朝文学编年史》，曹道衡、刘跃进著，人民文学出版社2000年版。
《赋的时代投影与体制演变》，陈庆元著，广西师范大学出版社2000年版。
《〈昭明文选〉研究》，傅刚著，中国社会科学出版社2000年版。
《文选版本研究》，傅刚著，北京大学出版社2000年版。
《文选诗研究》，胡大雷著，广西师范大学出版社2000年版。
《文选旁证》，梁章钜著，穆克宏点校，福建人民出版社2000年版。
《萧统评传》，曹道衡、傅刚著，南京大学出版社2001年版。
《魏晋南北朝赋史》，程章灿著，江苏古籍出版社2001年版。

《历代辞赋研究史料概述》，马积高著，中华书局2001年版。

《中国赋学历史与批评》，许结著，江苏教育出版社2001年版。

《〈昭明文选〉与中国传统文化》，赵福海等主编，吉林文史出版社2001年版。

《文选之研究》，（日）冈村繁著，上海古籍出版社2002年版。

《经典与传统：先秦两汉诗赋考论》，方铭著，人民文学出版社2003年版。

《中国辞赋研究》，龚克昌著，山东大学出版社2003年版。

《现代〈文选〉学史》，王立群著，中国社会科学出版社2003年版。

《国故论衡》，章太炎著，上海古籍出版社2003年版。

《汉赋与经学》，冯良方著，中国社会科学出版社2004年版。

《诗赋文体源流新探》，韩高年著，巴蜀书社2004年版。

《中国辞赋源流综论》，曹虹著，中华书局2005年版。

《赋学论丛》，程章灿著，中华书局2005年版。

《先唐辞赋研究》，郭建勋著，人民出版社2005年版。

《〈文选〉成书研究》，王立群著，商务印书馆2005年版。

《赋体文学的文化阐释》，许结著，中华书局2005年版。

《汉赋与汉代制度——以都城、校猎、礼仪为例》，曹胜高著，北京大学出版社2006年版。

《文选平点》，黄侃著，中华书局2006年版。

《辞赋研究》，熊良志主编，商务印书馆2006年版。

《性别与家国——汉晋辞赋的楚骚论述》，郑毓瑜著，上海三联书店2006年版。

《辞赋文体研究》，郭建勋著，中华书局2007年版。

《汉魏六朝赋多维研究》，侯立兵著，人民出版社2007年版。

《四萧研究》，林大志著，中华书局2007年版。

《管锥编》，钱钟书著，三联书店2007年版。

《汉代辞赋研究》，孙晶著，中华书局2007年版。

后　记

这本小书是在我的博士学位论文的基础上修改完成的，回首当年撰写论文的过程，有辗转反侧的焦虑，有冥思苦想的煎熬，有发愤图强的坚定，有自鸣得意的骄傲，种种境况让我体会到了做学问的艰辛与快乐。如今我从当初一个对学问无知无畏的懵懂学生成长为一名对学术充满热情和敬畏的高校教师，虽不能说是人生中的一种蜕变，但却注定了我的人生轨迹。岁月不待人，脚下的治学之路艰难而漫长，我定当以驽钝之质，勤加鞭策，以期在这条路上收获更多，走得更远。

时值本书付梓之际，我要深深地感谢业师方铭先生。记得初见先生，令人“望之俨然”，不由心生敬畏；但真正有所接触之后发现，先生待人宽博仁爱，“即之也温”。先生治学严谨精思，思路纵横开阔，每当我陷入研究瓶颈迷惑不解时，先生总能三言两语就使我拨云见日。上课时先生一向循循善诱，每次听先生的课，都有如沐春风的感觉。生活中先生平和仁厚，豁达睿智，当我面临人生困境时，先生不仅给予我无私的关怀和帮助，而且也常示我以人生真谛，使我受益良多。我想如果没有先生的教诲和启发，没有先生的示范和鼓励，就不会有我对学术的坚持和对人生的信念，也就没有这本小书的问世。

另外我要衷心感谢主持论文答辩的各位先生，他们是中国人民大学教授李炳海先生、清华大学教授孙明君先生、中央民族大学教授黄凤显先生、中国传媒大学教授姚小鸥先生、中国政法大学教授黄震云先生、首都师范大学教授鲁洪生先生、北京大学教授钱志熙先生，他们对论文提出了宝贵的意见，也让我获得很多教益。博士毕业以后我有幸进入清华大学中文系博士后流动站工作，衷心感谢导师孙明君先生对我的指导和帮助。

在此我还要衷心感谢汉语国际教育学部和汉语学院领导一直以来对我的鼓励和关怀，感谢同事和朋友对我给予的关心、理解和支持。本书的出版得到了北京语言大学出版社唐琪佳女士的鼎助，郑炜编辑为该书的出版工作付出了辛勤劳动，在此一并表示感谢。

最后我要感谢养育我、默默支持我的父母，他们对我不计回报的付出和无尽的爱将是我一生取之不竭的动力源泉！

冯　莉

2016 年 5 月于北京语言大学